Marianne Heiß

YES SHE CAN

Marianne Heiß

YES SHE CAN

Die Zukunft des Managements ist weiblich

REDLINE | VERLAG

Bibliografische Information der Deutschen Nationalbibliothek:
Die Deutsche Nationalbibliothek verzeichnet diese Publikation in der Deutschen Nationalbibliografie; detaillierte bibliografische Daten sind im Internet über http://d-nb.de abrufbar.

Für Fragen und Anregungen:
heiss@redline-verlag.de

1. Auflage 2011

© 2011 by Redline Verlag, FinanzBuch Verlag GmbH, München,
Nymphenburger Straße 86
D-80636 München
Tel.: 089 651285-0
Fax: 089 652096

Alle Rechte, insbesondere das Recht der Vervielfältigung und Verbreitung sowie der Übersetzung, vorbehalten. Kein Teil des Werkes darf in irgendeiner Form (durch Fotokopie, Mikrofilm oder ein anderes Verfahren) ohne schriftliche Genehmigung des Verlages reproduziert oder unter Verwendung elektronischer Systeme gespeichert, verarbeitet, vervielfältigt oder verbreitet werden.

Projektmanagement und Lektorat: boos for books, Schondorf
Umschlaggestaltung: Maria Kiseleva
Satz: HJR, Jürgen Echter, Landsberg am Lech
Druck: GGP Media GmbH, Pößneck
Printed in Germany

ISBN 978-3-86881-290-9

Weitere Infos zum Thema

www.redline-verlag.de
Gerne übersenden wir Ihnen unser aktuelles Verlagsprogramm.

Inhaltsverzeichnis

Vorwort – Mit den Worten einer Frau 9

Erfolgreich die Zukunft gestalten 17
Demografischer Wandel 20
Frauenquote 26
Die Zukunft des Managements ist weiblich 34

Zeit für die Wahrheit 39
Der wahre Unterschied zwischen Männern und Frauen 45
Je höher der Frauenanteil, desto besser die Bilanz 49
Die gläserne Decke 51

Probleme auf dem Weg nach oben und wie man sie umgeht 59
Gegen jeden Widerstand 62
Unternehmenskultur – Der Blick ins Innere 64
Umgang mit Macht im Management 67

Warum Frauen oft im Abseits stehen 73
Selbstmarketing 76
Die Kunst der Diplomatie 82
Emotionale Intelligenz 85

Frauen und Macht 91
Eine Gratwanderung zwischen Selbstbewusstsein und
Selbstüberschätzung 93
Business-Spielregeln 96
Kooperieren oder verlieren 98

Frauen auf der Überholspur ... 101
Strategie ist weiblich ... 102
Die Kunst zu überzeugen ... 106
Erfolgreiche Führung ... 108

Führungsfrauen sind auch tolle Mütter ... 121
Familie und Karriere (Margret Dreyer) ... 122
Die Arbeitswelt einer Mutter im Wandel (Margret Dreyer) ... 127
Führung und Fürsorge (Margret Dreyer) ... 131

Informations- und Kommunikationsmanagement ... 139
Informationsmanagement ... 142
Wissensmanagement ... 145
Wirksame Kommunikation ... 148

Networking, Mentoring, Coaching ... 157
Networking ... 158
Mentoring und Cross-Mentoring-Programme ... 161
Coaching ... 162

Alles hat seinen Preis ... 165
Schwer ruht das Haupt, das eine Krone drückt ... 168
Macht macht einsam ... 171
Work-Life-Balance ... 172

Erfolgreiche Umsetzung in der Praxis ... 179
Portfolio der Maßnahmen zur Erhöhung des Frauenanteils im Management ... 183
Die Verantwortung des Human Resource Managements ... 186
Erfolgsprinzipien ... 192

Das Leben (der) des Anderen (Pietro Gallone) ... 195

Nachwort ... 201

Danksagung	205
Über die Autorin	209
Anmerkungen	211
Abbildungsverzeichnis	229
Literaturverzeichnis	231

Vorwort – Mit den Worten einer Frau

Für mich ist es völlig unvorstellbar, dass noch vor 34 Jahren die Frauen in Deutschland das Einverständnis ihrer Ehemänner brauchten, um arbeiten zu dürfen[1], und dass bis Ende der Sechzigerjahre Frauen nur mit Genehmigung des Ehemanns ein Bankkonto eröffnen konnten. Ich bin in einer Familie mit sehr traditionellen Werten aufgewachsen, aber eine Maxime stand für die Frauen meiner Familie immer im Vordergrund: Sei du selbst, sei selbstständig, sei unabhängig und sei stark. Mit diesen Werten ausgestattet, habe ich mir selbstbewusst und selbstbestimmt meine Position im Management geschaffen, gegen alle Widerstände.

Die Gegenwart zeigt uns jedoch, dass selbst nach 100 Jahren Frauenbewegung den Leistungen der Frauen nicht die gleiche Bedeutung beigemessen wird, wie denen der Männer. Frauen haben maßgeblich zur Entwicklung von Gesellschaft, Kultur und Wirtschaft beigetragen, und trotzdem wird ihr Beitrag oft trivialisiert. Aber nicht nur in der Vergangenheit haben sich Frauen oft gegen erhebliche Widerstände Geltung verschafft. Auch heute noch müssen sich Frauen im Berufsleben deutlich mehr anstrengen als ihre mannlichen Kollegen. Dabei sind die Anforderungen, die die Wirtschaft an ein erfolgreiches Unternehmen stellt, grundsätzlich geschlechtsneutral.

Trotzdem liegt das Einkommen von Frauen in Deutschland noch knapp ein Viertel unter dem der Männer[2] und ihr Anteil in Chefetagen liegt bei nur 2,5 Prozent[3]. Mit dem Equal Pay Day (EPD) möchte man – symbolisch und rechnerisch – darauf aufmerksam machen, wie viele Tage im Jahr eine Frau zusätzlich arbeiten muss, um auf denselben Jahresverdienst zu kommen wie ihr männlicher Kollege: 2010 mussten Frauen bei gleicher Tätigkeit drei Monate länger arbeiten, um denselben Betrag auf dem Konto zu haben!

Eine aktuelle Erhebung des Deutschen Instituts für Wirtschaftsforschung (DIW) legt dar, dass von 906 Vorständen der 200 größten Unternehmen in Deutschland nur 29 weiblich sind. Das sind 3,2 Prozent. Bei den 100 größten Unternehmen und den DAX 30-Unternehmen wird der Wert mit 2,2 Prozent sogar noch unterschritten[4]. Die gute Nachricht: Es geht bergauf! Die Zukunft wird weiblich. In der schwersten Rezession seit Jahrzehnten gewinnen nun endlich die Managerinnen an Bedeutung – nachdem viele männliche Kollegen in den Vorstandsetagen und Aufsichtsräten versagt und damit das Vertrauen verspielt haben. Es wäre zu vereinfacht, daraus den Umkehrschluss zu ziehen, dass nämlich die Krise hätte verhindert werden können, wenn mehr Frauen mitentschieden hätten. Trotzdem beweisen verschiedenste Studien, dass weibliche Führungskräfte Kontrollmechanismen, Prüfungsberichten und Risikomanagement-Instrumenten mehr Bedeutung beimessen und diese konsequenter einfordern als ihre männlichen Kollegen. Die Männer haben an vielen Stellen versagt und die Weltwirtschaft in eine der schlimmsten Krisen gestürzt. Ausgelöst durch die Finanzkrise, die in den USA ihren Lauf genommen hat, wurden Banken, Unternehmen und Staatshaushalte weltweit erschüttert. »Richard Fuld führte Lehman Brothers, als befinde er sich im Krieg«, so beschreibt der letzte Kommunikationschefs des Traditionshauses Lehman Brothers Inc. die Situation, nachdem die US-amerikanische Investmentbank mit Hauptsitz in New York am 15. September 2008 als Start der Finanzkrise Insolvenz anmelden musste[5]. Es war die größte Unternehmenspleite, die die Welt jemals gesehen hatte. Von heute auf morgen war ein Unternehmen, das Milliarden Dollar wert gewesen war, wertlos geworden. Die Auswirkungen dieser Insolvenz auf das Finanz- und Wirtschaftssystem waren dramatisch. Regierungen in aller Welt mussten Milliardenbeträge aufbringen, um Banken und Wirtschaftsunternehmen zu retten und somit den totalen Kollaps zu verhindern. Ein Kraftwerk, das die Wall Street jahrhundertelang gespeist hatte, war von heute auf morgen verschwunden. Den Terroranschlag des 11. September 2001 mit dem Verlust der Firmenzentrale hatte Lehman Brothers überstanden, der Vertrauensverlust der Anleger aber hat das Unternehmen in den Ruin getrieben. Und als

Ursache nennt der letzte Kommunikationschef und Ex-Chefredakteur der Financial Times, Andrew Gowers, »fatale Selbstzufriedenheit«[6]. Zur Struktur in der Führung schreibt er weiter: »Ein übermächtiger Chef; ein zweiter Mann, der risikohungrig war und der Nummer eins zu Diensten sein wollte; ein Führungsteam, das offene Debatten scheute; ein Machtkampf zwischen zwei Schlüsselfiguren; und schließlich noch ein Aufsichtsrat, der voll war mit Männern eines gewissen Alters und einem beklagenswerten Mangel an Branchenkenntnis. Kein Wunder, dass Lehman unfähig war, sich anzupassen, als sich das Marktumfeld so dramatisch änderte.«[7] Und nun sollen es die Frauen richten, und deshalb wurde mit Mary L. Shapiro eine Frau an die Spitze der US-Börsenaufsicht gesetzt, und von den fünf Kommissaren der SEC (U.S. Securities and Exchange Commission) sind drei Frauen. Das Magazin *Time* titelte in seiner Ausgabe vom 24. Mai 2010: »The New Sheriffs Of Wall Street. The woman charged with cleaning up the mess.«[8] Klaus Schwab, der Gründer und Präsident des Weltwirtschaftsforums in Davos, ist überzeugt: »Mehr Frauen müssen in Führungspositionen in Regierungen und Banken, um künftig solche Krisen abzuwehren.«

Zum ersten Mal in der amerikanischen Geschichte gehen mehr Frauen zur Arbeit als Männer, in Führungspositionen sind jedoch nur 15,7 Prozent weiblich[9]. Nicht nur aus gesellschaftspolitischer Sicht ein Fehler, sondern auch aus ökonomischer – davon ist man an der Columbia Business School überzeugt.

Auch OECD und Europäische Kommission sind der Überzeugung, dass es wirtschaftlich geboten ist, das weibliche Potenzial nicht länger zu vernachlässigen und mehr Führungspositionen mit Frauen zu besetzen. Sie bescheinigen Frauen nicht nur einen kollegialen Führungsstil und soziale Intelligenz, sondern auch einen besonnenen Umgang mit Risiken, der mit sorgfältigem Abwägen der Entscheidungen und angemessener Risikostreuung einhergeht.

Die Wirtschaft kann auf die Frauen, die 51 Prozent der Bevölkerung ausmachen[10] und häufig bestens ausgebildet sind, nicht mehr verzichten. Die Voraussetzungen für Frauen in Chefetagen waren noch nie so Erfolg versprechend. Die Anforderungen an das Management sind mit zunehmender Globalisierung und technischem Fortschritt drastisch gestiegen. Richtiges Management kann ein entscheidender Wettbewerbsfaktor sein und nur Unternehmen, die die Fähigkeiten von Frauen in Top-Management-Positionen erkennen und auf gemischte Management-Teams setzen, werden die zukünftigen Herausforderungen und deren Komplexität meistern.

Vor allem besteht ein ökonomisches Interesse daran, Frauen nicht länger zu ignorieren, sondern ernst zu nehmen. Aufgrund des bevorstehenden demografischen Wandels kann es sich kein Unternehmen erlauben, die Hälfte des Begabtenpools brachliegen zu lassen. Denn der Druck, den die Veränderung der Bevölkerungsstruktur mit sich bringt, wurde zu lange negiert. Nun spitzt sich die Situation dramatisch zu. Mit 1,36 Kindern pro Frau ist die Zahl der Geburten im Jahr 2009 weiter zurückgegangen. Deutschland verzeichnete die höchsten Geburtenzahlen in den Fünfziger- und Sechzigerjahren. Seit Anfang der Siebzigerjahre sank der Durchschnitt der Geburten auf unter 2 Kinder pro Frau, und in den vergangenen zehn Jahren schwankte der Wert zwischen 1,2 und 1,4. Das liegt nicht nur daran, dass Frauen weniger Babys bekommen, sondern auch an der sinkenden Zahl der Frauen im gebärfähigen Alter. Zusätzlich ist 2009 durch den Rückgang der Bevölkerung erstmalig ein Rückgang der Erwerbstätigen[11] zu erkennen. In Abbildung 1 ist die Bevölkerungsentwicklung in Deutschland von 1950 bis 2050 dargestellt. Demnach verringert sich in Deutschland die Bevölkerungszahl bis 2015 um 15 Mio. Menschen (bei unveränderter Migrationspolitik). Bis zum Jahr 2050 entwickelt sich die Bevölkerungszahl in Deutschland auf das Niveau von 1950 zurück! Selbst wenn die Geburtenzahl – durch einen Babyboom – wieder signifikant ansteigt, können wir also erst in 25 Jahren damit rechnen, dass aus diesen Babys produktive Erwerbstätige mit einer abgeschlossenen Berufsausbildung geworden sind.

Erst jetzt wird erkannt, dass wir damit vor einer der größten wirtschaftlichen Herausforderungen stehen. Politik und Wirtschaft verfallen in Panik, weil sie zu spät erkannt haben, dass die qualifizierten

Vorwort – Mit den Worten einer Frau

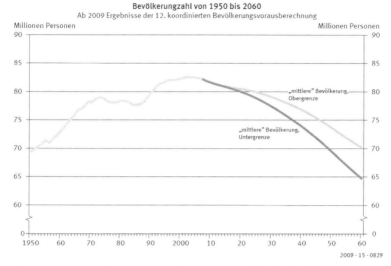

Abbildung 1: Bevölkerungsentwicklung von 1950 bis 2060[12]

Arbeitskräfte für eine langfristige wirtschaftliche Entwicklung fehlen werden. Wenn sich die geburtenstarken Jahrgänge der Fünfziger- und Sechzigerjahre aus der Arbeitswelt verabschieden, droht der Verlust der Wettbewerbsfähigkeit, und wir werden eine politische und ökonomische Krise erleben, weil der Wirtschaft zu wenig qualifiziertes Personal zur Verfügung steht. Das Problem soll zu einem Teil mit der selbst auferlegten Frauenquote gelöst werden. Die Telekom glaubt, mit der selbst verordneten Frauenquote bis 2015 einen Anteil von 30 Prozent Frauen im Top-Management zu erreichen. Der Axel Springer Konzern will seine Wettbewerbsfähigkeit und den Erfolg des Unternehmens durch sein Projekt »Chancen:gleich!« sichern, welches das Ziel verfolgt, in fünf bis acht Jahren die Zahl der Frauen in Führungspositionen von 16 Prozent auf 20 Prozent zu erhöhen. So manches Unternehmen steht vor einer großen Herausforderung, die man durchaus als Kulturrevolution bezeichnen kann.

Die ökonomische Notwendigkeit, das Potenzial der Frauen zu nutzen, ist jedoch nicht nur dem demografischen Wandel geschuldet.

Es ist für Unternehmen auch grundsätzlich eine Notwendigkeit, im Top-Management eine Vielfalt von Kompetenzen und Perspektiven zu vereinen, um zukünftig in der Lage zu sein, die hohe Komplexität und Unsicherheit der Wirtschaft zu managen und neuartige Entscheidungssituationen zu bewältigen.

Diversity-Policies und Corporate-Governance-Kommissionen sollen Frauen zukünftig den Weg in die Aufsichtsräte ebnen. Der Deutsche Corporate Governance Kodex (DCGK) fordert in § 5.4.1, für eine Zusammensetzung des Aufsichtsrats zu sorgen, die der nötigen Diversität (Vielfalt der Märkte und der Gesellschaft) gerecht wird. Darunter fällt auch die angemessene Berücksichtigung von Frauen. Und die von der EU-Kommissarin Viviane Reding ins Spiel gebrachte Vorgabe, bis zum Jahr 2020 mindestens 40 Prozent der Aufsichtsratsmandate durch Frauen zu besetzen, sehen viele Aufsichtsräte als durchaus realistisch an. Oder ist diese Forderung aus Brüssel eine politische Ideologie? Werden in der »Strategie für die Gleichstellung von Frauen und Männern 2010–2015« auch die Hintergründe und Ursachen analysiert? Liest man die Analyse der EU-Mitteilung genauer, stellt man fest, dass eine Ursachenanalyse völlig ausgeblendet ist[13].

Durch § 161 Aktiengesetz (AktG) ist der Druck auf die Unternehmen gewachsen. Alle börsennotierten Unternehmen müssen ab 2011 eine schriftliche Begründung vorlegen, wenn sie den Vorgaben des DCGK, künftig mehr Frauen bei der Besetzung von Aufsichtsräten zu berücksichtigen, nicht entsprechen. Die Unternehmen müssen öffentlich Rechenschaft ablegen und riskieren bei Nicht-Einhaltung des Regelwerks, dass dies negative Auswirkungen auf ihr Image und damit auf ihren unternehmerischen Erfolg hat. Da gemäß Absatz 2 § 161 AktG diese Erklärung dauerhaft öffentlich zugänglich gemacht werden muss, wird kein Unternehmen negativ auffallen wollen. Zumal es in den USA in vielen Unternehmen bereits vorgeschrieben ist, bei großen Ausschreibungen Farbe darüber zu bekennen, wie viele Frauen in den Führungsgremien beschäftigt sind.

Die Arbeitswelt wird weiblicher und davon profitieren alle. Aber sind Frauen auch zu jeder Karriere bereit? Und ziehen die Männer mit? Oder besteht in den Chefetagen bisher nur eine oberflächliche Bereitschaft, mehr Frauen im Top-Management zu berücksichtigen? Werden die Frauen an der Spitze es schaffen, die bisherigen Rituale der Männerdomäne zu verändern und einen Kulturwandel herbeizuführen, der nicht nur die Arbeitswelt, sondern auch die Gesellschaft revolutionieren wird?

Wenn Frauen es mit ihrer Etablierung in den Führungsetagen ernst meinen, sollten sie nicht vergessen, sich untereinander zu fördern, denn Leistung, Präsenz, Qualität und Fleiß allein reichen nicht aus, um sich durchzusetzen. Frauen werden respektiert, um Rat gefragt, mit wichtigen Projekten betraut, als Problemlöser herangezogen. Sie genießen eine unglaubliche interne Wertschätzung, die aber meist nicht in eine öffentliche übergeht.

Wir haben in Deutschland in vielen Bereichen einen Vorsprung im Hinblick auf Wissen oder Technik – aber nicht, wenn es darum geht, Frauen die höchste Verantwortung im Management zuzutrauen. In den USA wird die Besetzung einer Spitzenposition mit einer Frau nicht mehr groß herausgestellt, es ist dort selbstverständlich, dass es eine Frau geschafft hat. Wie es ebenso selbstverständlich ist, dass hinter jedem erfolgreichen Mann eine starke Frau steht. Bei einer Veranstaltung der Clinton Global Initiative (CGI) am 23. September 2010 gestand US-Präsident Barack Obama ein, dass seine Frau Michelle intelligenter und beeindruckender sei als er selbst. Er wandte sich an Bill Clinton, seinen Vorgänger im Weißen Haus, und betonte: »Er [Bill Clinton] wisse, was es heißt, mit jemandem verheiratet zu sein, der intelligenter, schöner und überhaupt beeindruckender ist, als man selbst.« Er sei froh, dass seine Frau zumindest bisher nicht für sein Amt kandidiert habe, fügte Obama hinzu. »Sie hätte mich vernichtend geschlagen«[14].

YES SHE CAN ist ein Buch für Frauen, die an die Spitze wollen, und zwar auch ohne Frauenquote. Es ist aber auch ein Ratgeber für Unternehmen, die wissen, dass sie nur dann nachhaltig erfolgreich sein werden, wenn sie vor der Realität der zukünftigen wirtschaftlichen Herausforderungen nicht die Augen verschließen. Dieses Buch rückt die Wirklichkeit in ein neues Licht. Die provokative Darstellung führt vor Augen, welches Potenzial in einem Land brach liegt, das es sich leistet, seinen Frauen keine anspruchsvollen Management-Perspektiven zu eröffnen.

Perspektiven allein reichen jedoch nicht aus. Führungskräfte sind die tragenden Säulen der Unternehmensentwicklung. Sie setzen Ziele, geben Orientierung und motivieren. Sie sind für die Unternehmensausrichtung verantwortlich und das setzt Präsenz voraus. Die Zugeständnisse auf Unternehmensseite im Hinblick auf Arbeitszeiten und Einsatzorte sind bisher begrenzt. Gibt es Modelle, die in der Arbeitsgestaltung Flexibilität schaffen, ohne dass die Ergebnisse darunter leiden? Woran liegt es, dass Frauen, die sich eine Zeitlang aus der Führungskarriere zurückziehen, vom Radarschirm der Führungskräfteentwicklung verschwinden? Bisher lag es an behäbigen und tristen Unternehmensrealitäten, doch der Erfolg der Zukunft setzt innovative und flexible Modelle voraus, die in diesem Buch diskutiert werden. Die Wirtschaft von Morgen wird weiblicher sein. Stellen wir uns darauf ein!

Erfolgreich die Zukunft gestalten

Eine Revolution der Geschäftswelt ist im Gange, und sie entwickelt sich von der Basis. Sie geht von nachhaltigen Unternehmen aus, die erkannt haben, dass Wachstum und wirtschaftlicher Erfolg nur möglich sind, wenn das weibliche Potenzial mehr denn je berücksichtigt wird. Die Welt wird immer schneller und komplexer; umso mehr gewinnt es an Bedeutung, durch gemischte Management-Teams möglichst viele verschiedene Perspektiven in Entscheidungen einzubeziehen. Die Finanz- und Wirtschaftskrise ist ein Symptom für grundlegende Probleme, die Prozesse des Wandels erfordern. Die Komplexität der Herausforderungen kann mit überholten Denkweisen und Handlungsmustern nicht gesteuert werden.

Jedes erfolgreiche Unternehmen stellt sich die Frage, wie groß das eigene Marktpotenzial in den nächsten fünf bis zehn Jahren sein wird, wenn sich die Rahmenbedingungen nicht wesentlich verändern, und welche Faktoren dabei zu berücksichtigen sind. Nur die wenigsten Unternehmen widmen einem der wichtigsten Faktoren ausreichend Aufmerksamkeit: der Veränderung der Bevölkerungsstruktur und Bevölkerungsdynamik. Demografie ist keine Konstante! Aus einer McKinsey-Studie (Oktober 2008) geht hervor, dass in Deutschland bis 2020 ca. zwei Millionen Fachkräfte fehlen werden.[15] In unserem postindustriellen Kommunikations- und Dienstleistungszeitalter sind Frauen in den meisten Bereichen nicht mehr benachteiligt. Im Gegenteil: Eine Studie der Boston Consulting Group bestätigt, dass 64 Prozent der Kaufentscheidungen von Frauen getroffen werden[16]. Und Uwe Seeler, einer der besten Mittelstürmer der Welt, hat in einem Interview eine weise Aussage gemacht, die sicher auf die Beziehungen vieler anderer Paare zutrifft: »Ich entscheide die großen Dinge und meine Frau die kleinen. Welche Dinge groß und welche Dinge klein sind, entscheidet meine Frau.«[17] Und dass Leistungen im Top-Management besser von einem Team erbracht werden sollten als von individuellen Führungskräften, die im Mittelpunkt eines extremen Persönlichkeitskults stehen, darauf hat bereits Peter F. Drucker hingewiesen.[18]

Theorie und Praxis klaffen jedoch weit auseinander, mögen auch noch so viele Studien immer wieder auf die Vorzüge gemischter Management-Teams hinweisen, wie zuletzt die Unternehmensberatung McKinsey. Sie belegt mit einer Untersuchung von weltweit über 300 Unternehmen, dass jene Firmen erfolgreicher sind, deren Management aus gemischten Teams – also aus Frauen und Männern – besteht.[19]. Zum gleichen Ergebnis kamen auch Accenture und die London Business School, die sich dem Thema gewidmet und untersucht haben, ob Unternehmen erfolgreicher sind, deren Management-Teams aus Frauen und Männer bestehen. Alle Studien bestätigen, dass – im Vergleich zu rein männlichen und rein weiblichen Teams – die gemischten deutlich besser abschnitten. Und die allerbesten Ergebnisse erzielten diejenigen Teams, in denen die Zahl von Männern und Frauen annähernd gleich groß war. In der Untersuchung der London Business School hat sich zudem herausgestellt, dass die Innovationskraft in gemischten Teams am höchsten ist. Stellt sich die Frage, warum Frauen – trotz dieser eindeutigen Ergebnisse – nicht stärker berücksichtigt werden. Zwar ist der Anteil von Frauen in Führungspositionen in den vergangenen Jahren kontinuierlich gestiegen, insgesamt betrachtet ist er aber noch viel zu gering. Die Hans-Böckler-Stiftung hat in einer Umfrage aus dem Jahr 2009 festgestellt, dass unter den leitenden Angestellten nur 10 Prozent weiblich sind.

Wir haben durch die Finanz- und Wirtschaftskrise, die im September 2008 in den USA ihren Ursprung genommen und die gesamte Welt erschüttert hat, festgestellt, dass bisherige Management-Methoden versagt haben. Neue Denk- und Handlungsweisen werden erforderlich sein, um die Komplexität im Management zu meistern. Und dabei spielt es eine besondere Rolle, sich auf handlungsrelevante Sachverhalte zu konzentrieren, Entscheidungsverzerrungen zu vermeiden und die Umsetzung im Unternehmen zu verankern.

Die Fähigkeit dazu wird vor allem weiblichen Führungskräften zugeschrieben. Am deutschen Arbeitsmarkt stehen hochqualifizierte Frauen zur Verfügung, die dieser Aufgabe gewachsen und fest entschlossen sind, zur wirtschaftlichen Wertschöpfung unserer Gesellschaft beizutragen. Die aktuellen Entwicklungen arbeiten zweifelsohne für die Frauen. Hierarchien werden flacher, der Teamgeist nimmt an Bedeutung zu, die Arbeitsorganisationen verändern sich, weil feststeht, dass maskuline Führungs- und Organisationsformen nicht effizient sind. Wir befinden uns längst nicht mehr im Industriezeitalter, in dem die Männer deshalb eine bedeutendere Rolle spielten, weil sie physisch stärker waren. Über 70 Prozent unserer gesamtwirtschaftlichen Wertschöpfung entsteht im Dienstleistungssektor[20]. Nur 22 Prozent entfallen auf die Industrie. Historisch ist unsere Wirtschaftsstruktur durch Maschinen- und Fahrzeugbau, Elektro- und Chemie-Industrie geprägt. Mittlerweile beträgt der Anteil der Industrie an der Gesamtwirtschaft jedoch nur noch ein Viertel. Der Dienstleistungssektor, in dem viele Frauen arbeiten, hat den größten Anteil an unserer Wirtschaftskraft, und hier ist Brainpower wichtiger und gefragter als reine Muskelkraft. Die postindustrielle Arbeitswelt ist für Frauen gemacht! Das hat auch Jamie Oliver erkannt, der am 26. November 2010 bei der Verleihung des Deutschen Nachhaltigkeitspreises 2010 in Düsseldorf nicht nur über sein »social business« gesprochen hat, sondern in seiner Dankesrede auch betonte, dass Frauen die Motoren von Veränderungen seien. »Wenn du die Welt verändern willst, dann bring' tausend Frauen zusammen und du kannst alles erreichen!«[21]

Wenn Frauen mindestens so gute akademische Abschlüsse machen, warum lassen sich Unternehmen dann die Top-Manager der Zukunft entgehen, indem sie nach wie vor Männer bevorzugen und befördern? Sie überlassen die besser ausgebildeten und ebenso qualifizierten Managerinnen dem Wettbewerb und schaden sich damit selbst. Außerdem schaden sie dem Image und dem Ansehen des Unternehmens, denn welches Potenzial schreibt man einem Unternehmen zu, das bestens ausgebildete Frauen im Management ausschließt und der Konkurrenz überlässt?

Demografischer Wandel

Der demografische Wandel ist in den Unternehmen angekommen! Nach einer Prognose-Studie fehlen in Deutschland schon 2015 fast 3 Millionen Mitarbeiter[22]. Vor diesem Hintergrund müssen die Weichen in den Unternehmen gestellt werden. Die Statistik zeigt, dass 2009 erstmals ein Rückgang der Erwerbstätigen festzustellen war. Diese Entwicklung löst in der Politik und Wirtschaft Panik aus. Die prognostizierte Bevölkerungsentwicklung des Statistischen Bundesamtes zeigt, dass Deutschland bis zum Jahr 2050 15 Mio. Menschen verlieren und die Bevölkerungszahl im Jahr 2050 auf dem Niveau von 1950 gefallen sein wird! Die Herausforderungen der demografischen Zäsuren sind in Abbildung 2 dargestellt. Die Bevölkerungspyramiden zeigen die sinkende Bevölkerung im erwerbsfähigen Alter und gleichzeitig die steigende Zahl an älteren Bevölkerungsgruppen.

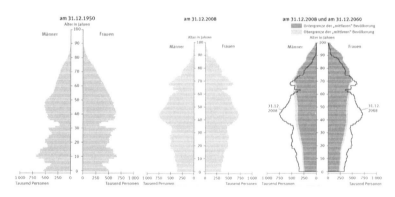

Abbildung 2: Altersaufbau in Deutschland in der Entwicklung[23]

Gleiches bestätigt auch der sogenannte Altenquotient, der besagt, wie viele Senioren (über 65-Jährige) auf 100 Personen im erwerbsfähigen Alter (von 20 bis unter 65) entfallen. Die Statistik geht davon aus, dass der dynamische Altenquotient von 37 im Jahr 2010 bis zum Jahr 2030 auf 60 steigen wird.[24] Das heißt, dass auf 100 Erwerbstätige 60 Personen im Rentenalter (über 65) kommen werden.

Der demografische Rahmen verschiebt sich in bisher nicht gekannter Art und Weise. Daraus ist deutlich zu erkennen, welche Herausforderungen auf Wirtschaft, Politik und Bevölkerung zukommen werden, denn diese Entwicklung kann nicht ohne Folgen für die wirtschaftliche Wettbewerbsfähigkeit und die Zukunft der sozialen Sicherungssysteme in Deutschland bleiben.

Die Auswirkungen der demografischen Zäsuren sind dramatisch und haben sich in den vergangenen zehn Jahren deutlich zugespitzt, wie Abbildung 3 zeigt:

Abbildung 3: Auswirkungen der demografischen Zäsuren

Nachdem nun 2009 erstmalig die Zahl der Erwerbstätigen geschrumpft ist, wird es in 20 Jahren einen deutlichen Einbruch zu verzeichnen geben. Zu diesem Zeitpunkt – ungefähr 2030 – werden die geburtenstarken Jahrgänge der Fünfziger- und Sechzigerjahre in den Ruhestand gehen. Der demografische Wandel hat bereits heute starke Spuren am Altersaufbau der Bevölkerung hinterlassen. Die sich verändernde Bevölkerungsentwicklung wird von drei Faktoren maßgeblich beeinflusst:

1. einer konstant niedrigen Geburtenzahl
2. einer steigenden Lebenserwartung
3. einem negativen Wanderungssaldo durch die Differenz zwischen Zu- und Abwanderung.

Seit über drei Jahrzehnten folgt auf jede Generation eine kleinere Generation, weil die Zahl der geborenen Kinder nicht ausreicht, um die Elterngeneration zu ersetzen. Das Geburtendefizit kann durch die Nettozuwanderung nicht mehr ausgeglichen werden, zumal der Wanderungssaldo 2008 und 2009 negativ war, d. h. mehr Personen aus Deutschland ausgewandert als nach Deutschland eingewandert sind. Deutschland wird älter und die Gesamtbevölkerung geringer werden, und wir müssen unser Bewusstsein jetzt für diese zukünftige Lage schärfen. Frank Schirrmacher, der Mitherausgeber der *Frankfurter Allgemeinen Zeitung* beschreibt die angespannte Situation in seinem Buch »Das Methusalem-Komplott« wie folgt: »Unsere Lebensentscheidungen basieren auf Grundrissen und Daten eines vergangenen Jahrhunderts. Gingen wir mit dem Raum so um wie mit unserer Lebenszeit, würden wir mit Postkutschen reisen.«[25]

Aber wie kann bei einem Rückgang der Bevölkerung und damit der Erwerbstätigen die wirtschaftliche Wachstumskraft erhalten werden? Die Einbeziehung der Frauen ist dabei nur ein Ansatz zur Lösung des Problems, denn das Potenzial ist rein quantitativ nicht übermäßig groß. Abbildung 4 zeigt den Anteil an Frauen in Führungspositionen nach Alter in Deutschland. Frauen unter 30 sind in der Wirtschaft mit 43 Prozent fast ebenso stark auf gleichwertigen Positionen mit gleicher Bezahlung vertreten wie ihre männlichen Kollegen.

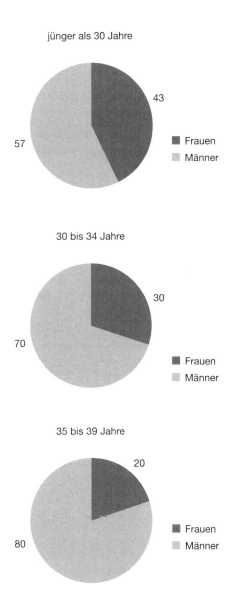

Abbildung 4: Anteil an Frauen in Führungspositionen nach Alter in Deutschland[26]

Bei der Bevölkerungsgruppe der 30- bis 34-Jährigen sinkt der Frauenanteil auf 30 Prozent, und bei den über 35-Jährigen sogar auf nur 20 Prozent. Daraus ist ersichtlich, dass das Potenzial der Frauen vor allem qualitativ längst noch nicht ausgeschöpft ist. Wir müssen uns aber auch fragen, ob unsere Ausbildungsstrukturen mit der biologischen Uhr vereinbar sind. Jede Frau, die sich für eine exzellente akademische Ausbildung mit Promotion entscheidet und einen Auslandsaufenthalt in ihrer Laufbahn einplant, schlägt mit Anfang 30 eine Führungslaufbahn ein, und wenn sie endlich ganz oben angekommen ist, ist sie möglicherweise 40 – kein guter Zeitpunkt, um Kinder zu bekommen. Wir sollten unser gesamtes System auf den Prüfstand stellen, wenn wir es ernst damit meinen, das qualitative Potenzial der Frauen zukünftig stärker zu nutzen. Diese Strukturen sind in Zeiten entstanden, als nur wenige Frauen am Arbeitsmarkt teilgenommen haben. Die Zeiten haben sich grundlegend verändert, System und Strukturen wurden jedoch nicht angepasst.

Die Arbeitswelt wird jedoch nicht nur durch den Rückgang der Bevölkerung und damit der Erwerbstätigen, sondern auch durch die Verschiebung der Altersstruktur vor ganz neue Herausforderungen gestellt. Denn neben einer vermehrten Berücksichtigung der Frauen werden auch ältere Menschen stärker in den Arbeitsalltag einzubinden sein. Damit muss jedoch eine entsprechende Gestaltung der Arbeitsplätze einhergehen.

Die Konsequenzen der demografischen Lasten sind verheerend: Eine geringere Erwerbsbevölkerung wird eine höhere Staatsverschuldung und eine höhere Steuerlast tragen müssen. Daraus ergeben sich folgende zentrale Kernaufgaben im Umgang mit dem demografischen Wandel:

- Entwicklung einer langfristigen, nachhaltigen Strategie durch die Politik
- Wertediskussion in der Gesellschaft
- Verbesserte Kommunikation

- Nachhaltige Bildungsoffensiven
- Verkürzung von Ausbildungszeiten, Verlängerung der Arbeitszeiten
- Berufliche Weiterbildung
- Betriebliche Gesundheitsprävention
- Neudefinition des Altersbegriffs
- Anpassung der Infrastruktur/Gestaltung der Arbeitsplätze.

Doch weder die Frauen noch die älteren Erwerbstätigen werden die Defizite auffangen können, die durch den Bevölkerungsrückgang und die altersstrukturelle Verschiebung entstehen werden. Deshalb kann auf eine entsprechend systematische Migrationspolitik nicht verzichtet werden. Die derzeitige politische Diskussion über die Integrationspolitik ist zu kurzfristig gedacht. Die Unternehmen haben die Gefahr erkannt, und die Wirtschaft versucht, eigene Wege zu gehen. Der Politik hingegen fehlt es an einer langfristigen Strategie, dem demografischen Wandel zu begegnen und eine Generationengerechtigkeit zu schaffen. Die Staatsschulden von heute sind die Steuererhöhungen von morgen. Die Belastungen, die künftige Generationen zu tragen haben, widersprechen den Grundsätzen einer nachhaltigen und verantwortungsbewussten Haushalts- und Finanzpolitik. Politik und Wirtschaft stehen vor immensen Herausforderungen. Eine Frauenquote kann nur ein Teil der Lösung sein, denn rein quantitativ ist das Potenzial der Frauen, wie Abbildung 4 zeigt, weitestgehend ausgeschöpft. Es kann (und muss!) allerdings in Zukunft qualitativ noch stärker berücksichtigt werden. Die Einbindung der Frauen im Bildungs- und Erwerbsleben der letzten Jahrzehnte hat der Gesellschaft zu enormem Wohlstand verholfen. Nun müssen Wege gefunden werden, Frauen qualitativ stärker einzubinden, sie mit Führungsaufgaben zu betrauen und ihnen Managementaufgaben zu übertragen. Die Demografie betrifft jede und jeden in unserer Gesellschaft. Die Auswirkungen des demografischen Wandels werden je nach Branche, Region und Berufsbild variieren. Es ist jedoch unumstritten, dass für alle Unternehmen dringender Handlungsbedarf besteht. Zwar findet sich in den Personalstrategien der meisten mittleren und großen Unternehmen bereits ein Demografie-Management. Was jedoch häufig fehlt, ist eine übergreifende Planungsklammer, die – unter Berücksichtigung verschiedener möglicher Szenarien der Geschäftsentwicklung – den jeweils zu erwartenden Bedarf der Mitarbeiterstruktur abbildet bzw. prognostiziert. Die strategische Personalplanung spiegelt für einen Zeitraum von fünf bis zehn Jahren die künftige Mitarbeiterstruktur nach Anzahl und Ausprägung bestimmter Aufgabenstellungen und Positionsgruppen. Durch Simulationsrechnungen können die Auswirkungen auf Nachbesetzungen oder auch Personalüberhänge für verschiedene optimistischere oder pessimistischere Szenarien dargestellt und dadurch der Bedarf in verschiedenen Gruppen ermittelt werden. Ein Demografie-Management leistet eine wirksame Unterstützung der Geschäftsstrategie und liefert die Basis, um Change-Management-Maßnahmen in strukturierter Form zu diskutieren. Ziel des Demografie-Managements ist es zu prüfen, welche Bereiche einer besonderen demografischen Aufmerksamkeit bedürfen und wie die demografischen Herausforderungen ganzheitlich und professionell bewältigt werden können. Eine nachhaltige und ressortübergreifende demografische Strategie erfordert ein effizientes Controlling der Maßnahmen.

Frauenquote

Die Gleichberechtigung von Mann und Frau ist seit 62 Jahren in Artikel 3 des Grundgesetzes festgelegt: Männer und Frauen sind gleichberechtigt. Und § 611a des Bürgerlichen Gesetzbuches hat die geschlechtsbezogene Benachteiligung verboten, bis diese gesetzliche Regelung durch das Allgemeine Gleichbehandlungsgesetz (AGG) abgelöst wurde, das 2005 in Kraft trat. Auf Basis des AGG können Frauen vor Gericht Schadensersatz einklagen, wenn sie wegen ihres Geschlechts nicht befördert wurden oder weniger verdienen als ihre männlichen Kollegen.

Für eine gesetzliche Frauenförderung gibt es gute Gründe, dagegen auch. Mehr Frauen in Führungspositionen sind eine Notwendigkeit für den nachhaltigen Erfolg. Integratives, ganzheitliches Management vereint weibliche und männliche Führungsattribute. Deshalb ist eine Frauenquote so hilfreich wie überflüssig, wenn die Wirtschaft nicht endlich aufwacht und die Gefahr erkennt, die durch den demografischen Wandel auf uns zurollt.

Nie war es für Frauen leichter als heute, Karriere zu machen. Auch ohne Frauenquote ziehen immer mehr Managerinnen in die Vorstände deutscher Konzerne ein, und das nicht nur in traditionell feminin besetzten Ressorts. Die Befreiung der Frauen von gesellschaftlichen Rollenerwartungen ist längst in Bewegung. Das verdanken wir besonders den Feministinnen, die in den Siebzigerjahren für eine Veränderung der Rollenbilder gekämpft haben, die über Jahrhunderte in der Gesellschaft gelebt wurden. Es wäre ökonomisch fatal, das wertschöpfende Potenzial bestens ausgebildeter Frauen mit ihren – mehr denn je – gefragten Führungsattributen nicht zu berücksichtigen.

Die Schweizer Trendforscherin Monique R. Siegel ist davon überzeugt, dass Frauen in Deutschland, Europa, den führenden Industrienationen und weltweit in naher Zukunft nicht nur gleichziehen, sondern sogar mehr Einfluss ausüben werden als Männer. Der »female shift« ist einer der wichtigsten Megatrends, den die Trendforscher für die nächsten zwei bis fünf Jahrzehnte sehen. Erklärt wird dieser Trend durch den Bildungsvorsprung der Frauen. Die Frauen werden nicht mehr nur die »Dazuverdiener« sein, denn es wird nicht mehr genug qualifizierte Männer für hochqualifizierte Positionen geben. Die Frauen werden aufrücken. Monique R. Siegel denkt, dass es noch ein bis zwei Jahre dauern wird, bevor der Wandel auch im Bewusstsein der Entscheidungsträger verankert sein wird.[27]

Eine gesetzliche Vorgabe, die dafür sorgt, dass mehr Frauen in Top-Management-Positionen berücksichtigt werden, ist im Gespräch. Vor zehn Jahren beschloss die Wirtschaft eine freiwillige Vereinbarung, um ein geplantes Gleichstellungsgesetz zu verhindern. Tenor dieser Vereinbarung: Die Chancen von Frauen sollten nachhaltig verbessert werden. Passiert ist in den vergangenen zehn Jahren so gut wie nichts. Seit die Telekom im Frühjahr 2010 eine selbst verordnete Frauenquote verkündet hat, die das Ziel verfolgt, ein Drittel der Management-Positionen bis Ende 2015 mit Frauen zu besetzen, läuft die mediale Diskussion pro und contra Frauenquote auf Hochtouren. Auf Telekom folgten E.ON sowie traditionell konservative Unternehmen wie Daimler, BMW und Airbus. Die Unternehmen orientieren sich am Deutschen Corporate Governance Kodex (DCGK) und veröffentlichen unternehmensinterne Ziele zur Förderung der Frauen in Führungspositionen. Da die Ziele in den vergangenen zehn Jahren, in denen man die Frauenquote »nachhaltig« anheben wollte, nie in dieser Form kommuniziert wurden, ist auch so gut wie nichts geschehen. Nun aber stehen Reputation und Glaubwürdigkeit der Unternehmen auf dem Spiel, wenn sie die gesetzten Ziele nicht erreichen.

	Gesetztes Ziel	Im geplanten Zeitraum
Airbus	30 %	bis 2015
BMW	15 -17 %	bis 2020
Daimler	20 %	bis 2020
EON	mehr als 22 %	ohne Angabe des Zeitraums
Telekom	33 %	bis 2015

Abbildung 5: Ziele zur Förderung der Frauen in Führungspositionen

Hintergrund der intensiven Diskussion ist der kritische Blick der Europäischen Union. EU-Justizkommissarin Viviane Reding setzt

Deutschland eine Frist bis 2011[28]. Die Politikerin droht mit einer gesetzlichen Regelung: Wenn die Wirtschaft bis Ende 2011 keine konkreten Fortschritte macht, werden auf EU-Ebene entsprechende Schritte eingeleitet. Reding verweist dabei auf Länder wie Norwegen, Schweden, Finnland, Spanien und Frankreich, die schon deutlich mehr Aufsichtsratspositionen mit Frauen besetzt haben. Ihr ambitioniertes Ziel ist es, dass bis zum Jahr 2015 30 Prozent und bis 2020 40 Prozent der Aufsichtsräte der börsennotierten Unternehmen in Europa weiblich sind. Norwegen hat es mit der gesetzlichen Frauenquote[29] nicht nur geschafft, mehr Frauen in Führungspositionen zu etablieren, der Sozialwissenschaftler Professor Gullvag-Holter hat darüber hinaus in einer Untersuchung herausgefunden, dass durch mehr Frauen in Führungspositionen die Scheidungsrate zurückgegangen und die häusliche Gewalt gesunken ist. Auch in Schweden ist die Management-Kultur weiblich. An der Spitze von Electrolux stehen 25 Prozent Frauen, bei Ericsson sind von 15 Mitgliedern in der Konzernleitung zwei weiblich. »81 Prozent aller schwedischen Frauen verdienen ihr eigenes Geld, 76 Prozent gehen einer angestellten Tätigkeit nach. Gleichzeitig liegt das Land mit einer Geburtenrate von 1,8 Kindern pro Frau an der Spitze Europas.«[30] Diese Entwicklung war allerdings nur mit einer gesetzlichen Frauenquote möglich. In Deutschland wird von einem Expertenkreis aus dem Justizministerium geprüft, was der Gesetzgeber sinnvollerweise tun kann. Vorläufig spricht sich die Regierung allerdings dafür aus, dass es eine gesetzlich vorgeschriebene Frauenquote nur als Ultima Ratio geben wird, falls die Unternehmen nicht selbst erkennen, welches wirtschaftlich immense Potenzial sie ungenutzt lassen, wenn sie ihre Politik weiterführen und nicht mehr Frauen in den obersten Management-Positionen berücksichtigen. Die Arbeits- und Sozialministerin Ursula von der Leyen schließt eine gesetzliche Regelung über einen Mindestanteil von Frauen in Führungspositionen jedoch nicht mehr aus. Sie erkennt – als Arbeitsministerin – die Dramatik des demografischen Wandels, der sich in den nächsten fünfzehn Jahren deutlich zuspitzen wird.[31]

Die Regierungskommission DCGK empfiehlt keine Quote, fordert jedoch, dass Aufsichtsräte Ziele definieren: Wie viele Frauen werden bis wann aufgenommen werden? So werden die Ziele transparent und die Erfolge vergleichbar. Werden die Ziele nicht eingehalten, entsteht Rechtfertigungsdruck. Die DCGK rät darüber hinaus, im Vorstand und auf weiteren Führungsebenen auf eine angemessene Repräsentanz von Frauen zu achten. Das wird dazu führen, dass ab 2011 in fast allen Corporate-Governance-Berichten börsennotierter Unternehmen zu lesen sein wird, wie weiblich der Aufsichtsrat zukünftig wird. Mit dieser Transparenz wird eine Zielabweichung schwer zu begründen sein. Jedes Unternehmen soll selbst entscheiden, ob es eine verordnete Quote braucht und wie diese aussehen soll.

Das ist der Arbeitsministerin Ursula von der Leyen zu wenig. Sie spricht sich ganz klar für eine Frauenquote aus, und bereits im Laufe des Jahres 2011 soll ein Vorschlag vorgelegt werden. Als Frau, die es an die Spitze geschafft hat – trotz einer Familie mit sieben Kindern – ist sie enttäuscht, dass die freiwillige Vereinbarung mit der Wirtschaft, die vor zehn Jahren getroffen wurde, gescheitert ist. Im Interview mit dem SPIEGEL betont sie: »Als Arbeitsministerin weiß ich, dass wir es uns nicht länger erlauben können, die Hälfte unserer Talente zu ignorieren«, und fordert Konsequenzen. Aber auch von Männern kommt die Forderung nach einer gesetzlichen Quote. So spricht sich Frank Bsirske, Vorsitzender der Dienstleistungsgewerkschaft ver.di ebenfalls für eine gesetzliche Frauenquote aus: »Eine Frauenquote in der Wirtschaft ist überfällig, auf freiwillige Selbstverpflichtung ist kein Verlass.«[32]

Fest steht: Wer sich heute nicht dem demografischen Wandel stellt, den wird dies später teuer zu stehen kommen. Weitere zehn Jahre verstreichen zu lassen, in denen das immense Potenzial der bestens ausgebildeten und hochqualifizierten Frauen nicht berücksichtigt wird, kann sich kein Unternehmen leisten. Trotz seiner Brisanz rangiert das Thema des demografischen Wandels in Deutschland nur auf dem fünften Rang der wichtigsten Human-Resources-Themen[33]. Warum ist dieses wichtige Thema nicht deutlich höher priorisiert? Weil es in den meisten Unternehmen an Instrumenten der strategischen Personalplanung fehlt und es noch zu viele interne Konflikte gibt, die die Umsetzung im Unternehmen verhindern. In den meisten Unternehmen ruft ein höherer Frauenanteil in den Spitzenpositionen einen Kulturwandel hervor. Deshalb wäre es viel eleganter, man käme ohne eine gesetzliche Frauenquote aus. Warum also haben 2009 nur 21 von 833 Vorständen[34] einen weiblichen Vornamen getragen? Diese Zahl ist ein Skandal, denn es ist unserer fortschrittlichen Gesellschaft unwürdig und zudem volkswirtschaftlicher Unsinn. Wie eine Studie der Frankfurter Personalberatung Odgers Berndston zeigt, fühlt sich knapp die Hälfte der befragten Frauen bei ihrem Aufstieg in die oberste Management-Ebene von Vorurteilen und mangelnder Chancengleichheit gebremst[35]. Dabei können Frauen genauso gut wie ihre männlichen Kollegen neue Produkte und Strategien entwickeln, Projekte durchziehen, Personal führen und Bilanzen lesen. Bleiben Frauen ohne Quote an der Spitze Solitäre, dann wäre das nicht nur für die Frauen bedauerlich, sondern für die gesamte Volkswirtschaft. Aber wollen sich Frauen wirklich von einer Quote abhängig machen und sich als »Opfer« definieren lassen? Wollen erfolgreiche Frauen als »Quotenfrauen« abgestempelt werden? Wo bleibt hier die Emanzipation? Ist es nicht viel ratsamer, den Symptomen auf den Grund zu gehen, warum so wenige Frauen Chefs und so viele Assistentinnen sind? Denn wenn wir es schaffen, die in Aufsichtsräten herrschenden Führungsstile gewaltig umzukrempeln, profitieren davon alle Beteiligten.

Liegt es am fehlenden Ehrgeiz oder werden Frauen diskriminiert?
Wir sollten die Chancengleichheit in den Vordergrund stellen, nicht den Feminismus. Wenn man genau analysiert, warum so wenige Frauen an der Unternehmensspitze sind, kann man die Ursachen beseitigen, ohne dass es einer Frauenquote bedarf. Bisherige Machtstrukturen müssen dabei offensiv infrage gestellt werden. Es macht einen Unterschied, ob man die Gleichberechtigung durch eine Quote erlangt oder hart erkämpft. Und es gibt genug Beispiele von Frauen, die es – auch ohne Frauenquote – geschafft haben. In der Politik hat sich Margaret Thatcher bereits 1979 gegen Aggressivität, Macht und Intrigen durchgesetzt, und noch vor Amtsantritt als erster weiblicher Premier in der Geschichte Großbritanniens am 4. Mai 1979

wurde sie 1976 in einem Kommentar von Radio Moskau als »Eiserne Lady« (Iron Lady) bezeichnet[36]. Es gab während ihrer gesamten Regierungszeit von 1979 bis 1990 viele Gelegenheiten, bei denen sie ihrem Namen als »Eiserne Lady« alle Ehre machte. Wenn im Kapitalismus Leistung wirklich zählt, dann werden die Frauen es auch ohne eine Frauenquote schaffen.

Bei der Debatte um die Frauenquote darf man die organisationspsychologischen Komponenten nicht aus dem Auge verlieren. Denn was passiert in einer Organisation, wenn sich die Zusammensetzung der Belegschaft über eine Quote verändert? Und wie verändert jemand sein Verhalten, der plötzlich für eine weibliche Führungskraft arbeitet, nachdem er viele Jahre einen Mann als direkten Vorgesetzten hatte? Steht diese Person unter dem Eindruck, die neue Chefin sei nur seine Chefin wegen der Quote? Wie verändert das den Arbeitsalltag eines Unternehmens – ist es motivierend oder demotivierend, verringert oder steigert es die Leistung? Dieser Aspekt soll deutlich machen, wie Komplex die Diskussion um die Frauenquote ist. Wir müssen akzeptieren, dass es soziale und kulturelle Faktoren gibt, die wir nur schwer beeinflussen oder verändern können.

Warum wird das Demografiethema noch so dramatisch unterschätzt? Man muss kein Prophet sein, um den zunehmenden Wettbewerb um Fach- und Führungskräfte von Unternehmen vorherzusagen, der spätestens in fünf bis zehn Jahren enormen Druck ausüben wird. Schon jetzt ist erkennbar, dass der Rückgang qualifizierter Bewerbungen in vielen Unternehmen dramatisch ist. Die Lethargie ist unverständlich, denn man muss kein Experte sein, um vorauszusagen, dass die Zahlen sich weiter verschlechtern und die Unternehmen im internationalen Wettbewerb zurückfallen werden, wodurch die Wertschöpfung des gesamten Landes bedroht und der Wohlstand in Deutschland dauerhaft gefährden würde. Die Wettbewerbsfähigkeit der deutschen Wirtschaft hängt entscheidend von der Qualifikation ihrer Führungskräfte und ihrer Mitarbeiter ab. Umso bedenklicher, dass nur wenige Unternehmen die zunehmende Gefahr durch den voranschreitenden demografischen Wandel erkennen.

Bewusst agierende Unternehmen können ihre Situation mit zwei wesentlichen Indikatoren auf den Prüfstand stellen:

1. Wie entwickelt sich das Durchschnittsalter der Belegschaft?
2. Hat die Anzahl der Bewerbungen zu- oder abgenommen und in welchem Ausmaß?

Wenn die Belegschaft altert und von den Schulen und Hochschulen weniger Nachwuchs nachkommt, sollten die Alarmglocken läuten. Gehen beim Unternehmen weniger Bewerbungen ein als in der Vergangenheit, dann ist das keine Momentaufnahme, sondern der Indikator für eine zukünftige Bedrohung. Bleibt die Frage offen, warum die verbale Aufgeschlossenheit in Gleichstellungs- und Familienfragen so oft in einer anhaltenden Verhaltensstarre endet. Diese passive Haltung der Unternehmen wird dazu führen, dass nach Norwegen und Frankreich auch die deutsche Regierung eine gesetzliche Frauenquote verordnen wird. In einem Land, das von einer Frau regiert wird und in dem es auch für das Amt des Bundespräsidenten schon Kandidatinnen gab, ohne dass wir darüber aus der Fassung geraten sind, muss es doch möglich sein, auch in der Wirtschaft mehr Frauen als bisher Spitzenpositionen zuzutrauen.

Leider haben zu viele Herren aus dem Top-Management immer noch nicht begriffen, welche Gefahr auf uns zurollt, und dass Frauenförderung kein »Hobby«, sondern eine ökonomische Notwendigkeit ist. Ohne entsprechende Zielvereinbarungen und Incentive-Programme wird sich deshalb kaum etwas ändern. Erst wenn zukünftige Bonuszahlungen davon abhängen, wie viele weibliche Führungskräfte an den Unternehmenszielen mitarbeiten, wird sich das System verändern. Eine Frauenquote wird der Emanzipation und den qualifizierten Frauen nicht gerecht, sie kann nur die Ultima Ratio sein. In erster Linie ist nach individueller Leistung und Qualifikation zu fördern, nicht nach Geschlecht, Alter, Religion oder Lebensstilen.

Wenn die Wirtschaft nicht endlich aufwacht, dann wird es nicht mehr lange dauern, bis auch Deutschland ein Land der Frauenquote werden wird, so wie Norwegen, Schweden, Finnland, Spanien und zuletzt Frankreich. Verschiedene Modelle stehen zur Auswahl. In Frankreich sind Unternehmen mit mehr als 500 Mitarbeitern und einem Umsatz von mindestens 50 Millionen Euro von der Frauenquote betroffen. In Norwegen wird die Quote ausschließlich börsennotierten Unternehmen verordnet. Beide Länder – Frankreich und Norwegen – haben die Quote dabei für die Aufsichtsräte verordnet, nicht für die Vorstände. Und wie wird die gesetzliche Quote in Deutschland aussehen? Lassen wir uns überraschen, sie wird kommen und zwar deshalb, weil die Wirtschaft das Thema in den vergangenen zehn Jahre nicht ernst genommen hat. Bedauerlich, dass nun Gesetze Fakten schaffen müssen und die Gesellschaft es nicht ohne eine gesetzliche Quote hinbekommen hat.

Die Zukunft des Managements ist weiblich

Da durch die verschiedensten Studien bewiesen ist, dass diejenigen Unternehmen erfolgreicher sind, deren Management aus gemischten Teams besteht, wissen erfolgreiche Unternehmer längst, welche Maßnahmen sie ergreifen müssen, um ihr Unternehmen zum besten Arbeitsplatz für talentierte und engagierte Mitarbeiter zu machen und das weibliche Potenzial zukünftig verstärkt zu berücksichtigen. Die Zukunft des Managements ist weiblich! In gemischten Teams werden die besten Kräfte für Wachstum und einen nachhaltigen Erfolg miteinander vereint. Die Zusammenarbeit unterschiedlicher Menschen – ob durch Geschlecht oder Kultur geprägt – führt zu den besten Ergebnissen.

Frauen in Führungspositionen sind ein Garant für nachhaltigen wirtschaftlichen Erfolg. Das bestätig die aktuelle UN-Studie »World Survey on the Role of Woman in Development«, die belegt, dass Unternehmen mit weiblichen Vorständen in OECD-Ländern 42 Prozent höhere Verkaufsgewinne erzielten[37]. Zukunftsweisende Unternehmen haben längst die Weichen für Frauen im Management gestellt und sich selbst eine Frauenquote auferlegt. Sie wissen, dass die Glaubwürdigkeit des Managements den Erfolg und Wert des Unternehmens wesentlich beeinflusst, und die Glaubwürdigkeit hängt stark davon ab, ob es das Management schafft, das Vertrauen zurückzugewinnen, das in den vergangenen Jahren verspielt wurde. In der schwersten Rezession seit Jahrzehnten, in die wir Ende 2008 durch die Finanz- und Wirtschaftskrise geschlittert sind, gewinnen Managerinnen deshalb an besonderer Bedeutung, weil viele männliche Kollegen in den Chefetagen versagt und das Vertrauen verspielt haben. Werte wie Impulsivität und Risikofreude, die die Treiber unserer Wirtschaft waren, werden ersetzt durch Glaubwürdigkeit und Vertrauenswürdigkeit.

Vertrauen bildet die Grundlage moderner Unternehmens- und Führungskultur. Wie sehr dem Management vertraut wird, sagt viel über die Stärke und die Performance eines Unternehmens aus. Die Glaubwürdigkeit des Managements ist der wesentliche Schlüssel zum Erfolg. Basis des Vertrauens sind Integrität und Loyalität. Nachhaltiger wirtschaftlicher Erfolg durch ein vertrauenswürdiges Management-Team wird dann eintreten, wenn die Glaubwürdigkeit im Handeln gegeben ist: »Walk the talk«. Zu den Faktoren, die Vertrauen schaffen und stärken, zählen:

- Kompetenz in menschlicher und fachlicher Hinsicht
- Verlässlich einschätzbares Verhalten
- Empathie
- Kritikfähigkeit
- Authentizität

Frauen bringen die besten Voraussetzungen für vertrauensbildende Maßnahmen mit. Doch auch wenn verschiedene Studien geschlechterspezifische Unterschiede erforscht haben, sollten Pauschalaussagen über unterschiedliches Management- und Führungsverhalten von Frauen und Männern hinterfragt werden, denn Stereotypen in den Köpfen lassen eine eigene Wirklichkeit entstehen. Frauen neigen intuitiv dazu, unausgesprochenen Rollenerwartungen zu entsprechen. Die Unterscheidung der Geschlechter stereotypisiert Männer ebenso wie Frauen, und das wird keinem gerecht. Nichtsdestotrotz geht die Gesellschaft mit Frauen und Männern unterschiedlich um. Aber wie nützlich ist es für Frauen, die Unterschiede immer wieder herauszustellen? Durch die stereotype Wahrnehmung der Frau als Angehörige ihrer Gruppe wird sie weniger als Individuum, sondern vielmehr als Vertreterin ihrer Geschlechtergruppe betrachtet. Der Nobelpreisträger für Ökonomie, Gary S. Becker, hat herausgefunden, dass die Erwartungen in die Produktivität von Managerinnen maßgeblich von den Vorstellungen über die »typische« Frau geprägt sind. Frauen werden nicht nach ihren persönlichen Stärken und Schwächen beurteilt, sondern – wegen ihrer Minderheitenposition – als Stereotyp ihres Geschlechts wahrgenommen[38].

Die Konzentration auf die Stärken der unterschiedlichen Geschlechter ist die Basis für nachhaltigen Unternehmenserfolg, und gemischte Management-Teams sind eine ökonomische Klugheit. Strategisches Management fokussiert sich auf innovative Prozesse, die Kreativität erfordern. Frauen schaffen die Rahmenbedingungen für neue Ideen, da sie Vertrauen aufbauen und den nötigen Freiraum zulassen. Sie probieren viel mehr aus, da sie keine Angst davor haben, das Gesicht zu verlieren.

Die intensiven Bemühungen zum Aufbau von Diversity-Management in Unternehmen verfolgen strategische und operationale Ziele. Das übergeordnete, strategische Ziel besteht in der Erhöhung der Anpassungsfähigkeit an sich verändernde Umfeldbedingungen sowie der Internationalisierung und Globalisierung der Märkte. Voraussetzung für neue Märkte sind Kenntnisse der Sprache und der jeweiligen Kultur. Das kurzfristige, operationale Ziel ist die Erhöhung der Problemlösungsfähigkeit durch heterogene Gruppen. Damit stehen Leistung und Qualifikation und nicht die »Andersartigkeit« im Vordergrund.

Bei der Diskussion um die Rechtsgleichheit durch die Frauenquote geht es jedoch niemals um Gleichheit im Sinne von Angleichung. Vielmehr geht es darum, die Differenzen und die Stärken des jeweiligen Geschlechts hervorzuheben und besonders zu betonen. Das ist die Grundlage für erfolgreiche – gemischte – Management-Teams: Menschen in ihrer Verschiedenheit und Vielfalt einzubeziehen. Gefragt sind Führungskräfte, die trotz harter Einschnitte die weichen Faktoren im Blick behalten, die Mitarbeiter einbinden und motivieren und den Wandel selbst vorleben, nach dem Motto: »Practice what you preach.« Die Erfolgsformel für effektives Management fokussiert sich auf Strategie- und Strukturveränderungen im Zeichen der Vereinfachung und Rückbesinnung auf die Wurzeln des Unternehmens, unter Berücksichtigung der finanziellen und personellen Ressourcen. Dabei wird Loyalität, Kulturnähe und eine stabile Mitarbeiter- und Kundenbeziehungen nur erreicht, wenn vom Management ein ehrlicher persönlicher Einsatz zu spüren ist. Ein symbolträchtiger Verzicht auf Privilegien und Statussymbole setzt dabei eine enorme Motivation bei den Mitarbeitern frei. Ein Management, das radikale Restrukturierungs- und Kostensenkungsprogramme verordnet und sich selbst dabei ausnimmt, wird keinen nachhaltigen Erfolg erreichen. Top-Management verlangt Sensibilität und Fingerspitzengefühl, um kluge Entscheidungen zu treffen. Der Harvard-Professor Abraham Zaleznik verfasste bereits 1977 einen Aufsatz über den Unterschied zwischen Managern und Leadern[39]. Er beschrieb Manager als Problemlöser, die sich auf das Alltagsgeschäft konzentrieren und wahre Führungskräfte als Visionäre, die auf den langfristigen Unternehmenserfolg ausgerichtet sind, ungewöhnliche Wege gehen und damit Neues schaffen. Und wie lassen sich diese vielfältigen Anforderungen an Manager und Führungskräfte miteinander verbinden? Durch gemischte Management-Teams, die aus Frauen und Männern bestehen, und damit eine konsequente Kombination von fokussiertem Management mit empathischem Leadership verbinden. Wenn rationales, problemorientiertes Handeln mit der Weitsicht, dem Mut und der Zielstrebigkeit von Führungskräften zusammentrifft, werden die Anforderungen der Komplexität und des Wandels bestmöglich bewältigt werden.

Der Wert des Managements liegt im Einfluss auf den Menschen, und dabei spielen ethische und moralische Fragen eine bedeutende Rolle. Vom richtigen und guten Management hängen neben Leistung, Ansehen, Macht und Einkommen auch Gesundheit und Zufriedenheit ab. Und die Wirksamkeit des Managements wird zunehmen, wenn Management-Teams aus Männern und Frauen zusammengesetzt sind. In der immer schneller und komplexer werdenden Welt ist für eine erfolgreiche Unternehmensführung ein patriarchalischer Führungsstil nicht zielführend; das Erfolgsrezept besteht vielmehr darin, möglichst viele Perspektiven in Entscheidungsprozesse einzubeziehen. Entscheidend ist nicht, wer die Manager sind, sondern wie sie managen, und weil es Management- und Führungsfähigkeiten gibt, die man eher Frauen zuschreibt, ist ihre Beteiligung am Management ein Gebot wirtschaftlicher Klugheit.

Zeit für die Wahrheit

Bisher galt: Je höher die Karrierestufe, desto geringer der Frauenanteil. Und die Männer in den Manager-Positionen behaupteten, dass die Frauen selbst schuld daran seien: Sie würden nicht genug kämpfen und zu viel Wind um ihre Familie machen. Diese Haltung entspricht eher einem Tunnelblick als einer fundierten Analyse. Es sind die Männer, die Frauen in Führungspositionen neben sich kaum zulassen, weil sie im »Boys Club« unter sich bleiben wollen. Und damit schaden sie nicht nur dem Unternehmen, sondern der Volkswirtschaft insgesamt. Denn die These, dass Frauen für Topjobs nicht qualifiziert genug seien, wird mit verschiedensten Studien widerlegt. Frauen haben die Männer in der Bildung längst überholt. Sie sind als Studentinnen zahlreicher, disziplinierter und erfolgreicher. Aber warum werden von 193 Staaten gerade mal elf von Frauen regiert? Sowohl in der Politik als auch in der Wirtschaft haben die Männer meist immer noch die Oberhand.

Wie es anders geht, dafür gehen die skandinavischen Länder als gutes Beispiel voran, an der Spitze Norwegen mit 40 Prozent Anteil an weiblichen Vorständen und Aufsichtsräten in den größten börsennotierten Unternehmen in Europa. Als erstes Land der Welt verabschiedete Norwegen 2003 ein Quotengesetz für staatliche Betriebe sowie für alle börsennotierten Unternehmen. Im Januar 2006 setzte die Regierung die Quote in Kraft und drohte mit harten Sanktionen. Als zwei Jahre später der Frauenanteil nur auf 17,8 Prozent angestiegen war, drohte die Politik mit der Auflösung von Unternehmen, die sich der Frauenquote widersetzten.[40] Wollen wir es in Deutschland so weit kommen lassen? Abbildung 6 zeigt, dass Deutschland im letzten Drittel liegt, schlechter als Deutschland schneiden nur noch Frankreich, Italien und Portugal ab. Mit 13 Prozent liegt Deutschland etwas über dem europäischen Durchschnitt, den das Deutsche Institut für Wirtschaftsforschung (DIW) in Berlin 2009 mit elf Prozent ermittelt hat. Neben der Schlechterstellung im Top-Management hat sich die geschlechterspezifische Lohndifferenz in den vergangenen 15 Jahren kaum verringert. Der Lohnunterschied zwischen Männern und Frauen beträgt derzeit in der Europäischen Union im Durchschnitt 18 Prozent. Deutschland liegt mit 23,2 Prozent noch schlechter als der durchschnittliche europäische Wert[41].

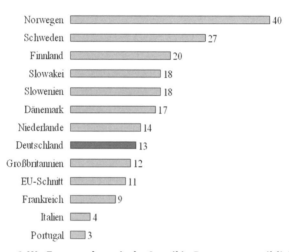

Abbildung 6: Wo Frauen oben sind – Anteil in Prozent an weiblichen Vorständen und Aufsichtsräten in börsennotierten Unternehmen

Die Wirtschaft befindet sich im Wandel. Der *Economist* schreibt von der erstaunlichsten Revolution der letzten 50 Jahre[42]. Neue Denk- und Handlungsweisen werden erforderlich, um die Komplexität und Flexibilität in Unternehmen zu meistern. Männliche Führungseigenschaften wie Impulsivität und Risikofreude waren die Treiber der Wirtschaft der vergangenen Jahre. Jetzt rücken Glaubwürdigkeit, Ehrlichkeit und Authentizität in den Vordergrund. Frauen schaffen echte Werte! Und nie war die Zeit besser als jetzt: Wir stehen vor einem Paradigmenwechsel, der dazu führt, dass die Wirtschaftswissenschaften zukünftig nicht nur Wachstum und Bruttoinlandsprodukt für den gesellschaftlichen Fortschritt bewerten, sondern auch Nachhaltigkeit und Lebensqualität als Indikatoren heranziehen. Die einseitige Ausrichtung der Volkswirtschaft auf Wachstum ist überholt[43].

Aber warum sind Frauen auf den obersten Hierarchie-Ebenen so rar wie vierblättrige Kleeblätter, obwohl es mehr Akademikerinnen als Akademiker gibt[44]? In den Sozial-, Rechts- und Wirtschaftswissenschaften ist der Anteil der Studentinnen mit 58,2 Prozent höher als der der männlichen Studierenden.

Während jedoch bis zum 30. Lebensjahr der Karriereweg von Männern und Frauen weitgehend parallel verläuft und Frauen unter 30 mit einem Anteil von 43 Prozent fast genauso stark in Führungspositionen vertreten sind wie gleichaltrige Männer, sinkt die weibliche Repräsentanz, wie Abbildung 4 im vorigen Kapitel belegt, mit 40 Jahren auf 20 Prozent.

Fest steht: Die Frauen können es – aber warum gelingt es nicht, die qualifizierten Frauen über 30 im Beruf zu halten? Lassen sich in den maskulin geprägten Führungsetagen Karriere und Familienleben nicht vereinbaren? Ist die Stellung der Frau mit Familie von möglichen sozialen und ökonomischen Macht- und Umweltkontexten abhängig? Obwohl Frauen weltweit Informatik, Maschinenbau oder Physik studieren, stammen die wenigsten technischen Entwicklungen der vergangenen 20 Jahre wie Windows, Apple, Google von Frauen. Warum nutzen so wenige Frauen ihre Talente? Liegt es an der Lebensplanung?

Kinder sind selten das Karrierehindernis. Zu diesem Ergebnis ist auch Dr. Carsten Wippermann gekommen, der von Sinus Sociovision in Heidelberg im Auftrag des Bundesministeriums für Familie, Frauen und Jugend untersucht hat, wie Frauen beim Aufstieg in Top-Führungspositionen diskriminiert werden. In seiner Studie »Frauen in Führungspositionen – Barrieren und Brücken« ist das Ergebnis eindeutig: 61 Prozent der befragten Frauen haben Kinder und sind trotzdem in Führungspositionen.[45]

Frauen haben die Wahl und handeln nach freiem Willen. Die Individualisierung der Lebensstile wird zukünftig an Bedeutung zunehmen. Das Bundesforschungsministerium gibt jährlich 7 Millionen Euro für das Projekt »Frauen an die Spitze« aus, um zu verstehen, was Frauen von heute wollen und wie ihre Lebensplanung mit der Karriereplanung einhergeht. In der aktuellen Förderperiode des Europäischen Sozialfonds (ESF) von 2007 bis 2013 stehen 110 Mio. € für das Programm »Gleichstellung von Frauen in der Wirtschaft« zur Verfügung.[46] Die Bundesvereinigung der Deutschen Arbeitgeberbervereine (BDA), das Bundesministerium für Arbeit und Soziales (BMAS) und der Deutsche Gewerkschaftsbund (DGB) haben gemeinsam die Förderschwerpunkte für Deutschland ausgewählt. Ziel ist es, das Beschäftigungspotenzial von Frauen besser auszuschöpfen und die Beschäftigungssituation – unter Berücksichtigung der Work-Life-Balance – zu verbessern.

Es ist ein Mythos, dass im Grunde alle Jobs und Positionen an familienfreundliche Formate angepasst werden können. Trotzdem muss es eine Selbstverständlichkeit werden, dass Frauen wichtige Positionen in der Wirtschaft anstreben und diese mit unterschiedlichen Lebensentwürfen verbinden können.

Die Hochschule der Bundeswehr in Hamburg hat in einer Studie unter Jörg Felfe erforscht, was junge Abiturientinnen, Studentinnen und junge Absolventen motiviert. Es wurden Männer und Frauen befragt, ob und warum sie an die Spitze streben. Dabei haben sich zwei Gruppen gebildet: eine Gruppe, die sehr klar erfolgsorientiert ist (ohne Wenn und Aber) und eine andere Gruppe, die Hemmungen unterliegt, Risiken fürchtet und von Sorgen gebremst wird[47].

Wir können es uns nicht leisten, die Talente der Hälfte der Bevölkerung zu verschwenden, wenn die vielen Probleme, die uns bedrängen, gelöst werden sollen. Einer, der das Talent von Frauen im Management längst erkannt hat, ist der Unternehmer der zweitgrößten Container-Logistik-Reederei der Welt, MSC Basel. Der einzige Mann des Unternehmens, der Geschäftsführer René Mägli, setzt seit 13 Jahren auf Frauen und fördert sie mit großem Erfolg. Der Umsatz stieg jährlich um 25 Prozent, die Anzahl der Mitarbeiter hat sich verachtfacht. Er schreibt den Frauen Teamgeist und Kostenbewusstsein zu und ist davon überzeugt, dass sie effizienter arbeiten, weil sie nicht nur die richtigen Prioritäten setzen, sondern auch keine Energie verschwenden, um Macht auszuspielen. Frauen konzentrieren sich mehr auf die inhaltliche Ebene und weniger um die Position. Wenn Konflikte auftauchen, werden sie offen angesprochen.

Der Personalvorstand der Deutschen Telekom ist ebenso davon überzeugt, dass die Telekom von der selbst auferlegten Frauenquote profitieren wird, weil Frauen über Entscheidungen gründlicher nachdenken würden und zudem selbstkritischer seien als Männer. Er lässt keine Zweifel aufkommen, dass vieles in der Wirtschaft mit mehr Reflexion und in gemischten Management-Teams besser laufen würde.[48] Und trotzdem schreibt das *manager magazin* in seiner Ausgabe 3/2011: »Als innovationshemmend wird die Monokultur Mann empfunden, die sich einzig nach homosozialen Kriterien organisiert. Im Klartext: Unverbesserlich stur rekrutiert sich die hiesige Unternehmenselite nach dem Ähnlichkeitsprinzip und damit aus den eigenen Netzwerken.«[49] Mit öffentlichen Statements wird sich der Anteil der Frauen im Top-Management nicht verändern. Die bisherigen Rituale und Mechanismen der Männer-Domäne müssen grundlegend verändert werden. Wer die Bedeutung und Notwendigkeit der Berücksichtigung von Frauen im Top-Management noch nicht erkannt hat, der wird in wenigen Jahren den Nachteil im Wettbewerb deutlich zu spüren bekommen.

In der Diskussion darf aber nicht unter den Tisch gekehrt werden, dass es in Deutschland einen ernstzunehmenden Anteil an Frauen gibt, die auf der Karriereleiter nur bis zu einer bestimmten Stufe steigen wollen. Sei es, weil sie sich der täglichen Belastung und dem Druck nicht aussetzen wollen, oder aufgrund der eigenen Lebensplanung und der Kinder wegen. In vielen Fällen stellen Frauen ihre eigene berufliche Entwicklung auch zugunsten der beruflichen Pläne des Lebenspartners zurück. Viele Frauen sind hervorragend ausgebildet und hätten die besten Voraussetzungen für Top-Management-Positionen, und trotzdem verzichten sie auf die Karriere, weil sie das Spiel um Status, Anerkennung, Macht und Geld nicht mitspielen wollen. Eine Führungsposition im Top-Management verlangt Durchsetzungsstärke, Belastbarkeit und das Sich-Einlassen auf Konkurrenzsituationen. In vielen Unternehmen besteht ein immerwährender Kampf, die Rangordnung durch Konkurrenzrituale zu klären, und während Frauen Konkurrenzsituationen eher vermeiden, behalten Männer in einer männlich dominierten Arbeitswelt mit ihrer ausgeprägten Selbstdarstellung weiter die Oberhand. Es wird Zeit, dass sich die Spielregeln und die Kultur verändern: von der aggressiven und machthungrigen Welt der Männer zur beziehungsorientierten Arbeitskultur, für die Frauen stehen. Dann wird es auch mehr Frauen geben, die den Weg nach oben gehen und damit anderen Frauen zeigen, dass es sich lohnt, beharrlich und durchsetzungsstark zu sein.

Die Frauenquote hat die Spitze der Wirtschaft erreicht und eine ganze Industrie lebt davon, Frauen in die obersten Management-Positionen zu befördern: Headhunter, Berater und Forschungsunternehmen, und sie haben alle Hände voll zu tun, die richtigen Managerinnen zu finden, die die entsprechenden Qualifikationen mitbringen und die bereit sind, die Verantwortung einer Top-Management-Position zu tragen und dafür auch Einschnitte im privaten Lebensumfeld in Kauf zu nehmen.

Es gibt viele Gründe, warum so wenige Frauen im Top-Management zu finden sind. Manches liegt scheinbar an den Frauen selbst. Selbst wenn sie die Durchsetzungsstärke, Belastbarkeit und Konkurrenzverhalten in der Persönlichkeitsstruktur mitbringen, spielen Verhaltensweisen wie Machtstreben, Selbstmarketing, Networking und strategisch und politisches Kalkül eine wesentliche Rolle, um ganz nach oben zu kommen. Weitere Erklärungsansätze lassen sich in der vorherrschenden Präsenzkultur, also der mangelnden Existenz von Home-Office- und Tele-Arbeitsplätzen, und der schwierigen Durchsetzung von Work-Life-Balance finden.

Und wenn sie es endlich bis ganz nach oben geschafft haben, haben sie noch ein zusätzliches Problem zu bewältigen: die eingeschränkten Möglichkeiten bei der Partnerwahl. Männer heiraten im Durchschnitt mit 32 Jahren, zu früh für die erfolgreiche Akademikerin, die sich erst auf die berufliche Karriere und danach auf die Partnerwahl fixiert. Denn bis dahin sind die intelligenten, sympathischen, verständnisvollen, bindungsfähigen Männer weg vom Markt. Nach dem Ergebnis einer Studie von Professor Karl Grammer kann eine erfolgreiche Akademikerin ohnehin nicht mit den Dingen punkten, denen sie ihren Erfolg zu verdanken hat, denn Intelligenz, Durchsetzungsstärke und ihr Status sind bei der Partnerwahl der Männer nicht von Bedeutung. Bei seiner Untersuchung – über einen Zeitraum von sechs Jahren – hat er das Balzverhalten von 12.000 Menschen im Großraum München durchleuchtet, und das Ergebnis war eindeutig: »Die Intelligenz der Frau spielt im Beuteschema des Mannes keine Rolle.« Zwar würden sich die meisten Frauen einen intelligenten Mann wünschen, umgekehrt käme jedoch die Intelligenz der Frau auf der Wunschliste des Mannes erst an zehnter Stelle.[50] Das Magazin der *Süddeutschen Zeitung* ist der Frage nachgegangen, warum es für erfolgreiche Akademikerinnen so schwer ist, einen ebenbürtigen Partner fürs Leben zu finden. Das Ergebnis zusammengefasst ist eindeutig: Für den Rollentausch in einer Beziehung – größerer beruflicher Erfolg, höherer Status, höheres Einkommen – braucht es zwei charakterstarke Partner oder ein anderes Land, denn in den USA wird mehr über Bildungsgrenzen hinweg geheiratet als in Deutschland.[51]

Der wahre Unterschied zwischen Männern und Frauen

Anthropologen, Biologen und Psychologen schließen aus verschiedensten Studien über Hirnfunktionen oder Hormone, dass Frauen von Natur aus anders ticken als Männer, nicht schlechter und nicht besser, einfach nur anders. Der wichtigste Grundstein für die Frauen auf dem Weg nach oben ist der Bildungsvorsprung. 55 Prozent der Gymnasiasten sind Mädchen[52], und seit durch die OECD mit der PISA-Studie[53] internationale Schulleistungen untersucht werden, wird regelmäßig deutlich, dass Jungen im Gymnasium unter- und in der Hauptschule überrepräsentiert sind. An Universitäten sind die

Studentinnen bei ihrem Abschluss nicht nur jünger, sondern auch erfolgreicher[54]. Und obwohl bei Wikipedia[55] 80 Prozent der Autoren männlich sind, sind es die Frauen, die in der Wikipedia-Hierarchie schneller vorankommen. Wikipedia-Gründer Jimmy Wales erklärt das damit, dass »die männliche Neigung zu maßloser Selbstüberschätzung für eine Mitarbeit bei Wikipedia sehr förderlich ist. Männer glauben meist, über jedes Thema Bescheid zu wissen. Eine ebenso kompetente Frau denkt häufiger: Ach, da bin ich nicht qualifiziert genug, um mich öffentlich zu äußern, also lass ich es auch.«[56] Und genau so verhalten sich viele Frauen. Sie sind bestens ausgebildet und hochgradig qualifiziert, aber zu bescheiden, ihr Wissen an andere weiterzugeben. Bescheidenheit ist jedoch keine Zier. Denn den besten Beweis bringt Jimmy Wales selbst, indem er ergänzt, dass unter normalen Wikipedia-Autoren die Männer zwar die Mehrheit stellen, Frauen aber in der Hierarchie deutlich schneller vorankommen. Und das passiert nach ganz objektiven Maßstäben, denn bei Wikipedia werden die Administratoren (so werden die ehrenamtlichen Manager bezeichnet) von den Nutzern gewählt »Um bei der Wahl eine Chance zu haben, muss man vor allem unter Beweis gestellt haben, dass man Konflikte zwischen Autoren mit gesichtswahrenden Kompromissen zu schlichten weiß. Diese Vermittlerqualitäten scheinen Frauen eher zu liegen.«[57]

Ob man es Selbstbewusstsein oder Selbstüberschätzung nennen mag, einer Studie zufolge bewerben sich Männer schon auf eine Position, wenn sie nur 50 Prozent der Kriterien erfüllen. Frauen hingegen meinen, sie müssten 95 Prozent bieten, sonst bewerben sie sich erst gar nicht. Frauen konzentrieren ihren Ehrgeiz häufig auf die persönliche Entwicklung und ihren Beitrag an den Unternehmenszielen und nicht darauf, in der Hierarchie aufzusteigen, um Macht und Status zu erlangen. Sie stellen sich selbst und ihre eigenen Qualitäten viel zu sehr infrage. Im Rahmen meiner zahlreichen Interviews und Gespräche während der Arbeit an diesem Buch habe ich von folgendem Beispiel gehört: Einer hervorragenden und professionellen Führungskraft eines Wirtschaftsprüfungsunternehmens, die für Innovation und Kundenbindung stand und darüber hinaus in der Kundenakquise sehr erfolgreich war, wurde die Partnerschaft angeboten, nachdem ein unabhängiges Beurteilungsgremium sie als hervorragend geeignet beurteilt hatte. Sie selbst fühlte sich noch nicht bereit für diesen Schritt; sie war der Meinung, dass sie im Bereich Akquise noch einiges zu lernen hätte und wollte auch ihre Fähigkeiten als Führungskraft noch weiterentwickeln. Diese Zurückhaltung war alles andere als mangelnder Ehrgeiz. Sie steht nur für eine ganz andere Art, die eigene Karriere voranzubringen. Die persönliche Entwicklung steht dabei viel mehr im Vordergrund als Macht und Status. Dieses Beispiel aus der Praxis bestätigt das Ergebnis einer Studie der Universität Chicago, die vom Institut zur Zukunft der Arbeit (IZA) im November 2010 veröffentlicht wurde: Frauen schätzen im Wettbewerb um die Besetzung von Führungspositionen ihre eigene Leistung im Durchschnitt geringer ein als Männer. Die Probanden hatten einfache Rechenaufgaben zu lösen; in einem zweistufigen Verfahren stellte sich heraus, dass – bei entsprechenden finanziellen Anreizen – Männer und Frauen gleichermaßen dazu neigen, ihre Leistungsfähigkeit zu übertreiben, um sich gegen Mitbewerber durchzusetzen. Allerdings überschätzten sich die Männer um 30 Prozent, während die Frauen mit einer Überschätzung von nur 15 Prozent näher an der Realität lagen. Der durchführende Professor Ernesto Reuben ist davon überzeugt, dass die männliche Selbstüberschätzung der Hauptgrund dafür ist, dass Frauen trotz objektiv besserer Eignung Führungspositionen vielfach verwehrt bleiben.[58]

Frauen lassen sich selten nur vom Beruf vereinnahmen. Sie sind im Lebensentwurf mehrdimensional und nicht nur auf den Beruf fokussiert, weshalb das Streben nach Selbstverwirklichung weniger im Vordergrund steht als das Motiv, den besten Beitrag für den Unternehmenszweck zu leisten. Das individuelle Ziel des Einzelnen wird durch das persönliche Anspruchsniveau bestimmt. Während intrinsische Motive ihre Bedürfnisbefriedigung aus der Tätigkeit selbst beziehen, sind es die extrinsischen Motive, die aus den Begleitumständen wie Geld und Anerkennung stammen. Das Streben nach Selbstverwirklichung und Statussymbolen ist bei Frauen weniger stark ausgeprägt.

Sie erzielen ihre Bedürfnisbefriedigung aus der Tätigkeit an sich und haben auch ihre Lebensweise danach ausgerichtet. Aus dem Wertewandel der vergangenen 20 Jahre ist zu erkennen, dass postmaterielle Werte wie Selbstverwirklichung gegenüber den materiellen Werten der physiologischen Bedürfnisse und Sicherheit deutlich an Bedeutung gewonnen haben. Im Vordergrund steht das Streben nach Annerkennung, Macht und Status. Durch steigende Leistungsanforderungen drängt sich die Arbeit immer weiter in den Vordergrund. Aber sind es wirklich nur die steigenden Leistungsanforderungen oder auch die Anforderungen, die jeder Einzelne an sich selbst stellt? Wer durch die Arbeit nach Anerkennung und Identität strebt und dadurch Selbstwert gewinnt, legt besonderen Wert auf Statussymbole. Jeder, der Mitarbeiterverantwortung trägt, sollte sich bei einem unausgewogenen Verhältnis zwischen Arbeit und Freizeit die Frage stellen, ob es tatsächlich an den Arbeitsanforderungen liegt oder doch intrinsische Motive wie die Suche nach Anerkennung, Macht und Status dahinter stecken. Frauen werden weniger häufig von diesen Motiven geleitet, weil Arbeit selten ihren Selbstwert definiert. Sie sorgen für eine ausgewogene Balance zwischen Arbeit und Freizeit und schaffen es, dieses Verhältnis immer wieder in ein Gleichgewicht zu bringen, auch wenn die Leistungsanforderung stetig steigt.

Viele Experten sind der Meinung, dass die Finanz- und Wirtschaftskrise, die im Herbst 2008 durch die Insolvenz von Lehman Brothers ihren Lauf genommen hat, nicht dieselben Dimensionen angenommen hätte, wenn in der Finanzbranche mehr Frauen in Führungspositionen gewesen wären. Fest steht, dass viele Männer in der Finanzindustrie ihr Vertrauen verspielt haben. Während sie viel zu oft alles auf eine Karte setzen und viel risikobereiter sind, sind Frauen darauf bedacht, das Risiko zu streuen, keine zufälligen Entscheidungen zu treffen, sondern sorgfältig abzuwägen.

Die Hauptfrage, die sich Frauen stellen müssen, die ihren Beitrag nicht nur für die Familie, sondern auch für die Wirtschaft in einer Top-Management-Position erbringen wollen, ist folgende: Bin ich bereit, meine Komfortzone zu verlassen? Bei der Diskussion um mehr Frauen in den Führungsetagen dürfen wir die Frauen selbst nicht aus der Verantwortung entlassen. Die bisherigen Strukturen in der Gesellschaft sind risikolos und bequem, gleichzeitig führen sie zur Abhängigkeit vom Partner, der für den Hauptteil des Familieneinkommens verantwortlich ist. Aus diesem Grund achten Frauen bei der Partnerwahl auf den Status[59]. Bisher scheint es in Deutschland nur drei Lager von Frauen zu geben: die Mütter, die mit ihrem Hausfrauen-Dasein zufrieden sind, die »Rabenmütter«, die trotz Mutterrolle ihre berufliche Karriere vorantreiben und die Business-Frauen, die auf Familie verzichten und sich oftmals männliche Verhaltensweisen aneignen, um in der rauen Geschäftswelt zu bestehen. Die Diskussion um die Frauenquote holt die Frauen aus der Komfortzone und revolutioniert die Arbeitswelt, zum Wohle aller. Sie verändert aber auch die Gesellschaft, denn wenn Frauen künftig genauso wie ihre Männer im Berufsleben stehen, lastet der Druck, das Familieneinkommen zu erarbeiten, nicht mehr allein auf den Männern. Das verändert nicht nur die Beziehung selbst, sondern die gesamte Gesellschaft.

Je höher der Frauenanteil, desto besser die Bilanz

Unternehmen, deren Management-Teams sich aus Frauen und Männern zusammensetzen, wachsen schneller, machen höhere Gewinne und sind an der Börse mehr wert. Zu diesem Ergebnis kam McKinsey in einer Untersuchung von weltweit über 300 Unternehmen in den Jahren 2003 bis 2005. Je höher der Frauenanteil, desto höher das Betriebsergebnis. Unternehmen mit gemischten Management-Teams haben einen um 48 Prozent höheren Gewinn (Ebit) als der Branchendurchschnitt ausgewiesen.[60] Die Managementberatung Accenture, der die 358 größten Unternehmen aus 24 europäischen Ländern analysiert hat, kommt zu den gleichen Ergebnissen: Je höher der Anteil von Frauen in Führungspositionen, umso stärker steigt auch der Profit[61]. Auch die Forscher der London Business School haben sich diesem Thema gewidmet und 60 Gruppen untersucht, die entweder gemischt oder nur aus Frauen bzw. nur aus Männern zusammengesetzt waren. Die Studie bestätigt, dass – im Vergleich zu rein männlichen und rein weiblichen Teams – die gemischten deutlich besser abgeschnitten haben. Und am allerbesten waren die Ergebnisse derjenigen Teams, in denen die Zahl von Männern und Frauen gleich groß war. Auch die Ergebnisse des amerikanischen Frauenforschungsinstitutes Catalyst bestätigen, dass Unternehmen, in denen besonders viele Frauen einen Sitz im Vorstand haben, eine bis zu 53 Prozent höhere Eigenkapitalrendite erwirtschaften.[62] Die Zahlen sprechen für sich!

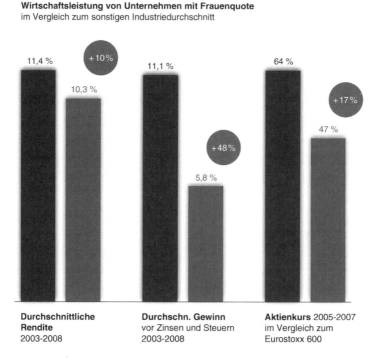

Abbildung 7: Wirtschaftsleistungen von Unternehmen mit Frauenquote[63]

Und warum führen Frauen im Top-Management nachhaltiger zum Erfolg?

➤ Frauen agieren chancenorientierter und vermeiden ungeplante Risiken.

> Frauen konzentrieren sich auf handlungsrelevante Sachverhalte.

> Frauen sind aktiv und offen für Wandel; sie erkennen die Indizien des Wandels frühzeitig und gestalten den Wandel bewusst mit.

> Frauen agieren lösungsorientiert.

Die Ergebnisse der Studien von McKinsey, Accenture und der London Business School lassen sich nicht leugnen, sie sind eindeutig und die Chefs werden aufhören müssen, ihre Männerseilschaften zu pflegen. Frauen an der Unternehmensspitze werden die Kultur des Unternehmens verändern, denn sie bringen andere Erfahrungen, andere Werte und ein anderes Bild von den Kunden, Mitarbeitern und der Wirtschaft mit. Frauen sind anders als Männer und sie führen anders. In gemischten Management-Teams wird die Fehleranfälligkeit homogener Gruppen verringert, Meetings beginnen pünktlich und verlaufen effizient mit einem klaren Ziel und einer Kommunikation, die auf ein Ergebnis ausgerichtet ist.

Die gläserne Decke

Es ist ganz deutlich zu beobachten, dass der Frauenanteil in Führungspositionen mit der Größe des Unternehmens und mit aufsteigender Hierarchie-Ebene abnimmt. Kaum eine Frau ist im Vorstand deutscher DAX-Unternehmen anzutreffen. In Deutschlands Wirtschaftselite dominiert das Y-Chromosom. Meist sind es Vorbehalte und eine im Arbeitsleben breit etablierte Präsenzkultur, die Frauen den Aufstieg ins Top-Management verbauen. Aber auch das Phänomen der »homosozialen Reproduktion« spielt eine entscheidende Rolle. Es beschreibt, dass Entscheider unterbewusst dazu tendieren, Personen zu befördern, an denen sie Ähnlichkeiten mit sich selbst wahrnehmen. Dieses Phänomen hat es Frauen bisher schwer gemacht, in Vorstandsgremien zu gelangen. Mann bleibt lieber unter Seinesgleichen und wählt Nachfolger nach dem Prinzip der Ähnlichkeit, denn Ähnlichkeit ist ein zentrales Kriterium für Vertrauen.

In Abbildung 8 ist deutlich zu sehen, dass der Weg in Spitzenpositionen nicht daran scheitert, dass zu wenig qualifiziertes Potenzial an weiblichen Führungskräften zur Verfügung steht. Ganz im Gegenteil: 52 Prozent der Studienabgänger sind Frauen, 44 Prozent davon haben sogar promoviert. Leider schaffen es nur 22 Prozent auf Führungspositionen und sogar nur 2,2 Prozent in den Vorstand von DAX-Unternehmen.

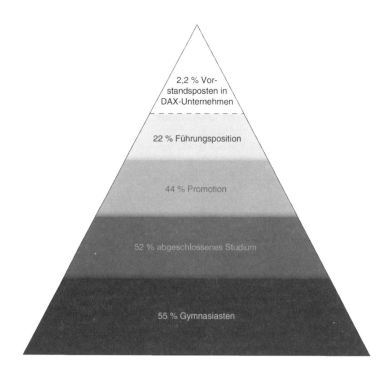

Abbildung 8: Die gläserne Decke

Warum werden Männer bei der Verteilung von Top-Management-Positionen bevorzugt? Und warum ist für Frauen die »gläserne Decke« scheinbar immer noch undurchdringlich? Seit über 30 Jahren gibt es unzählige Forschungen und Studien über die Metapher der »gläsernen Decke«, welche die Barrieren beschreiben, die verhindern, dass hochqualifizierte Frauen ins Top-Management aufrücken und sie im mittleren Management hängen bleiben, während ihre männlichen Kollegen ganz nach oben gelangen. Der Begriff »glass ceiling« wurde in den Siebzigerjahren in den USA geprägt und beschreibt die subtilen, nicht oder kaum wahrnehmbaren Mechanismen, die verhindern, dass Frauen ins Top-Management aufsteigen. Mit der gläsernen Decke wird die Barriere zwischen dem mittleren und dem oberen Management beschrieben.

Untersucht man das Phänomen der gläsernen Decke genauer, gibt es drei Ebenen, die die Barrieren für Frauen bilden, in Vorstandspositionen aufzusteigen:

1. die persönliche Ebene
2. die gesellschaftliche Ebene
3. die Unternehmensebene.

Und weil die gläserne Decke unsichtbar ist, ist sie besonders effektiv. Häufig kann kein konkreter Grund benannt werden, warum einer Frau im mittleren Management der nächste Karriereschritt nicht gelingt oder verwehrt bleibt. Zu beobachten ist jedoch, dass männliche Kollegen auf dem Weg nach oben erfolgreicher sind und dabei auch noch mehr verdienen, ohne bessere Leistungen zu erbringen oder höheres Engagement zu zeigen.

Die Politik ist eifrig bemüht, für gleiche Rechte zu sorgen, und droht mit einer gesetzlichen Frauenquote. Aber ist auch die Gesellschaft so weit oder sind unsere Rollenmuster noch zu stark, um einen Wandel herbeizuführen? Die Unternehmen haben bisher ihre Beförderungsprozesse nicht transparent gemacht, ganz im Gegenteil, es sind oftmals die persönlichen Beziehungen, die zur Besetzung von Management-Positionen führen.

Auf Unternehmensseite und auf politischer Ebene werden nun alle Hebel in Bewegung gesetzt, die Barrieren aufzubrechen. Dieser Wandel wird nicht von heute auf morgen möglich sein, deshalb brauchen Frauen, die ins Top-Management wollen, nicht nur Durchsetzungs-, sondern auch Durchhaltevermögen.

Während Männern ein Grundvertrauen zugesprochen wird, müssen Frauen erst einmal beweisen, dass sie gute Ergebnisse liefern und dem Druck an der Unternehmensspitze gewachsen sind. Häufig bekommen sie jedoch keine Chance, dies unter Beweis zu stellen. Zu diesem Ergebnis kam auch der Soziologe Dr. Carsten Wippermann, der von Sinus Sociovision in Heidelberg im Auftrag des Bundesministeriums für Familie, Senioren, Frauen und Jugend eine Studie mit dem Inhalt »Frauen in Führungspositionen – Barrieren und Brücken« erstellt hat[64]. Das Ergebnis der Studie ist eindeutig: Bei Männern in Führungspositionen besteht nur oberflächlich eine Offenheit für Frauen im Top-Management. Unter der Oberfläche schlummern Chauvinisten, die lieber unter sich bleiben wollen. Die Männer in den Führungsebenen haben massive informelle und kulturelle Vorbehalte gegenüber Frauen in Top-Management-Positionen, und trotzdem sind genau diese Männer auch davon überzeugt, dass es eine ökonomische Notwendigkeit gibt, das Potenzial der qualifizierten Frauen im Top-Management zukünftig stärker zu berücksichtigen. Es geht dabei nicht nur um das Problem des demografischen Wandels, sondern darüber hinaus um die Vielfalt der Kompetenzen und Perspektiven in einem gemischten Management-Team.

Anhand der Ergebnisse werden die befragten männlichen Manager verschiedenen Typen zugeordnet. 30 Prozent der befragten männlichen Manager lassen sich jenem Typ zuordnen, der Frauen aufgrund ihres Geschlechts ablehnen. Eines der Zitate aus dem Vorstand lautete: »Frauen sind eine Irritation im »Inner Circle« und unerwünscht im Vorstand.« Der andere Typus hat zwar eine emanzipierte Grundhaltung, geht aber davon aus, dass Frauen chancenlos gegen die Machtrituale seien. Das Top-Management verlange Härte, und dies stünde im Widerspruch mit dem Frauenbild unserer Gesellschaft. Typus III zeigt einen radikalen Individualismus. Für diese Männer spielt das Geschlecht bei der Besetzung einer Führungsposition eigentlich keine Rolle, es würde aber ihrer Ansicht nach nicht genug

Typ	Der Konservative	Emanzipierte Grundhaltung	Radikaler Individualist
Haltung	Lehnt Frauen im Top-Management grundsätzlich ab	Frauen und Männer sind gleichberechtigt und sollten im Top-Management gleich stark vertreten sein	Setzt ausschließlich auf Qualifikation und Kompetenz und Kontinuität in der Karriere
Begründung	Irritation im »Inner Circle« der bewährten Netzwerke und Rituale	Sympathie für ambitionierte Frauen auf dem Weg nach oben mit gleichzeitiger Skepsis, da Top-Management »Härte« erfordert	Verlangt kontinuierliche Karriere ohne längere Pause
Auswirkung	Die Umkehrung traditioneller Rollenverteilung wird im Spitzenmanagement nicht akzeptiert; verzichten Frauen – zugunsten der Karriere – auf Kinder, gelten sie als »unberechenbare« Einzelkämpferinnen	Die Härte, die im Vorstand erforderlich wäre, wird Frauen nicht zugeschrieben; sie gilt für eine Frau als unpassend, unweiblich, gezwungen	Unterstellt, dass Frauen keine kontinuierliche Berufsbiografie haben und dass es deshalb zu wenige Frauen gäbe, die sich für Führungspositionen bewerben

Abbildung 9: Die dreifache Sicherung der gläsernen Decke[65]

Frauen geben, die authentisch und flexibel genug dafür seien und zudem eine »kontinuierliche« Berufsbiografie vorweisen könnten. Da jeder dieser »Typen« in allen Unternehmen vorkommt, ist die gläserne Decke damit dreifach gesichert.[66] Abbildung 9 beschreibt die drei verschiedenen Typen, die sich zusammenfassend aus dem Ergebnis der Studie ableiten lassen.

Das Ergebnis dieser Studie ist ebenso ernüchternd wie die Realität im Unternehmensalltag, denn mit großem Wohlwollen und einer Wertschätzung gegenüber fachlich hochqualifizierten Frauen wird sich die gläserne Decke nicht aufbrechen lassen. Im Gegenteil: Sie scheint – unterhalb der Spitzenpositionen – besonders dick zu sein. Und an der fachlichen Qualifikation, den beruflichen Motiven und den persönlichen Voraussetzungen kann es nicht liegen, dass Frauen nach wie vor einen Wettbewerbsnachteil bei der Besetzung von Top-Management-Positionen erfahren. Die vorherrschende Führungskultur in Unternehmen kann nur durch Diversität in der Zusammensetzung von Management-Teams verändert werden. Nur wenn die Vielfalt von Perspektiven die Unternehmensführung beeinflusst, werden sich auch die Kultur und der Erfolg nachhaltig zum Wohle aller verändern. Eine oberflächliche »Gender-Political-Correctness« erhöht die Chance von Frauen in einer konkreten Entscheidungssituation leider nicht. Denn dafür müssen sich nicht nur Einstellungen und Mentalitätsmuster verändern, es müssen vielmehr die bisherigen Barrieren aufgebrochen und ein Kulturwandel eingeleitet werden. Unternehmen, die das immer noch nicht begriffen haben, verschleudern Humanpotenzial und einen zentralen Wettbewerbsvorteil! Es gibt keinerlei Erklärungen, die zu einer statistischen Diskriminierung von weiblichen Führungskräften führen und die eine gläserne Decke ökonomisch legitimieren könnten. Ganz im Gegenteil! Jede theoretische und empirische Untersuchung wird ganz klar das Gegenteil beweisen.

Unternehmen laufen Gefahr, einen zentralen Wettbewerbsvorteil zu verspielen, wenn sie zukünftig dieses immense qualitative Potenzial talentierter und hochgebildeter Frauen nicht berücksichtigen. Darüber hinaus schaden sie ihrer Reputation, ihrer Produktivität und dem Wachstum. Unternehmen haben allen Grund, für die Zerschlagung der gläsernen Decke zu sorgen, denn bei rationalem Verhalten und objektiver Beurteilung dürfte es sie erst gar nicht geben. Und mehr als das: Es ist die Verantwortung der Unternehmensspitze, für eine Unternehmenskultur zu sorgen, die Diversity unterstützt, High Potentials fördert und für Innovation steht – nicht nur in ihren Produkten, sondern auch im Management und in der Führung.

Probleme auf dem Weg nach oben und wie man sie umgeht

Die Wissenschaft hat verschiedene Experimente gemacht und dabei festgestellt, dass Frauen sich oftmals von ihrem Frausein blockieren lassen. Frauen sind so gut wie Männer und so schlau wie Männer, sie besitzen alle Talente und trotzdem begrenzen sie sich auch selbst. Wer nicht lernt, zu delegieren und loszulassen, wird für Top-Management-Positionen nicht ausgewählt werden, weil er den Eindruck erweckt, im operativen Geschäft fleißig, wertvoll und unabkömmlich zu sein.

Durch das absichtliche Setzen von Rahmenbedingungen, auch »Framing« genannt, haben Frauen mit dem Hinweis auf das Geschlecht in verschiedenen Untersuchungen schlechtere Ergebnisse erzielt, obwohl sie – nachweislich – besser ausgebildet waren. Männer lieben die Konkurrenz und wählen die Risikovariante viel öfter als Frauen.

Eine Sonderauswertung der PISA-Studie bestätigt, dass schon während der Schulzeit die Rollenbilder und Mann-Frau-Klischees dazu beitragen, dass Mädchen besser lesen und sich beim Rechnen zu wenig zutrauen. Die Autoren der Studie[67] führen die Leistungslücke in Mathematik und Lesen nicht auf unterschiedliche Begabungen zurück, sondern vielmehr auf Vorurteile von gängigen Frau-Mann-Klischees, denn bis zum 10. Lebensjahr erzielen Jungen und Mädchen fast gleiche Ergebnisse, während sich bei den 15-Jährigen ein anderes Bild zeigt. Jungen können besser rechnen, Mädchen besser lesen, eine selbsterfüllende Prophezeiung. Schon wenn Mädchen glauben, dass sie schlecht rechnen, sind die Ergebnisse in Mathematik in der Tat schlechter. Was aber mit der Fähigkeit des logischen Denkens nichts zu tun hat, denn Forscher haben darüber hinaus die Kompetenz gemessen, Probleme zu lösen. In diesem Bereich schneiden 15-jährige Mädchen ebenso gut ab wie ihre männlichen Altersgenossen, während sie beim Lösen mathematischer Aufgaben hinter den Jungen zurückliegen. Die Studie schreibt diesen Unterschied vor allem dem mangelnden Glauben der Mädchen an ihre mathematischen Fähigkeiten zu. Dieses mangelnde mathematische Selbstvertrauen resultiert aus den Rollenbildern, die von Eltern und Lehrern mitgeprägt werden. Auch die Entscheidung über den weiteren Bildungsweg und die Berufswahl scheint mehr von Stereotypen als von tatsächlichen Fähigkeiten abhängig zu sein. So studieren deutlich mehr Mädchen als Jungen Biologie, obwohl sich die Leistungen in diesem Bereich kaum unterscheiden. In mathematischen oder ingenieurwissenschaftlichen Fächern sind hingegen in allen untersuchten Industriestaaten die Männer überrepräsentiert. Abbildung 10 zeigt die Geschlechterverteilung in ausgewählten Studienfachrichtungen.

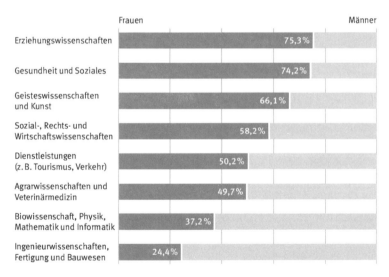

Abbildung 10: Geschlechterverteilung in ausgewählten Studienfachrichtungen[68]

OECD-Generalsekretär Angel Gurria betont: »Wir dürfen nicht akzeptieren, dass Vorurteile wie »Lesen ist nichts für Jungen« oder

»Mathe ist nichts für Mädchen« weiter bestehen. Solche Ansichten führen dazu, dass unseren Gesellschaften wichtiges Bildungspotenzial verloren geht.«[69]

Da es nicht zwangsläufig die Besten, sondern die Risikofreudigsten und Selbstbewusstesten an die Unternehmensspitze schaffen, müssen Frauen lernen, mit Konkurrenzsituationen umzugehen und sie auch auszuhalten. Wettbewerbsorientiertes Verhalten wird mit Beförderung belohnt, ob Frau oder Mann. Jede Frau, die sich nicht auf die klassischen Konkurrenzgebiete einlässt, hat es schwer. Das bestätigen auch Linda Babcock und Sara Laschever in ihrem Buch »Women Don't Ask«. Die beiden Autorinnen zeigen, dass Frauen sich auch auf anderen Gebieten oft zurücknehmen. Sie fordern nicht ein, was ihnen zusteht, angefangen vom Bewerbungsinterview über eine Gehaltserhöhung bis hin zur Beförderung. Frauen, die hart verhandeln, fürchten, von ihrer Umwelt negativ wahrgenommen zu werden, während Männer auf ihre rigorosen Verhandlungsmethoden stolz sind.[70] Die Verhaltensökonomen Dan Ariely und Uri Gneezy haben beobachtet, dass je nach Geschlecht eine inhärente Vorliebe oder Abneigung für Konkurrenzsituationen besteht.[71] Das hat fundamentale Auswirkungen auf die Frage, wer die Karriereleiter erklimmt.

Die besten Voraussetzungen für den Weg nach oben bringen resiliente Menschen[72] mit. Resiliente Menschen kennen sich besonders gut. Sie haben einen unverstellten Blick auf sich selbst, kennen ihre Stärken und Schwächen und suchen sich den Arbeitsplatz und den Lebenspartner nach den eigenen Kriterien, Bedürfnissen und Vorlieben. So werden Job und Partnerschaft zu Kraftspendern, statt zum Ort eines ständigen Energieverlusts. Die Resilienz ist das eigentliche Rüstzeug auf dem Weg nach oben, weil sie für Widerstandsfähigkeit steht. Resiliente Menschen sind Menschen, die Rückschläge und Niederlagen aushalten. Und auf dem Weg ins Top-Management ist der Weg mit Rückschlägen und Widerständen gepflastert. Nur wenn man in der Lage ist und die Fähigkeit besitzt, Krisen durch Rückgriff auf persönliche und sozial vermittelte Ressourcen zu meistern und sie als Anlass zur Entwicklung zu sehen, wird der Weg nach oben von Erfolg gekrönt sein. Wer sich immer wieder neuen Herausforderungen stellt, wird aus den Erfolgen lernen, dass auch schwierige Aufgaben zu meistern sind. Auf diese Art wächst man an seinen Aufgaben. Diese Gabe besitzen vor allem resiliente Menschen. Sie klammern sich nicht an bestimmte Lebensentwürfe oder Vorstellungen, sondern betreiben flexible Zielanpassung. Ein Ziel wird hartnäckig verfolgt, aber nur solange, bis sich herausstellt, dass es keinen Mehrwert bringt oder zwecklos ist. Von Winston Churchill stammt das Zitat: »Erfolg heißt, von Niederlage zu Niederlage zu schreiten, ohne seinen Enthusiasmus zu verlieren.«

Gegen jeden Widerstand

Untersucht man die Karrierewege der Frauen an der Spitze der Wirtschaft, stellt man fest, dass keine Karriere der anderen gleicht. Doch eines haben alle Frauen gemeinsam: Sie hatten den Ehrgeiz, die Energie und das Durchsetzungsvermögen, ihre Vorstellungen konsequent und erfolgreich zu verfolgen – und das gegen jeden Widerstand. Eine Studie von Accenture über »The Anatomy of the Glass Ceiling« aus dem Jahr 2006 bestätigt, dass Frauen in Führungspositionen jünger sind und ihre Karriere schneller vorantreiben als die männlichen Kollegen. Trotzdem schrecken die Rituale und Mechanismen der heutigen Management-Kultur viele Frauen fast zwingend ab. Nur wenige wollen in dieser Welt zu diesen Bedingungen aufsteigen. Je mehr Frauen zukünftig als Beispiel vorangehen, desto mehr Nachahmerinnen wird es geben. Wenn Frauen an der Unternehmensspitze sitzen, die neben der Arbeit auch noch ein privates Leben haben, ist das ein wichtiges Signal und steuert der Definition entgegen, dass Erfolg nur über Präsenz, ständige Verfügbarkeit und Machtpolitik erreichbar ist. Der Mangel an Frauen in Top-Management-Positionen liegt also nicht allein an den Rahmenbedingungen, die Unternehmen und Gesellschaft vorgeben, sondern an den Anforderungen, die eine solche Position an die Persönlichkeitsstruktur stellt: Belastbarkeit, Durchsetzungsstärke, Kontaktfähigkeit, Konkurrenzverhalten, Machtstreben, Sensitivität und emotionale Stabilität sind die wesentlichen Eigenschaften, um erfolgreich im Top-Management zu bestehen. Verschiedenste Untersuchungen und die unternehmerische Praxis bestätigen immer wieder, dass Frauen Konkurrenzsituationen lieber vermeiden. Sie versuchen, Konfrontationen zu umgehen. Aber gerade das Konkurrenzverhalten ist ein entscheidender Faktor für die Karriereentwicklung. Und wer sich in Konkurrenz begibt, muss sie auch aushalten können. Die Persönlichkeitsstruktur allein reicht nicht aus, um ganz nach oben zu kommen. Umso mehr beeinflussen die Verhaltensweisen einen positiven Verlauf der Karriere. Wer seine Karriere konsequent plant, der weiß sich auch selbst zu vermarkten und mit strategischem und politischem Kalkül die richtigen Netzwerke zu knüpfen. Frauen stehen oft im Abseits, weil sie davor zurückschrecken, Machtstreben und Konkurrenzverhalten zu entwickeln. Zumal jene Frauen, die Karriere machen, feststellen müssen, dass ihnen nicht immer nur Anerkennung und Ehre zuteil wird. Ganz im Gegenteil: Frauen, die es nach oben schaffen, handeln sich Neid, Missgunst und persönliche Anfeindungen ein. Und es sind nicht ausschließlich Männer, die erfolgreiche Frauen diese Gefühle spüren lassen, ganz im Gegenteil: Oft sind es die Frauen selbst, die sich nicht unterstützen, sondern misstrauisch und missgünstig reagieren. Wenn man ehrgeizig ist und etwas erreichen möchte, muss man lernen, mit Neid und Missgunst umzugehen.

Untersucht man das Persönlichkeitsprofil eines Top-Managers, dann wird man vor allem eines immer wieder vorfinden: Harte in der Durchsetzung und Konsequenz von Entscheidungen, in der Klarheit der Sprache, im geringen Interessen an individuellen persönlichen Umständen. Und diese Härte steht im Widerspruch zum Frauenbild unserer Gesellschaft, das von sozialer Fürsorge, Weichheit und Nachgiebigkeit geprägt ist. Frauen, die im Beruf Härte zeigen, werden kritisch gewertet. Sie werden als »unweiblich« und ihre Verhalten als »unpassend« beschrieben, und es wird bezweifelt, ob diese »harten Frauen« das richtige Aushängeschild für ein Unternehmen sind.

Durch gezieltes Coaching und Mentoring lernen Frauen, ein ausgeprägtes Konkurrenzverhalten zu entwickeln, sich dabei selbst treu zu bleiben und sich auf ihre Stärken zu konzentrieren. Niemand erwartet von einer Frau in der Unternehmensführung, dass sie die Verhaltensweisen der männlichen Management-Kollegen annimmt. Ganz im Gegenteil: Die unterschiedlichen kulturellen und persönlichen Eigenschaften bilden die Vielfalt, auf die es in gemischten Management-Teams ankommt. Die Konzentration auf die jeweiligen Stärken der beiden Geschlechter führt zum Erfolg, ohne dass man immer wieder auf typisch weiblichen und typisch männlichen Verhaltensweisen herumreiten muss.

Frauen haben auf ihrem Weg nach oben weit mehr Hindernisse zu überwinden als ihre männlichen Kollegen, weshalb bisher so wenige Frauen in Führungspositionen zu finden sind. Unternehmen, die es mit der selbst auferlegten Frauenquote ernst meinen, stehen vor einem Wandel. Und diesen Wandel werden sie dann erfolgreich bewältigen, wenn die Unternehmenskultur offen dafür ist und die Frauen auf ihrem Weg nach oben durch Coaching, Mentoring und Führungskräfte-Entwicklungsprogramme dabei unterstützt werden, alle Hindernisse zu bewältigen.

Unternehmenskultur – Der Blick ins Innere

Brauchen wir eine frauen- und familienfreundliche Kultur? Kann die Arbeitswelt so organisiert werden, dass erfolgreich sein nicht automatisch bedeutet, bis zehn Uhr abends im Büro bleiben zu müssen? Das ist eine zentrale Herausforderung der Unternehmensführung und unserer Gesellschaft, nicht nur aus ökonomischer Sicht, sondern auch im Hinblick auf Gesundheit und gesellschaftspolitische Entwicklung. Die Diskussion um die Frauenquote ist die große Chance für eine Veränderung der deutschen Unternehmenskultur. Es geht nicht darum, noch mehr zu arbeiten, sondern anders zu arbeiten und die Präsenzkultur am Arbeitsplatz zu reduzieren. Denn ein Leben, das rund um die Uhr aus Konferenzen, Laptop und Smartphones besteht und das Familie, Freunde, Sport und Kultur ausgrenzt, wollen viele Menschen nicht mehr akzeptieren, Frauen wie Männer.

Die Kräfte der Wirtschaft und das Tempo des Wandels verlangen nach flachen und flexiblen Organisationen mit wenigen Managementebenen und breit verteilter Führung. Trotzdem muss es in jedem Unternehmen eine letzte Autorität geben, jemanden, der die endgültigen Entscheidungen trifft und dafür sorgt, dass sie entsprechend umgesetzt werden.

Die »ideale« Organisationsform gibt es nicht. Jede Organisationsform hat ihre Grenzen. Ziel jeder unterschiedlichen Organisationsform ist die produktive Zusammenarbeit zur Erledigung bestimmter Aufgaben. Dafür ist es wesentlich, dass jedem Mitarbeiter im Unternehmen die Organisationsform bewusst ist und sie transparent gelebt wird.

Die Organisationsform eines Unternehmens prägt wesentlich die Kultur, die von den Mitarbeitern getragen wird. Der Anteil von Männern und Frauen in einem Unternehmen hat einen wesentlichen Einfluss auf seine Kultur. In einem Unternehmen, in dem der Anteil der Männer höher ist, ist die Unternehmenskultur automatisch männlich geprägt, während in einem Unternehmen mit einem höheren Frauenanteil vermehrt weibliche Eigenschaften zum Tra-

Merkmale einer männlich geprägten Unternehmenskultur	Merkmale einer weiblich geprägten Unternehmenskultur
Konzentration auf Ergebnisse	Konzentration auf Prozesse und Menschen
Problemorientierung im Vordergrund	Vermeidung von Problemen im Vordergrund
Wettbewerb	Kollegialität und Konsens
Stolz auf eigene Leistung	Zufriedenheit durch gemeinsam erzielte Ergebnisse
Status	Zielstrebigkeit
Vertikale Machtstruktur	Horizontale Machtstruktur

Abbildung 11: Merkmale männlich und weiblich geprägter Unternehmenskultur

gen kommen. Diese kulturellen und menschlichen Eigenschaften müssen respektiert und die Unterschiede identifiziert werden, um die Kommunikation und Kooperation auf allen Ebenen zu verbessern und dabei die Vielfalt optimal zu nutzen. Abbildung 11 fasst die unterschiedlichen Merkmale einer männlichen und weiblichen Kultur zusammen.

Dieses Kapitel beschäftigt sich mit konkreten Aktivitäten und Maßnahmen für eine Unternehmenskultur, die für Frauen und Männer gleichermaßen interessant und auf langfristigen Erfolg ausgerichtet ist. Der gute Umgangston in einem Unternehmen ist das Schmieröl jeder Organisation.[73] Dabei setzen sich vor allem weibliche Führungskräfte für eine gute Unternehmenskultur und Corporate Social Responsibility, also unternehmerische Sozialverantwortung ein.

Wenn Unternehmen es mit einem höheren Frauenanteil im Management ernst meinen, müssen die vielerorts anzutreffenden Seilschaften in der Unternehmenskultur unterbunden werden, die stark negativ auf das gesamte Unternehmen abfärben, wenn anstelle eines offenen Informationsaustauschs selbstzerstörerische Intransparenz und tief greifende interne Rivalitäten an der Tagesordnung sind. Ein Wandel in der Unternehmenskultur ist die Voraussetzung für den nachhaltigen Erfolg von gemischten Management-Teams. An die Stelle von Intransparenz, Rivalität, Macht und Status muss eine Mentalität der Kooperation und des Zusammenhalts treten, die durch eine offene und transparente Kommunikation Vertrauen im gesamten Unternehmen schafft. Die Notwendigkeit eines solchen Kulturwandels sehe ich in vielen Unternehmen. Durch die Schaffung der strukturellen Voraussetzungen für die Vereinbarkeit von Beruf und Familie und ein verändertes gesellschaftliches Bewusstsein wird sich eine Unternehmenskultur entwickeln, in der es selbstverständlich ist, dass Frauen Top-Management-Positionen besetzen.

Unternehmensstrukturen, Arbeitsprozesse und Tätigkeitsprofile müssen dem globalen Wettbewerb angepasst werden, der auf Beschleunigung, Flexibilität und Kundennähe setzt. Unternehmen, die ihre Ressourcen nicht effizient einsetzen, werden mittelfristig vom

Markt verdrängt werden. Deshalb muss die Ressource »Frau« in der Wirtschaft zukünftig effektiver genutzt werden.

Die wesentlichen Grundannahmen und Werte einer Organisation müssen transparent sein und gelebt werden. Menschen, die in einem Unternehmen arbeiten, dessen Wertesystem sich nicht mit dem eigenen verträgt, werden nicht nur frustriert sein, sondern auch wenig leisten. Ein fundamentaler Wertekonflikt verschwendet Ressourcen und Produktivität. Die Werte des Einzelnen müssen mit denen der Organisation harmonieren; sie müssen nicht vollständig übereinstimmen, aber ähnlich genug sein, um koexistieren zu können.

Vodafone hat Diversity erfolgreich als Bestandteil der Unternehmenskultur implementiert. Als innovativer und internationaler Arbeitgeber schafft das Unternehmen damit die Voraussetzungen für einen nachhaltigen Unternehmenserfolg. Denn ein Kulturwandel lässt sich nicht durch Schulungen und Trainings herbeiführen, wenn er im Alltag nicht im gesamten Unternehmen sichtbar gelebt wird, von der obersten Unternehmensführung bis zum Auszubildenden.

Umgang mit Macht im Management

Es gibt im Top-Management genug Beispiele für Menschen, die nach der Position mit der höchsten Autorität streben, weil die Macht sie lockt. Warum ist Macht so verführerisch und was macht sie so gefährlich? Macht wird in der Regel als Fähigkeit definiert, eine oder mehrere Personen zu einem bestimmten Denken und/oder Verhalten zu bewegen. So beschrieb auch Max Weber[74] Macht als jede Chance, innerhalb einer sozialen Beziehung den eigenen Willen auch gegen Widerstreben durchzusetzen. Macht ist ein relationaler Begriff, das heißt, dass sie an die Beziehung zwischen der Macht ausübenden Person und dem Ziel gebunden ist. Da sich die Abhängigkeit zwischen der Macht ausübenden Person und dem Ziel verändern kann, ist die Machtbeziehung ein dynamischer Prozess und keine konstante Verfügungsgewalt.

Jede Organisation und jedes Unternehmen brauchen ein Ordnungssystem, Hierarchien und auch Machtstrukturen. Gefährlich wird es dann, wenn die Macht ausgenutzt wird, denn die Folgen von Machtkämpfen sind verheerend, verschwenden Ressourcen, zerstören Kulturen und schaden jedem Unternehmen nachhaltig. Denn gerät die Macht außer Kontrolle, kann das eine Organisation lähmen, den wirtschaftlichen Erfolg vernichten, Arbeitsplätze zerstören und das Unternehmen in den Ruin treiben. Mitarbeiter sind nicht selten in der Lage, durch Verbündung zu Subkulturen und kluge Taktik formale Machtverhältnisse auszuhebeln.

Die Grundlagen und Dimensionen der Macht sind vielfältig. Weitestgehend durchgesetzt hat sich die differenzierende Klassifizierung durch die Sozialpsychologen French und Raven, die auf der Analyse der psychologischen Prozesse beruht. Sie differenzieren Macht wie folgt[75]:

> Macht durch Belohnung: durch Aufmerksamkeit, Lob, Zuwendung

> Macht durch Zwang: durch die Anwendung negativer Einflüsse

> Macht durch Legitimation: aufgrund von Normen oder Vereinbarungen

> Macht durch Identifikation: durch Erfüllung von Erwartungen

> Macht durch Wissen

> Macht durch Information

Diese einzelnen Machtgrundlagen können interagieren, wenn zum Beispiel häufige Belohnungen zur Macht durch Identifikation führen. Es werden Erwartungen erfüllt, weil sich die Person mit dem Machtinhaber identifiziert.

Macht bewirkt, dass Verhaltensänderungen auch gegen den Willen anderer durchgesetzt werden. Die legitime Macht oder Autorität beruht auf sozialen Normen in Organisationen und Hierarchien. Neben der legitimen Macht gibt es weitere Formen der Macht, welche die Motivation, die Leistung und Zufriedenheit und damit das Ergebnis des Unternehmens wesentlich positiv oder negativ beeinflussen können. Dazu gehören:

> Macht durch Vorbildwirkung

> Expertenmacht aufgrund von Wissens- und/oder Fähigkeitsvorsprung

> Macht durch Information und selektive Weitergabe von Informationen

> Macht durch Belohnung/Bestrafung

Der Erfolg der Bemühungen, durch Macht Einfluss zu nehmen, oder auch »der Gehorsam«, steigt mit zunehmender Abhängigkeit, Unsicherheit, Ängstlichkeit sowie mit abnehmender Intelligenz. Neben den Arten der Machtgrundlage spielen jedoch auch situative Bedingungen (die Art der Aufgabe, die Anwesenheit Dritter) oftmals eine bedeutende Rolle, um Verhalten zu erklären. Eine Theorie, die den Zusammenhang zwischen Machtgrundlage, Einstellung und Verhalten erklären soll, liefert der Harvard-Professor Herbert Kelman. Durch die Analyse des Verhaltens und die Grundlagenforschung, ob einem Einstellungswandel und der Ursache des Verhaltens eine legitime Machtausübung zugrunde liegt oder ob Zwang, Manipulation oder selektive Weitergabe von Informationen als Machtmittel eingesetzt werden, sollte jegliche nicht legitime Machtausübung, die jedem Unternehmen nachhaltig massiv schade, aufgedeckt werden[76]. Denn nicht legitime Machtausübung vernichtet Ressourcen und die Kultur eines Unternehmens. Sie schadet der Qualität der Kommunikation und Interaktion eines Unternehmens[77].

Die Machttheorien sind vielfältig. Mulders Machtdistanz-Reduktions-Theorie umfasst 15 Hypothesen, von denen eine beschreibt, dass mächtigere Personen die Erhaltung oder Ausweitung der Machtdistanz zu weniger mächtigen Personen anstreben oder dass machtniedere Personen die Machtdistanz zu mächtigeren Personen vermindern wollen. In der Praxis führt das dazu, dass sich die Führung einer Organisation von der Basis entfremdet, wenn sie sich dieser Tendenz nicht bewusst ist und systematisch gegensteuert. Zum Ausgleich von Machtunterschieden schlägt Mulder eine Machttreppe vor, mit der die Machtniedrigeren auf kleinen Stufen nach oben geführt werden.[78] Rappaport empfiehlt Empowerment für unausgeglichene Machtverhältnisse und zum Schutz benachteiligter Gruppen. Durch Empowerment wird eine ausgeglichene Machtstruktur durch Vermehrung der Machtressourcen der schwachen Gesellschaftsmitglieder geschaffen.[79]

Macht hat bei Frauen und Männern einen unterschiedlichen Stellenwert: Der Umgang mit Macht ist geschlechterspezifisch. Auch die Art und Weise der Machtgewinnung ist zwischen Mann und Frau verschieden. Während sich Frauen an den sozialen Normen und der Hierarchie einer Organisation orientieren, findet man unter Männern oftmals Seilschaften vor, die eine »Hausmacht« aufbauen, die sich weder an den Strukturen noch an der Akzeptanz von Experten durch Wissens- oder Fähigkeitsvorsprung orientiert. Diese Seilschaften müssen aufgedeckt und durchbrochen werden, wenn sie verhindern, dass Frauen in die Führung gelangen. Sie schaden massiv und nachhaltig der Kultur und Kommunikation und dem wirtschaftlichen Erfolg des Unternehmens.

Ich wage die These, dass viele Top-Manager mit ihrem Machtanspruch und den formellen Statussymbolen ihre Daueranspannung und durchaus auch Unsicherheit zu kaschieren versuchen. Nur gefestigte Persönlichkeiten mit natürlicher Autorität schaffen es, das Machtgehabe auf ein Minimum zu reduzieren und damit den sozialen Abstand zwischen sich und den Mitarbeitern zu verringern. Damit sind die besten Voraussetzungen geschaffen, eine Unternehmenskultur aufzubauen, in der nicht Angst, Frust, Neid und Missgunst vorherrschen, sondern die von einer kooperativen Arbeitsatmosphäre geprägt ist und damit zunehmend interessant wird für die wertvollen Frauen, die sich bisher bewusst aus Machtspielen herausgehalten haben. Destruktive Machenschaften belasten emotional und berauben jeglicher Motivation. Das führt zwangsläufig zu Misstrauen, Leistungsabfall, Fehleranfälligkeit, Frust und letztendlich zu einer erhöhten Fluktuation. Unternehmerische Erfolge sind in der komplexen und sich rasant verändernden Umgebung auf Teamleistungen zurückzuführen und nicht auf den Erfolg eines einzelnen Managers.

Warum Frauen oft im Abseits stehen

Schon Shakespeare wusste es: »Die ganze Welt ist eine Bühne, und alle Frauen und Männer bloße Spieler.«[80] Und auch der Wissenschaftler Erving Goffman setzt in seinem Buch »Wir alle spielen Theater«[81] menschliches Sozialverhalten in enge Beziehung zur Schein- und Rollenwelt des Theaters. Er beschreibt in seinem Werk, dass wir gegenüber unserer Umwelt bewusst soziale Rollen spielen und bezeichnet den strategischen und taktischen Einsatz der Selbstpräsentation als Impression-Management. Das Grundprinzip des Impression-Management besteht darin, dass wir gezielt Informationen selektieren, von denen wir eine positive Wirkung erwarten (beispielsweise soziale Kontakte oder Statussymbole). Impression-Management-Techniken können auf kurz- oder langfristige Wirkung abzielen und fordernden/repräsentativen oder defensiven Charakter haben. Impression-Management, also bewusstes oder unbewusstes Steuern des persönlichen Eindrucks, ist in den höchsten Management-Positionen Tagesgeschäft. Es beginnt meist bereits beim Vorstellungsgespräch, denn durch die kalkulierte Wahl der Kleidung, des Stils, des Auftretens, aber auch der Gesprächsinhalte, versucht man, den Eindruck, den man hinterlässt, gezielt zu steuern und zu kontrollieren.[82] Und bereits beim Bewerbungsinterview zeigt die Realität ganz eindeutig, dass Frauen dazu neigen, sich zu unterschätzen, während Männer sich eher überschätzen.

Deshalb gilt: Wenn ich als Frau nicht selbstbewusst auftrete und von meinen Fähigkeiten überzeugt bin, dann kann ich auch andere nicht von mir und meinen Leistungen überzeugen. Ich muss daran glauben, dass ich erfolgreich sein werde. Und vor allem muss ich als Frau zeigen, dass ich richtig gut bin, denn wer darauf wartet, entdeckt zu werden, kommt nie an sein Ziel. Ambivalenz wird als Unentschlossenheit gedeutet und wer unentschlossen ist, dem traut man keinen Chefposten zu. Die amerikanische Psychologin Pauline Clance von der Georgia State University in Atlanta prägte Ende der Siebzigerjahre den Begriff »Hochstaplersyndrom« und beschrieb damit Menschen, die trotz sehr guter Leistungen ständig an sich selbst zweifeln[83]. Sie stellte damals fest, dass vor allem Frauen sich ständig mit dem Gedanken quälen, ihren Erfolg nicht verdient zu haben. Die Praxis und wissenschaftliche Studien belegen, dass Frauen sich häufiger entschuldigen als Männer, was daran liegt, dass Männer weniger Situationen als entschuldigungswürdig wahrnehmen.

Gefühle wie Selbstzweifel, Angst und Unsicherheit gehören nicht ins Top-Management. In börsennotierten Unternehmen steigt und fällt der Wert der Aktienkurse mit dem Auftritt des Vorstandsvorsitzenden. Schwäche zu zeigen schadet in dieser Position dem Unternehmen. Die heutige Arbeitswelt wird von Begriffen wie Best Practice, Top-Performance und Benchmarking geprägt. Fehler werden immer noch geächtet, statt sie als Lernchance zu sehen. Im Top-Management der Unternehmen ist, wie auch in der Politik, noch immer eine Kultur anzutreffen, die es geflissentlich vermeidet, Fehlgriffe und Versäumnisse zuzugeben, um sich vor Amtsverlust, Schadensersatzklagen oder rückläufigen Aktienkurse zu schützen. Dabei ist wissenschaftlich belegt, dass eine Kultur der Fehlerfreundlichkeit zu besseren Leistungen führt als permanenter Druck und ständige Versagensangst. Allerdings funktioniert das Lernen aus Fehlern nur dann, wenn einem die Umwelt erlaubt, sich konstruktiv mit Fehlern und Schwächen auseinanderzusetzen. Während in Wissenschaft und Forschung nach Fehlern gesucht wird, deutet in Wirtschaft und Politik ein Fehler auf eine Schwäche hin. Wissenschaftler versuchen – durch das Prinzip der wissenschaftlichen Methode – zu beweisen, dass sie nicht Recht haben. Manager versuchen in der Regel, Fehler zu rechtfertigen, zu relativieren oder abzustreiten. Dabei ist Fehlbarkeit ein unverzichtbarer Bestandteil von Kreativität und Innovation. Und der amerikanische Psychologe William James[84] hat bereits 1897 das Potenzial von Fehlern in seinem Buch »The Will to Believe« betont: »Wenn es keine Fehler gäbe, woher wüssten wir dann, woran wir noch arbeiten müssen?«[85]

Frauen lenken ihre Aufmerksamkeit – unabhängig davon, wie kompetent sie sind – eher auf ihre Schwächen, während Männer eher zur Selbstüberschätzung tendieren. Blickt man in die Unternehmen, findet man in der zweiten Reihe hochbegabte Managerinnen, die sich den Schritt ins Top-Management nicht zutrauen. Manager in der zweiten Reihe sind geschützt, können sich verstecken und genießen trotzdem viele Vorteile einer Führungsposition. Während weibliche Kandidatinnen für eine Führungsaufgabe daran zweifeln, ob ihr Fachwissen und ihre Führungsqualitäten ausreichen, werden sie von den männlichen Kollegen mit schlechterem Abschluss und weniger Erfahrung längst überholt. Wenn ich mir jedoch ständig darüber Gedanken mache, was ich nicht kann oder was schlecht gelaufen ist, dann wird es mir auch nicht gelingen, neue Herausforderungen zu meistern, und gleichzeitig destabilisiere ich mein Selbstwertgefühl.

Was sich Frauen darüber hinaus von den Männern abschauen sollten, ist die Fähigkeit, Kritik nicht persönlich zu nehmen und gelassener darauf zu reagieren. Wer es schafft, sich von den Beurteilungen und Wertungen anderer unabhängiger zu machen, wird ein stabiles Selbstwertgefühl für eine Top-Management-Position aufbauen. Das gelingt, wenn man eingefahrene Denkmuster verlässt und Erfolge den persönlichen Kompetenzen zuschreibt, durch Selbstreflexion und mithilfe eines Coachings.

Da Frauen sich weit weniger nur über den beruflichen Erfolg definieren, sind sie selten so aggressiv in der Selbstdarstellung wie ihre männlichen Kollegen. Und leider auch vorsichtiger in dem, was sie sich zutrauen. Männer sind offensiver und aggressiver, sie wollen beeindrucken und steigen dadurch auch schneller auf.

Voraussetzung für eine erfolgreiche Karriere ist jedoch eine gute Strategie. Tiemo Kracht, Geschäftsführer der Kienbaum Executive Consultants GmbH, beschreibt im Interview in *Die Zeit*, dass Frauen in der Karriereplanung nicht auf die falsche Strategie setzen, sondern häufig gar keine haben.[86] Dabei ist es die Grundvoraussetzung einer jeden Karriere, zum richtigen Zeitpunkt den nächsten Schritt strategisch zu planen, zu kommunizieren und danach auch zu handeln. Performance, Power und Publicity sind die Elemente, die Frauen ins Top-Management befördern. Wer ganz nach oben möchte, muss das auch signalisieren. Solange es ein Ziel gibt, gibt es keine Grenze für das Erreichbare. Wer daran glaubt, das unerreichbar Scheinende erreichen zu können, wird die Grenzen seiner Fähigkeiten und Möglichkeiten immer weiter nach oben verschieben. Nichts ist unmöglich, wenn man eine Vision vor Augen hat, für die es sich zu kämpfen lohnt.

Selbstmarketing

Um ins Top-Management zu gelangen und dort auch zu bestehen, braucht es Selbstbewusstsein, Durchsetzungskraft, Durchhaltevermögen und vor allem eine strukturierte Karriereplanung und konsequentes Selbstmarketing. Werbung in eigener Sache ist entscheidend für den beruflichen Erfolg. Die Herren im Top-Management beherrschen die Klaviatur der öffentlichen Selbstdarstellung. Sie haben meist Public-Relations-Profis an ihrer Seite, die dafür sorgen, dass ihr Marktwert steigt. Längst gehört personenbezogene PR in den Chefetagen der Wirtschaft zur Tagesordnung. Unterstützt von einem PR-Berater erzeugen Manager ein perfekt geschliffenes Bild der eigenen Person in der Öffentlichkeit und erhöhen damit ihren Marktwert. Gleichzeitig dient Eigen-PR nicht nur dazu, die beruflichen Möglichkeiten zu erweitern, es stärkt auch das Selbstbewusstsein, das im Top-Management erforderlich ist.

Erfolgreiche Karrieren, ob bei Frauen oder Männern, haben eines gemeinsam: Die Damen und Herren haben ihre »uniqueness«, ihre Einzigartigkeit, hervorgehoben und betonen sie immer wieder. In Top-Management-Positionen kommt es darauf an, einzigartig zu sein und quer zu denken. Vor allem aber ist für die Karriereentwicklung – neben der Persönlichkeitsstruktur und den Verhaltensweisen – konsequentes Selbstmarketing und das Knüpfen von Netzwerken ein wesentlicher Erfolgsfaktor. Das bestätigt auch eine oft zitierte IBM-Studie, die durchgeführt wurde um herauszufinden, welche Kriterien für den beruflichen Erfolg von Bedeutung sind. Das Ergebnis war überraschend: Nicht das Fachwissen ist in erster Linie der Garant für den beruflichen Erfolg. Der beruflicher Erfolg hängt nur zu 10 Prozent vom Können und Wissen ab, 30 Prozent stehen und fallen mit einer erfolgreichen Selbstvermarktung und 60 Prozent sind auf persönliche Kontakte zurückzuführen. Wer über ein gutes Netzwerk verfügt und dort kommuniziert, was er kann, ist auf dem besten Wege ins Top-Management.

Voraussetzung für ein erfolgreiches Selbstmarketing ist es, sich seiner Stärken bewusst zu sein und diese mit einem klaren Profil zu präsentieren. Mit der richtigen Selbstmarketing-Strategie erreicht man einen höheren Bekanntheitsgrad als Person und baut gleichzeitig ein positives Image auf. Von Willy Haas stammt das Zitat: »Erfolgreich ist, wer weiß, was er nicht kann.«[87] Denn auch wenn Leistung und Image auf den persönlichen Stärken und dem eigenen Know-how aufzubauen sind, sollte man sich seiner Schwächen bewusst sein.

Wer Karriere machen möchte, muss die Regeln des Selbstmarketings beherrschen. Mithilfe der SWOT-Analyse lassen sich die eigenen Stärken (strengths), Schwächen (weaknesses), Chancen (opportunities) und Gefahren (threats) analysieren. Ein gutes Produkt ist der Grundstock der Eigenvermarktung. Eigen-PR funktioniert also nicht, wenn keine Leistung vermarktet werden kann. Deshalb sind eine exzellente Vita und hervorragende Leistungen die Voraussetzungen für erfolgreiches Selbstmarketing. Wer sein Umfeld analysiert und sich bewusst macht, mit wem er um Aufmerksamkeit konkurriert, kann sich zielgerichtet auf sein Alleinstellungsmerkmal konzentrieren. Es geht nicht darum, sich auf Kosten anderer zu profilieren, sondern darum, seine »Unique Selling Proposition« (USP) herauszustellen. Was kann ich besser als andere? Auf welche beruflichen Erfolge kann ich zurückblicken? Die Zielgruppen-Analyse legt fest, wer auf mich aufmerksam werden soll. Eigen-PR wirkt nach innen und außen und kann über die Branche hinweg vermehrte Aufmerksamkeit auf die eigene Person ziehen. Nach dem Motto: »Tue Gutes und sprich darüber« kann besonders die eigene Leistung herausgestellt werden. In einer Umfrage des Bundesverbands Deutscher Unternehmensberater hielten 28 Prozent falsche Bescheidenheit für einen der Top-10-Karrierekiller[88]. Die Art und Weise, wie man eigene Erfolge kommuniziert, erfordert Fingerspitzengefühl. Um nicht penetrant zu wirken, sollten die Erfolge ins Zentrum der Kommunikation gestellt werden. Offenkundige Freude über einen erreichten Erfolg wirkt aufrichtig und authentisch, und das Umfeld nimmt nicht nur den Erfolg wahr, sondern auch die Leistung, die dahinter steht. Durch ein gut funktionierendes Netzwerk kann das Selbstmarketing durch positive Multiplikatoren verstärkt werden.

Von Victoria Beckham stammt das Zitat: »Ich will so berühmt werden wie Persil.« Sie hat sich keine Sänger als Vorbild für ihre Ziele genommen, sondern eine weltbekannte Waschmittelmarke.[89] Tatsächlich liegen die individuelle Persönlichkeit und ein Markenprodukt gar nicht so weit auseinander. Ob Produkt oder Person, eine Marke schafft Vertrauen und sorgt gleichzeitig für Differenzierung. Die Regeln und Wirkungskreise von Produkt- und Selbstmarketing sind ähnlich. Voraussetzung für ein erfolgreiches Marketing ist die richtige Strategie. Eine auf langfristigen Erfolg ausgelegte Strategie beugt kurzfristigen Scheineffekten vor. Zur Vorbereitung der Strategie braucht es eine Marktanalyse und die Zieldefinition. Was sind meine kurzfristigen (12 Monate), mittelfristigen (24 bis 48 Monate) und langfristigen Ziele (60 bis 84 Monate)? Auch beim Selbstmarketing erweisen sich die allgemeinen Marketingtechniken mit der richtigen Marketingstrategie, einem geeigneten Marketingmix an Instrumenten sowie einem konkreten Marketingplan als hilfreich. Mit einem ausgewogenen Verhältnis der Zielsegmente (monetäre Ziele, Selbstverwirklichungsziel, Macht-, Prestige- und Imageziel und soziale Ziele) wird die größte Wirkung erreicht.

Das richtige Maß sollte auch beim Selbstmarketing eingesetzt werden. Analog zur Produkt-Distributionspolitik ist zu beachten, dass die richtige Menge in einwandfreiem Zustand zur richtigen Zeit am richtigen Ort eintrifft.

Die wichtigsten Selbstmarketing-Kommunikationsinstrumente sind in Abbildung 12 dargestellt.

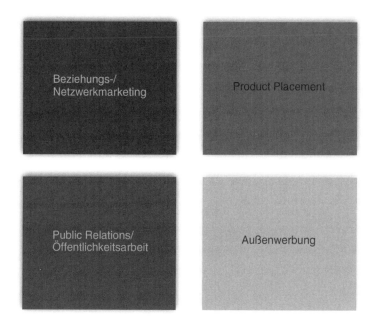

Abbildung 12: Selbstmarketing-Kommunikationsinstrumente

Welche Kommunikationsinstrumente auch immer gewählt werden: Selbstmarketing muss authentisch und individuell zugeschnitten sein, es darf niemals überzogen wirken. Der zentrale Begriff für erfolgreiches Selbstmarketing ist Authentizität, und dabei muss die Einzigartigkeit der Persönlichkeit herausgestellt werden. Um die Authentizität zu wahren, sollte man ganz genau wissen, wo die persönlichen Stärken und Talente liegen, aber auch, wo die eigenen Grenzen und Schwächen sind.

Eine Selbstmarketing-Strategie, die individuell entwickelt und auf die eigene Person zugeschnitten ist, beinhaltet die folgenden Kriterien:

1. Entwicklung von Bewusstsein darüber, was das Besondere an meiner Leistung ist und wie ich mich von anderen unterscheide

2. Kommunikation der Leistungen und Besonderheiten nach innen und außen

3. Gezielte Vermarktung durch Interviews
4. Konsequentes Networking
5. Veröffentlichungen zu Fach- und Wirtschaftsthemen.

Frauen haben in den letzten Jahren das fachliche Fundament für den Weg ins Top-Management gelegt. Zur Karriere gehört weit mehr als gute Leistung und Fleiß. Effektives Selbstmarketing und Networking sind zum Qualifikationsnachweis geworden und auf dem Weg nach oben unerlässlich. Um die Selbstpräsentation positiv zu beeinflussen, sollten die Kanäle der persönlichen Wirkung bewusst sein. Der Kommunikationspsychologe Professor Albert Mehrabian hat in einer Untersuchung herausgefunden, dass verbale Aussagen vielfach untergehen, wenn die Gesamterscheinung nicht stimmig ist[90]. Den stärksten Einfluss üben mit 55 Prozent Ausstrahlung und Wirkung eines Menschen durch die Körpersprache und das Erscheinungsbild aus. Die Wirkung einer Aussage ist mit 38 Prozent auf die Stimme zurückzuführen. Nur sieben Prozent Einfluss entfallen auf den Inhalt. Daraus kann man natürlich nicht den Umkehrschluss ziehen, dass ein schlechter Inhalt durch eine glänzende Verpackung aufpoliert werden kann, denn bei der Vermittlung reiner Fachinformationen ist die Inhaltsebene entscheidend. Sympathie, Überzeugungskraft und Glaubwürdigkeit unterstützen den Gesamteindruck.

Unsere persönliche Wirkung entsteht durch unser Verhalten, welches wiederum durch unsere Einstellung geprägt ist. Wesentliche Einflussfaktoren unserer Einstellung sind Normen, Werte, Überzeugungen und Erfahrungen, aber auch Intentionen und Ziele. Die Selbstpräsentation (Körpersprache, Erscheinungsbild, Stimme, Inhalt) bestimmt unser Verhalten und erzeugt beim Beobachter eine Wahrnehmung. Durch diese Wahrnehmung wird – aufgrund der persönlichen Einstellung des Beobachters – eine Wirkung erzielt. Über die Wirkung und das gesetzte Ziel muss ich mir zu Beginn einer Handlung bewusst sein. Ein optimaler Gesamteindruck wird erreicht, wenn die Einflussfaktoren der nonverbalen Ebene, die Stimme und die inhaltlichen Aussagen harmonisch zusammenwirken. Wer seine Außenwirkung und sein Selbstmarketing aktiv gestalten will, muss sich darüber im Klaren sein, welches Ziel er erreichen möchte. Das kann im Management ein leistungsstarkes/aufgabenorientiertes Image sein und im privaten Umfeld ein sympathisches/beziehungsorientiertes. Abbildung 13 zeigt die vier Image-Grundtypen. Auf eine geschlechterspezifische Zuordnung, ob Männer eher dem Typ 1 und Frauen eher dem Typ 2 zugeordnet werden, verzichte ich an dieser Stelle.

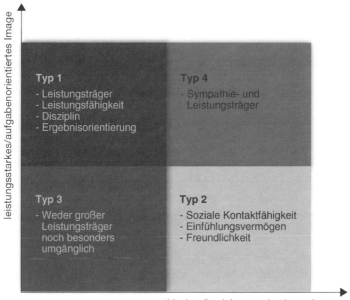

Abbildung 13: Wirkung der Image-Grundtypen

Die Entwicklung einer »Corporate Identity« sollte langfristig ausgerichtet sein. So wie die Persönlichkeitsentwicklung ein laufender Prozess ist, sollte auch Selbstmarketing auf einem langfristigen Konzept aufbauen, auch wenn sich der Kern der Persönlichkeit genauso wenig verändert wie der Kern einer Marke. Aber genau das ist der Grund, warum wir Marken wie auch Persönlichkeiten Vertrauen entgegenbringen: weil der Kern »echt« ist. Wir finden im Top-Management immer weniger Menschen, die authentisch und sich selbst treu geblieben sind. Die Ausrichtung auf kurzfristige Erfolge und der Druck der Gesellschaft lassen es oftmals nicht zu, dass sich eine Persönlichkeitsstruktur von innen heraus entwickelt. Immer wieder sind Manager anzutreffen, deren Identität von außen aufgesetzt wirkt. Persönlichkeiten, die auf dem Weg ins Top-Management eine echte Marke werden möchten, unterscheiden sich von anderen durch ständige Selbstreflexion, Stärken-Schwächen-Analyse und Zielanpassung. Sie agieren nachhaltig und steuern bewusst. Welche Marke möchten Sie sein?

Die Kunst der Diplomatie

Konflikte gehören im Top-Management zur Tagesordnung. Sie auszuhalten und professionell auszutragen erfordert Fingerspitzengefühl und Diplomatie. Konfliktmanagement und die Kunst der Diplomatie gehören zu den größten Herausforderungen im Top-Management. Das gilt besonders dann, wenn es um radikale Veränderungen geht, die einen grundlegenden Wandel im Unternehmen herbeiführen. Konflikte entstehen entweder aus dem Widerstand gegenüber Veränderungen oder aus unterschiedlichen Standpunkten, wie der Wandel gestaltet werden soll. Meist sind die Gegensätze und damit die Konflikte latent und nicht offenkundig, was es schwieriger macht, sie zu managen. Konflikte können aber gleichzeitig der Motor von Veränderungen und ein notwendiger Bestandteil sein, um den Wandel voranzutreiben. Wenn Konflikte aber ein zerstörerisches Potenzial entwickeln, können sie, ebenso wie fehlendes diplomatisches Geschick im Management, eine große Gefahr für jedes Unternehmen darstellen.

Im Top-Management braucht man genug Flexibilität und Selbstwertgefühl, um nicht immer und sofort beweisen zu müssen, dass man im Recht ist. Denn schon allein ein moralischer Unterton kann zu Konflikten führen, bei denen es nicht mehr um das Sachthema, sondern um Persönliches geht. Beim Versuch, den Beweis zu erbringen, dass man Recht hat, kann man leicht in eine Sackgasse gelangen. Deshalb ist die Kunst der Diplomatie eine Frage kreativer Umwege, ungewöhnlicher Lösungen und schonender Kompromisse. Die Beurteilung eines Top-Managers erfolgt durch seine Worte, Gesten und Taten. Die Summe seiner Handlungen führt zu Vertrauenswürdigkeit oder zu Misstrauen.

Diplomatische Gewandtheit und gewinnende Menschenführung gehören zu den wichtigsten Voraussetzungen im Top-Management. Aber schafft man es, zugleich durchsetzungsstark und beliebt zu sein? Für diplomatisches Management ist es grundlegend, in der Kommunikation die Sachebene von der Beziehungsebene zu trennen. Eine Vermischung von sachlichem Anliegen und persönlicher Kritik belastet das Beziehungsklima. Gute Diplomaten erkennen die Situation und entschärfen sie, bevor ein Konflikt eskaliert.

Die direkte Konfrontation führt immer dazu, dass man dem Gegenüber eine Angriffsfläche bietet. Diplomatie vermeidet die direkte Konfrontation. Die Strategie der Diplomatie sucht den Neuanfang jenseits festgefahrener Konflikte und stellt die Gemeinsamkeiten heraus, die trotz aller Gegensätze existieren.

Da wir Menschen dazu neigen, in ähnlichen Situationen immer wieder mit den gleichen Verhaltensweisen zu reagieren, werden wir berechenbar, und Berechenbarkeit ist im Top-Management fehl am Platz. Wer beim Schachspiel den nächsten Zug des Gegners vorhersagen kann, wird das Spiel für sich entscheiden.

Voraussetzung für einen diplomatischen Umgang sind gute Umgangsformen und die Einhaltung bestimmter Verhaltensregeln, sodass auch die schwierigste Verhandlung auf einem gewissen Niveau erfolgen kann. Wer jede Verhandlung als »Spiel« betrachtet, verliert sich nicht zu sehr in dem Ziel, unbedingt mit dem Kopf durch die Wand zu wollen. In einem Spiel kann man mal zu den Gewinnern gehören und mal zu den Verlierern. Aber jede Verhandlung ist gleichzeitig eine Chance, Neues zu lernen, sich zu entwickeln und in

Geduld zu üben. Durch Netzwerke und Bündnisse schafft man stärkere Kräfte, um das Ziel zu erreichen.

Die Kunst der Diplomatie versteht es, aufkeimende Konflikte zu ignorieren oder aus bereits bestehenden Konflikten herauszuführen. Dazu braucht es die Kompetenz, Gegensätze als Herausforderung zu sehen. Wer sich um jeden Preis durchsetzen möchte, erzeugt Gegenwehr. Diplomatisches Geschick kann man auch trainieren. Durch die folgenden Regeln können Ziele mit der Unterstützung anderer durchgesetzt werden, nicht gegen andere:

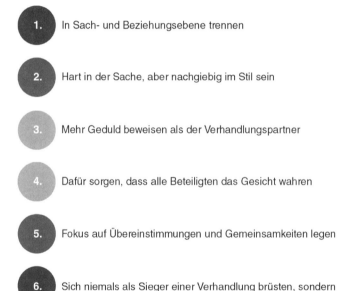

1. In Sach- und Beziehungsebene trennen

2. Hart in der Sache, aber nachgiebig im Stil sein

3. Mehr Geduld beweisen als der Verhandlungspartner

4. Dafür sorgen, dass alle Beteiligten das Gesicht wahren

5. Fokus auf Übereinstimmungen und Gemeinsamkeiten legen

6. Sich niemals als Sieger einer Verhandlung brüsten, sondern dem Verhandlungspartner zum Ergebnis gratulieren

Recht haben und Recht bekommen sind zwei unterschiedliche Dinge. Immer Recht haben zu wollen, kann einsam machen. Wer an die Unternehmensspitze möchte, muss lernen, Dinge einfach mal im Raum stehen zu lassen und kompromissfähig zu sein. Denn nicht die Machtmenschen sind als große Diplomaten in die Geschichte eingegangen, sondern die Menschen mit besonderem Einfühlungsvermögen. Und dass Frauen empathischer sind, belegen Studien immer wieder[91]. Frauen sind im Umgang höflicher, respektvoller und weniger selbstbezogen. Aufrichtigkeit und Mäßigkeit schaffen Vertrauen, und Vertrauen sowie Verlässlichkeit sind Grundvoraussetzungen in der Kunst der Diplomatie. Diplomatisches Geschick öffnet die Türen in Top-Management-Positionen.

Emotionale Intelligenz

Unsere Gesellschaft entwickelt sich immer stärker in Richtung von Individualisierung und eines größeren Konkurrenzverhaltens. Professor Wilhelm Heitmeyer von der Universität Bielefeld hat bereits zu Beginn der Neunzigerjahre davor gewarnt, dass diese Dynamik zu wachsender Isolierung und zum Verfall der sozialen Integration führt[92]. In Zeiten eines stetig zunehmenden ökonomischen und sozialen Drucks stellt diese Entwicklung eine große Gefahr dar. Etwa zur gleichen Zeit machte der amerikanische Psychologe Daniel Goleman den Begriff der »Emotionalen Intelligenz« populär. In seinem Buch »Emotionale Intelligenz« legt er dar, dass der Erfolg eines Menschen nicht mehr nur an seinem Intelligenzquotienten gemessen wird, sondern daran, wie gut er mit sich selbst und mit anderen Menschen umgehen kann.[93] Der Begriff »Emotionale Intelligenz« geht auf die Psychologen Peter Salovey und John D. Mayer zurück, die 1990 eine Arbeit mit dem Titel »Emotional Intelligence« vorstellten.[94] In den letzten zwanzig Jahren wurde umfangreich erforscht und belegt, dass die emotionale Intelligenz von Führungskräften eine entscheidende Rolle für den Erfolg eines Unternehmens spielt. Emotionale Intelligenz ist für den Erfolg einer Führungskraft wichtiger als Fachwissen und Intellekt. Und trotzdem hat eine Untersuchung durch die Psychologen Dr. Travis Bradberry und Dr. Jean Greaves ergeben, dass die emotionale Intelligenz ihren Höhepunkt auf der Ebene des mittleren Managements erreicht und im Top-Management niedriger bemessen wird als in den Hierarchiestufen darunter.[95] Und da weibliche Gehirne auf Empathie geschaltet sind, führt ein höherer Frauenanteil im Top-Management zu einer höheren emotionalen Intelligenz. Der britische Psychologe und Professor an der Cambridge Universität, Simon Baron-Cohen, hat in seinen Untersuchungen festgestellt, dass Frauen durch ihre »Langstrecken-Verbindungen« im Gehirn Emotionen schneller wahrnehmen und diese Wahrnehmungen auch besser mit anderen Hirnregionen verbinden können, während bei Männern mehr »lokale Verbindungen« festgestellt wurden, die zu einem starken Drang führen, Systeme und ihre Gesetzmäßigkeiten zu verstehen.[96] Da sich emotionale Defizite im Management negativ auf die gesamte Leistung eines Unternehmens auswirken und zu Ineffizienzen und höheren Kosten führen, ist es nahe liegend, dass diejenigen Unternehmen bessere Ergebnisse erzielen, deren Management-Teams aus Frauen und Männern bestehen.

Menschen mit einer hohen sozialen Kompetenz wissen, dass von einer Person allein nichts Bedeutendes geschaffen werden kann. Sie sind in der Lage, hervorragend zu überzeugen. Manager, die keine Empathie für andere Menschen aufbringen, sind nicht fähig, Beziehungen hocheffizient zu steuern, weil sie sich in die Gefühle anderer nicht hineinversetzen können. Meist verstehen sie ihre eigenen Emotionen nicht oder können sie nicht kontrollieren. Die Grundlage für Empathie ist Selbstwahrnehmung. Je offener wir für unsere eigenen Gefühle sind, desto besser können wir die Gefühle anderer deuten. Sich emotional auf andere einstellen zu können, ist für den Erfolg im Umgang mit anderen entscheidend. Intellektuell Begabte können in ihrer beruflichen Entwicklung scheitern, wenn sie ein Defizit in ihrer sozialen Kompetenz aufweisen. Menschen mit hoher emotionaler Intelligenz im Top-Management können Mitarbeiter mobilisieren und inspirieren, überzeugen und beeinflussen und für eine entspannte Arbeitsatmosphäre sorgen.

Wer seine eigenen Emotionen verstehen und kontrollieren und sich zugleich in die Gefühle anderer hineinversetzen kann, ist meist in der Lage, Beziehungen hocheffizient zu steuern. Management bedeutet, Menschen umweltbezogen in einem dynamischen Umfeld so zu führen, dass die Unternehmensziele erreicht werden. Goleman hat in seinem oben erwähnten Buch »Emotionale Intelligenz« die These aufgestellt, dass Gefühle wie Begeisterung, Enthusiasmus und Freude, an dem was wir tun, zu Höchstleistungen antreiben. Er beschreibt »emotionale Intelligenz« als eine Fähigkeit, die sich – fördernd oder behindernd – auf alle anderen Fähigkeiten auswirkt.[97] Diejenigen, die es in Konkurrenzsituationen bis ganz nach oben geschafft haben, unterscheiden sich durch Ausdauer und die positive Motivation, Höchstleistungen zu erbringen, von anderen, die genauso begabt sind.[98] Ob in der Musik, im Hochleistungssport oder im Top-Management: Die Erfolgreichen zeichnen sich durch Enthusiasmus und Beharrlichkeit aus und lassen sich auch von Rückschlägen nicht unterkriegen. Die Motivation von leistungsorientierten Menschen ist sehr hoch, sie verarbeiten Rückschläge und Misserfolge besser, weil ihr Handeln von Optimismus und unternehmerischen Engagement bestimmt ist. Die Identifikation mit dem Unternehmen ist durch die positive Einstellung deutlich höher als bei Menschen mit geringer Motivation. Schlechte Stimmung wirkt sich auf alle Unternehmensbereiche aus und das Ausleben negativer Gefühle belastet das Umfeld. Untersucht man den Bereich der Selbstkontrolle in Top-Management-Positionen, sind die Ergebnisse erschreckend: Je höher die Position, desto mehr sind impulsives Verhalten und Machtkampf im Spiel, was der Produktivität und damit dem Unternehmenserfolg schadet. Ich wage die These aufzustellen, dass sich Frauen in Führungspositionen meist besser im Griff haben als ihre männlichen Management-Kollegen, weil sie durch eine regelmäßige Selbstreflexion ihr Verhalten immer wieder infrage stellen. Sie lassen sich selten auf Machtkämpfe ein und können besser mit ihren Gefühlen und ihrem Verhalten umgehen. Sie verstehen ihre eigenen Emotionen und können daraus kontrolliertes Handeln ableiten. Selbstreflexion bedeutet aber nicht nur, sein eigenes Verhalten infrage zu stellen, sondern auch, die eigenen Werte und Prinzipien mit den Aufgaben und Werten des Unternehmens abzugleichen. Wenn das Wertesystem eines Unternehmens nicht mit dem eigenen übereinstimmt, wird man nicht in der Lage sein, Höchstleistungen zu erbringen. Die Werte müssen nicht identisch übereinstimmen, aber sie müssen ähnlich genug sein, um koexistieren zu können.

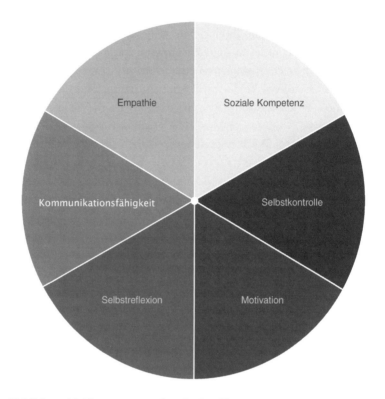

Abbildung 14: Elemente emotionaler Intelligenz

Die kontinuierliche Selbstreflexion ist, wie Abbildung 14 zeigt, ein wesentlicher Faktor der emotionalen Intelligenz. Die meisten Menschen glauben zu wissen, worin sie gut sind, aber in Wirklichkeit ist eher das Gegenteil der Fall: Die meisten wissen, was sie nicht können. Leistung lässt sich aber nicht auf Schwächen aufbauen: Man muss seine Stärken kennen, um seine Ziele zu erreichen. Erfolgreiche Karrieren entwickeln sich, wenn Menschen sich auf Chancen einlassen, weil sie ihre Stärken, ihre Arbeitsweise und ihre Wertvorstellungen kennen. Der Managementdenker Peter F. Drucker hat sich dem Thema »Die Kunst, sich selbst zu managen« angenommen und beschreibt als Basis eines guten Selbstmanagements die Feedback-Analyse, die dabei hilft, sich auf seine Stärken zu konzentrieren und diese auszubauen[99]. Nur wenn man in seiner Position seine Stärken einsetzen und ausbauen kann, wird man erfolgreich sein. Darüber hinaus muss man sich über seine Arbeitsweise bewusst sein, um sich weiterzuentwickeln. Drucker ist davon überzeugt, dass sich die Arbeitsweise im Laufe des Berufslebens geringfügig modifizieren, aber nicht grundlegend verändern lässt. Auch die persönliche Arbeitsweise lässt sich durch Selbsterkenntnis am einfachsten ermitteln. Wie ich arbeite und wie ich lerne, sind die entscheidenden Fragen, die ich mir stellen muss.[100] Und wenn man von sich selbst weiß, ob man die beste Leistung als Entscheidungsträger oder als Berater erbringt, dann kann nicht passieren, was man oft in Unternehmen beobachten kann – dass nämlich ein sehr guter Berater als Nummer zwei einer Organisation scheitert, sobald er an die Unternehmensspitze befördert wird.[101] Im Top-Management muss entschieden werden, und nicht jeder ist bereit, die Verantwortung für Entscheidungen zu übernehmen. Im Top-Management muss man vor allem in der Lage sein, auch unter Stress gute Leistungen und Ergebnisse zu liefern.

Es reicht allerdings nicht aus, sich selbst durch Selbstreflexion zu hinterfragen. Ohne soziale Kompetenz und Empathie für andere kann man kein Grundverständnis für die Effizienz anderer Arbeitsweisen entwickeln, was wiederum zu Unproduktivität führt.

Menschen mit hoher emotionaler Intelligenz sind leistungsorientiert und optimistisch, auch dann, wenn sie sich Rückschlägen und Misserfolgen gegenüber sehen. Aber sind Frauen den Männern auf dem Gebiet der emotionalen Intelligenz überlegen? Als wesentliches Element der emotionalen Intelligenz ist in Abbildung 14 auch die Kommunikationsfähigkeit dargestellt. Sie ist das Fundament eines emotional intelligenten Menschen. Forschungen bestätigen, dass Frauen in der Kommunikationsfähigkeit deutlich im Vorteil sind. Es ist nachgewiesen, dass bei Frauen die Gehirnregionen für Sprachleistungen größer ausgebildet sind als bei Männern.[102] Effektivität, Zufriedenheit und Produktivität am Arbeitsplatz hängen davon ab, ob ein Manager in der Lage ist, qualifizierte und konstruktive Kritik zu äußern. Aufgrund der biologischen Beschaffenheit der weiblichen Gehirnstruktur[103] durch die breitere Streuung der verschiedenen Funktionen auf beiden Hirnhälften sind Frauen im Umgang mit Kritik eindeutig im Vorteil. Durch ihre größeren verbalen Fähigkeiten verfügen sie über eine größere Offenheit und Bereitwilligkeit, sich auf Diskussionen einzulassen.[104] Ein weiterer wesentlicher Faktor der emotionalen Intelligenz ist die Empathie, also die Fähigkeit, sich in die Gefühle anderer Menschen hineinzuversetzen. Weibliche Führungskräfte bringen das Einfühlungsvermögen und die Bereitschaft mit, sich auf die Gefühle der Mitarbeiter einzulassen. In verschiedenen Untersuchungen ist festgestellt worden, dass bereits im frühkindlichen Alter Mädchen empathischer reagieren als Jungen. In ihrem Buch »Begabte Mädchen, schwierige Jungs – Der wahre Unterschied zwischen Männern und Frauen« verweist Susan Pinker auf die Forschung von Mihaly Csikszentmihalyi, Barbara Schneider und David Sloan, die fünf Jahre lang mehr als 1.000 Jugendliche aus zwölf Orten begleitet haben um herauszufinden, ob Mädchen empathischer sind als Jungen. Das Ergebnis: Die Schülerinnen erzielten eine höhere Punktezahl als die Schüler.[105] Aber auch die Forschungsergebnisse des britischen Psychologen Professor Baron-Cohen bei der Untersuchung des Empathie-Quotienten von Männern und Frauen bestätigten, dass die höchsten Empathiewerte bei Frauen festgestellt wurden, während Männer die untere Skala dominierten.[106]

Auch wenn man aus Forschungsergebnissen nicht eins zu eins auf die Realität schließen kann, da Durchschnittswerte wenig über individuelle Persönlichkeiten aussagen, ist aus den unterschiedlichen empirischen Untersuchungen zumindest die Tendenz erkennbar, dass Hormone und Unterschiede im männlichen und weiblichen Gehirn auf einen Empathie-Vorsprung von Frauen hinweisen.

Die Kunst, sich selbst zu managen, erfordert neue Denk- und Handlungsweisen. Nur wenige Menschen erkennen ihr Arbeitsleben als Chance für sich selbst und für die Gesellschaft, zu einer echten Führungspersönlichkeit und einem Vorbild zu werden.

Frauen und Macht

Ist der Mensch von Natur aus ein Altruist[107] oder handelt er egoistisch und eigennützig? Werden Egoisten belohnt? Wenn man vom »egoistischen Gen« sprechen kann, dann schreibt man es sicher nicht den Frauen zu. Der britische Oxford-Professor Richard Dawkins veröffentlichte 1976 ein Buch mit diesem Titel, und er beschreibt darin, dass die Gene uns programmieren, zutiefst eigennützige Wesen zu sein. Ich kann verstehen, was er damit meint, wenn ich an Verhaltensweisen denke, die mir häufig auch im Management begegnen. Eigennützigkeit oder Selbstlosigkeit? Studien belegen, dass empathische Menschen, die sich für andere einsetzen, zufriedener, gesünder und sogar länger leben.[108] Und wenn man nun die Statistik daneben legt, dass Frauen in Deutschland im Durchschnitt fünf bis sechs Jahre älter werden als Männer[109], lässt sich der Schluss ziehen, dass es vor allem die Frauen sind, die mehr Selbstlosigkeit und Empathie an den Tag legen. Auch wenn das eine etwas vereinfachende These sein mag, belegen mittlerweile verschiedene Studien, dass die Motivation der Frauen eher auf intrinsischer Belohnung beruht. Die intrinsische Motivation ist umso höher, je höher der Bildungsgrad der Frauen ist. Sie möchten einen Beitrag leisten und positive Veränderungen mitgestalten, während die Zahlen der Männer dafür sprechen, dass sie einen Hang zum Wettbewerb haben. Sie neigen eher als Frauen dazu, aggressive Mittel einzusetzen, um ihre Stellung in der Hierarchie zu behaupten und zu bewahren.[110] In der Studie »Extreme Jobs: The Dangerous Allure of the 70-Hour Workweek«[111] wurde die Motivation zur Übernahme einer Machtposition von hochqualifizierten Frauen am niedrigsten bewertet.

»Frauen und Macht« ist ein heikles Thema, aber genau genommen geht es nicht um Macht, sondern um die Übernahme von Verantwortung. Um die Verantwortung, die Unternehmensziele zu erreichen, die Mitarbeiter zu begeistern und zu befähigen, an den gemeinsamen Zielen mitzuarbeiten, die Verantwortung gegenüber den Stakeholdern nach innen und außen, aber auch um die gesellschaftliche Verantwortung für ökonomisch und ökologisch sinnvolles Handeln.

Trotz hervorragender Ausbildungen fehlt es vielen Frauen am Willen und am Mut sich durchzubeißen, Macht zu übernehmen und sich zu behaupten. Viele Frauen lassen sich von Machtkämpfen abschrecken und ziehen sich zurück, wenn der Machtaspekt dominanter ist als der sachliche. Durch verschiedene internationale und nationale Studien wurde jedoch längst widerlegt, dass Frauen nicht taff genug für Aufgaben im Top-Management seien. Die Verhaltensweisen von Frauen und Männern in Führungssituationen sind sicher unterschiedlich. Frauen neigen weniger dazu, Macht zu demonstrieren, sie pflegen eher eine konsensorientierte Führungskultur – zumal Selbstbewusstsein und Durchsetzungsstärke als unweiblich ausgelegt werden, was wiederum die Anerkennung gefährdet. Während Männer im Management gut beurteilt werden, wenn sie machtvoll, überzeugend und wettbewerbsorientiert auftreten, erhalten weibliche Top-Managerinnen schlechte Noten für dominantes und gute für kooperatives Verhalten. Frauen müssen viel mehr als ihre männlichen Kollegen darüber nachdenken, welche Eigenschaften sie auf welche Weise zeigen, denn sie müssen zugleich darauf achten, ihre Authentizität als Frau nicht infrage zu stellen. Frauen, die es ins Top-Management geschafft hat, werden selten bewundert. Stereotypisch werden sie als eiskalte, berechnende Karrierefrauen oder als knallharte Mannweiber bezeichnet – und leider sind viele dieser Vorurteile gesellschaftlich zementiert.[112]

Die Managementtheorie des Taylorismus ist seit langem überholt und Management ist längst keine Männerdomäne mehr. Zahlreiche Studien belegen, dass Managementerfolg nicht ausschließlich von der Produktivitätssteigerung und dem effizienten Umgang mit Ressourcen abhängt, sondern dass soziale Kompetenz, Kommunikation und Teamfähigkeit eine bedeutende Rolle in Top-Management-Positionen einnehmen. Frauen im Management begründen ihre Rolle nicht auf ihrer Autorität, sondern auf ihrer Kompetenz, Professionalität und Kooperationsfähigkeit. Ihren Respekt verdienen sich Frauen im Management nicht durch autoritäre Machtansprüche, sondern durch Offenheit und Authentizität, die mit Vertrauen und Respekt belohnt werden.

Und weil viele Manager ihre Verantwortung mit Macht gleichsetzen, ist der Begriff Macht oftmals negativ besetzt. Dabei wird jedoch etwas Entscheidendes verwechselt. Macht ist weder gut noch böse. Bei der Ausübung der Macht kommt es jedoch entscheidend darauf an, wie man mit Macht umgeht, denn der Grat zwischen verantwortlichem Umgang mit Macht und Machtmissbrauch ist sehr schmal. Peter F. Drucker hat bereits in einem Interview 1993 darauf hingewiesen, dass Manager lernen müssen, »mit Situationen zurechtzukommen, in denen sie nichts befehlen können, in denen sie selbst weder kontrolliert werden noch Kontrolle ausüben können.«[113] Scheinbar ist diese Erkenntnis – 18 Jahre später – noch nicht bis zu allen Top-Managern durchgedrungen.

Je höher man in der Hierarchie der Unternehmensführung gelangt, desto mehr Macht ist mit den Positionen verbunden. So mancher Manager hat sich offensichtlich nicht damit auseinander gesetzt, dass Macht eine Persönlichkeit verändern kann. Der sorglose Umgang mit Machtbefugnissen führt zu Selbstüberschätzung, die selbstkritische Einsicht versiegt, und auf offenes Feedback von anderen kann man nicht hoffen, denn im Top-Management werden von den unteren Hierarchie-Ebenen nur noch Wahrheiten präsentiert, die das Management auch hören möchte. Es geht nur noch um die Position, nicht mehr um die Person.

Eine Gratwanderung zwischen Selbstbewusstsein und Selbstüberschätzung

Ein gesundes Selbstbewusstsein setzt voraus, sich seiner Stärken und Schwächen bewusst zu sein. Die Gratwanderung zwischen Selbstbewusstsein und Selbstüberschätzung ist schwierig. Um nicht zur

Selbstüberschätzung zu neigen, ist es hilfreich, seine Schwächen zu kennen und den Modus der Verdrängung abzuschalten. Es gehört eine große Portion Mut dazu, sich seine Schwächen einzugestehen, denn die Angst um den Verlust von Macht und Ansehen führt dazu, Fehler und Schwächen zu verdrängen und in arrogant anmutende Verhaltensmuster zu flüchten.

Manager mit übersteigertem Selbstwertgefühl sind eine große Gefahr für jedes Unternehmen. Die Forschungsgruppe um Jürgen Hauschildt von der Universität Kiel hat die Ursachen von Unternehmenskrisen in 53 deutschen Unternehmen untersucht, deren Existenz bedroht war. »Charakterliche Mängel« und »interpersonelle Konflikte«[114] im Top-Management waren bei fast einem Drittel von ihnen die Ursachen, warum die Unternehmen in Krisen schlitterten. Viele Unternehmenskrisen entstehen durch persönliches Versagen von Managern, die sich selbst überschätzen.

Das Hauptproblem der Selbstüberschätzer liegt darin, dass sie nicht zuhören können. Dadurch entgehen ihnen wertvolle Informationen und die Möglichkeit, sich auf den Gesprächspartner einzulassen. Kennen Sie diese Menschen, die sich nur für sich selbst interessieren, sich auf die perfekte Selbstinszenierung konzentrieren und sich, wenn nötig, auch auf Kosten anderer darstellen? Derartige Protagonisten können lange durch ihr Verhalten täuschen, und dabei wird horrendes Kapital vernichtet, denn je größer der Konzern ist, desto länger können sie sich verstecken. Sie sind extrem erfolgreich darin, andere von sich zu begeistern. Ihre eloquente Art und Weise und ihr scheinbar selbstsicheres Auftreten ziehen die Bewunderung anderer an. Viel zu häufig lassen sich Menschen von intellektuellem Hochmut und intoleranter Ignoranz blenden. Für die Unternehmen bleibt zu hoffen, dass diese Blender oder Schwätzer rechtzeitig entlarvt werden.

Frauen in Führungspositionen neigen eher zur Bescheidenheit. Der Schlüssel zum Erfolg ist es jedoch, die richtige Balance zwischen mangelndem Selbstbewusstsein und übertriebener Selbstüberschätzung zu finden. Das gelingt dann am besten, wenn man sich seiner Stärken und Schwächen bewusst ist, und das erfordert eine ständige

Selbstreflexion. Eine der wichtigsten Aufgaben in Führungspositionen ist es, sich immer wieder selbstkritisch, aber wohlwollend einer Selbstbetrachtung zu unterziehen.

Würde man untersuchen, ob das »Hochstaplersyndrom« bei hochqualifizierten Frauen, das Ende der Siebzigerjahre von der amerikanischen Psychologin Pauline Clance beschrieben wurde, heute noch Relevanz hat, käme man sicher zu der Erkenntnis, dass dieses Phänomen noch heute Bestand hat. Auch bei sehr guten Leistungen schätzen mehr Frauen als Männer ihr Leistungsvermögen als schlecht ein. Ob in der Wirtschaft oder in der Wissenschaft, Frauen sind vorsichtiger und behutsamer in der Einschätzung ihrer Fähigkeiten. Aber es bremst die Karriere, wenn Frauen auf eine hundertprozentige Gewissheit warten. In der Zwischenzeit ziehen die Männer – mit geringeren Qualifikationen – auf dem Weg ins Top-Management an den selbstzweifelnden Frauen vorbei. Die fehlerhafte Selbsteinschätzung der eigenen Kompetenz wird häufig als Karrierehindernis bestätigt. Frauen, die an Selbstzweifeln leiden und ständig glauben, Beweise erbringen zu müssen, werden durch ihr Bestreben, Wissenslücken zu füllen, schließlich zu Expertinnen in ihrem Bereich und verhindern damit ihren Aufstieg in Top-Management-Positionen, weil sie durch ihr Expertenwissen an anderer Stelle unabkömmlich werden. Männer leiden eher an Selbstüberschätzung als an Selbstzweifeln, was für Unternehmen eine größere Gefahr darstellt, weil Selbstüberschätzung zu falschen strategischen Entscheidungen fuhren kann.

Wirklich selbstbewusste Menschen kennen ihre Stärken, aber auch ihre Schwächen. Sie verstehen es zuzuhören und die Führung in Gesprächen zu übernehmen. Sie treten sicher auf, wissen jedoch ganz genau, wo ihre Grenzen sind. Und warum sind es meist die Frauen, die diese Gratwanderung zwischen Selbstbewusstsein und Selbstüberschätzung am besten meistern? Weil sie genügend Sensibilität mitbringen zu spüren, wann der Zeitpunkt gekommen ist, sich zurückzunehmen und anderen den Vortritt zu lassen.

Menschen mit einem zu stark ausgeprägten Geltungsbedürfnis, denen man im Top-Management immer wieder begegnet, suchen ständig nach Anerkennung. Sie laufen Gefahr, sich durch ein zu ausgeprägtes Selbstwertgefühl selbst zu täuschen. Selbsttäuschung und mangelnde Selbstkritik verleiten jedoch dazu, nur das zu sehen, was die eigene Kompetenz bestätigt. Das birgt das Risiko katastrophaler Managementfehler, die großen Schaden anrichten können.

Business-Spielregeln

»Wichtige Dinge dürfen nie den unwichtigen untergeordnet werden.«[115] Und effektives Management bedeutet, das Wichtige voranzustellen. Management ist eine Aufgabe im Dienste anderer und nicht als Selbstdarstellung geeignet. In seinem Buch »Management« beschreibt Professor Dr. Fredmund Malik, »was Management ist und was es nicht ist.«[116] Er definiert Management als »die Transformation von Ressourcen in Nutzen«[117]. Offensichtlich ist das noch nicht bis zu allen Beteiligten im Top-Management durchgedrungen, denn in der Studie von Professor Dr. Carsten Wippermann im Auftrag des Bundesministeriums für Familie, Senioren, Frauen und Jugend hat sich leider bestätigt, dass im Top-Management die Egozentrik der Männer vor den Interessen des Unternehmens steht. Das entspricht weder dem Auftrag eines Managers noch der ökonomischen Vernunft.[118] Erfolg war noch nie so unsicher wie heute. Ich plädiere nachdrücklich für ein Umdenken in den Unternehmen und dafür, mehr an der Zukunft zu arbeiten als die Vergangenheit zu verteidigen. Gemischte Management-Teams sorgen dafür, dass die unternehmerischen Ziele in den Vordergrund und die persönlichen Motive in den Hintergrund rücken. Denn Management bedeutet, Verantwortung zu übernehmen und sich zu den übergeordneten Unternehmenszielen aktiv zu bekennen. Nur wer dazu mit allen Konsequenzen bereit ist, ist für die höchsten Führungsaufgaben im Unternehmen geeignet.

Wechselseitiger Respekt und sachliche Kooperation sind die Schlüssel zum Erfolg, um im Top-Management bestehen zu können. Taktisches Geschick und Weitblick sind die Voraussetzungen, um sich in den obersten Führungskreisen zu behaupten. Für Frauen besteht die Schwierigkeit darin, die konservativ-patriarchalischen Rituale auszuhalten, dabei ihre Authentizität nicht aufzugeben und glaubwürdig und weiblich zu bleiben.

Hinter den verschiedenen Rollen, die im Top-Management einzunehmen sind, darf niemals die eigene Persönlichkeit verschwinden. Im Gegenteil. Die großen Vorbilder im Top-Management brauchen keine Titel, um Mitarbeiter zu Bestleistungen zu motivieren und unternehmerische Ziele zu erreichen. Auch wenn die Widerstände für Frauen weit massiver sind, weil das weibliche Rollenbild mehr durch weiche Faktoren als durch Kraft und Macht gekennzeichnet ist, werden Frauen nur dann erfolgreich sein, wenn sie ihren individuellen Führungsstil entwickeln und damit nach innen und außen Glaubwürdigkeit und Vertrauenswürdigkeit transportieren. Eine Frau sollte niemals den Habitus der Männer übernehmen und ihre Authentizität aufgeben. Die Männer werden sich daran gewöhnen müssen, dass Kraft und Charme von Frauen im Top-Management miteinander vereint werden, und dass es durchaus zu heftigen Auseinandersetzungen mit Frauen kommen kann. Die Zeiten der subjektiven Wahrnehmung von Männern und des überholten Rollenbilds von Frauen sind vorbei. Frauen, die Durchsetzungsstärke und Hartnäckigkeit beweisen und für eine Sache kämpfen, tun es aus Leidenschaft, aus Begeisterung und zum Wohle des Unternehmens.

Die Kunst, sich im Top-Management zu beweisen und seine Persönlichkeit zu bewahren, besteht darin, selbstreferenziell zu bleiben. Sein eigenes Ziel nicht aus den Augen zu verlieren, sich von anderen bewegen zu lassen, aber den eigenen Weg nicht zu verlassen. Die Basis zum Erfolg ist der Glaube an sich selbst, diszipliniertes Arbeiten und die Fähigkeit, mit Durchhaltevermögen – allen Widerständen zum Trotz – seine Ziele anzustreben. Selbstreferenzielle Menschen sind auch bestens für Fehler und Niederlagen gerüstet. Je höher wir die Karriereleiter erklimmen, desto größer sind die Auswirkungen von Fehlern und desto schmerzhafter sind die Niederlagen. Fehler eingestehen und Niederlagen ertragen zu können ist die Voraussetzung, um auf dem Weg ins Management durchzuhalten. Wer eine Niederlage erlebt, muss möglichst schnell wieder aufstehen und sich bewusst machen, dass wir aus Niederlagen lernen und an ihnen wachsen. Erfahrungen des Scheiterns bleiben auf den obersten Management-Etagen keinem erspart – ganz im Gegenteil. Aber wer erkennt, dass Fehler und Niederlagen notwendig sind, um noch besser zu werden, wird auch diese Erfahrungen professionell meistern.

Eine der sichersten Methoden, authentisch und sich selbst treu zu bleiben ist es, sich immer wieder bewusst zu machen, was die berufliche Rolle ist, und diese Rolle von der eigenen Persönlichkeit zu unterscheiden. Kollegen und Mitarbeiter verhalten sich zwar oftmals, als würde die Funktion, die Rolle, mit dem wahren Ich übereinstimmen, aber das trifft in den seltensten Fällen zu. Unabhängig davon, wie viel Leidenschaft, eigene Werte und Überzeugungen man in die Management-Position einbringt, darf man nicht vergessen, dass es eine berufliche Rolle und nicht die eigene Persönlichkeit ist, die die Funktion ausübt. Dadurch gelingt es, Angriffe im beruflichen Kontext nicht persönlich zu nehmen. Denn wenn Top-Manager angegriffen werden, geht es um ihre Funktion und nicht um ihre Person. Das hilft, Stabilität und Selbstwertgefühl zu bewahren und die Kräfte und Ressourcen auf die Management-Aufgabe zu lenken. Nur so wird man ruhig, konzentriert und beharrlich die gesetzten Ziele erreichen.

Kooperieren oder verlieren

Eigentlich lernen wir schon im Kindergarten, dass es besser ist, sich zu verbünden, als sich auf einen Kampf einzulassen, den man womöglich verlieren könnte. Aber mit wem kooperieren, wenn Frau allein auf weiter Flur ist und keine weitere Kollegin dem Management-Board angehört, die männlichen Kollegen sich jedoch schon verbündet haben? Werden die Emotionen aus geschäftlichen Beziehungen genommen, gelingt eine erfolgreiche Kooperation auch in schwierigen Beziehungen. Geschäftsbeziehungen sollten nicht mit persönlichen Beziehungen verwechselt werden. Beziehungen im Job sind ein Geschäft. Verabschieden Sie sich von dem Wunsch nach Harmonie in Geschäftsbeziehungen. Es kann sie nicht geben, weil Sie schon per se andere Interessen verfolgen als die meisten Ihrer Geschäftspartner. Selbst wenn Sie sich mit Ihrem Kollegen oder Kunden duzen, bleibt die Beziehung eine geschäftliche, die ein klares Ziel verfolgt und nach bestimmten Regeln verläuft. Kooperation unter Konkurrenten ist kein Widerspruch, sondern das Gebot der Stunde. Wer sich auf klare Regeln einigt, gemeinsame Möglichkeiten entdeckt und trotzdem seine Einzigartigkeit bewahrt, wird erfolgreich sein. Erfolgreiche Manager haben gelernt, sich regelmäßig mit ihren größten Gegnern und Konkurrenten auszutauschen.

Widerstände tauchen besonders in Krisenzeiten auf, wenn Unternehmen vor radikalen Veränderungen stehen. Und kein Top-Manager schafft einen grundlegenden Wandel im Alleingang. In schwierigen Zeiten ist man viel weniger verwundbar, wenn man Partner im Unternehmen gewinnt, die den Wandel mittragen und begleiten, Angriffe abwehren und Maßnahmen als wichtig und notwendig kommunizieren. Zu wissen, wer die eigenen Gegner im Unternehmen sind, hilft im effektiveren Umgang miteinander und löst den Widerstand, geplante Strategien umzusetzen.

Die meisten persönlichen Konflikte in einem Unternehmen beruhen darauf, dass Menschen zu wenig voneinander wissen. Sie wissen nicht, was andere tun, wie sie arbeiten, was ihre Wertvorstellungen sind und welchen Beitrag zur Wertschöpfung sie leisten. Für ein effizientes Management sind diese Aspekte von essenzieller Bedeutung. Es fehlen oftmals der nötige Respekt vor der gegenseitigen Leistung und die Bereitschaft, die Verantwortung für eine gute Kommunikation zu übernehmen. Von der amerikanischen Psychoanalytikerin Virginia Satir[119] stammt das Zitat: »Sobald ein Mensch auf diese Erde kommt, ist Kommunikation der größte Einzelfaktor, der darüber entscheidet, welche Art von Beziehungen er mit anderen eingeht und was ihm widerfährt.« Die Art der Kommunikation hat sich durch den Fortschritt der Technik und der Kommunikationsmittel leider nicht verbessert. Das Kommunikationsverhalten einer Person spiegelt wider, welche Persönlichkeit im tiefsten Inneren steckt, was diese Person kann und wie selbstsicher sie ist. Es lässt Anerkennung und Respekt erkennen oder vermissen und auch Schwächen durchsickern.

Wer nach oben will, muss sich die Frage stellen, ob er »beziehungsfähig« ist und sich auf die Zusammenarbeit in Geschäftsbeziehungen verbindlich genug einlässt. Der Begriff »Netzwerk« darf nicht nur eine oberflächliche Worthülse sein, vielmehr sind Basis jeder Beziehung gegenseitiger Respekt und Vertrauen. Sie sind das Fundament für intensive Auseinandersetzungen, die letztlich dem gemeinsamen Unternehmensziel dienen. Das zu erreichen ist aber nicht so einfach. Schon Paul Watzlawick hat in den Siebzigerjahren herausgefunden, dass die Bereitschaft zur Kooperation generell recht gering ausgeprägt ist[120]. Nach seiner These ist der Nörgler, Neider und Misanthrop der vorherrschende Typ. In Zeiten der Krise gewinnen ehrliche gemeinte Kooperationen eine ganz neue Bedeutung. Es wird deutlich, dass es gemeinsam besser geht als allein[121]. Eine ernst gemeinte Kooperation muss klare Regeln, Rechte und Pflichten, aber auch klare Verbindlichkeiten festlegen. Leider funktionieren in den Unternehmen meist nicht die echten Kooperationen, sondern die Seilschaften, in denen nicht der Inhalt, sondern andere Interessen den höchsten Stellenwert haben. Diese Seilschaften müssen energisch und unwiderruflich abgeschafft werden, denn sie richten langfristige Schäden an.

Frauen auf der Überholspur

Seit verschiedene Studien bewiesen haben, dass Unternehmen mit einem hohen Frauenanteil im Vorstand um 48 Prozent höhere Gewinne erwirtschaften als der Branchendurchschnitt[122] und der demografische Wandel deutlich spürbar wird, denkt die Wirtschaft um. E.ON und SAP haben Frauen in den Vorstand berufen. Konservative Unternehmen wie die Telekom oder der Axel Springer Konzern haben mit der Quotenregelung für mehr Frauen im Management eine Kulturrevolution ausgelöst. Attribute wie Authentizität, Glaubwürdigkeit, Ehrlichkeit und Ethik sind seit der Finanz- und Wirtschaftskrise deutlich in den Fokus gerückt. Frauen waren maßgeblich daran beteiligt, dass sich ethischer Konsum und ökologisches Denken in Deutschland etabliert haben. Während Männer vor allem über strategische Entscheidungs- sowie technische Fachkompetenz verfügen, liegen die Stärken der Frauen im Beziehungs- und Kommunikationsmanagement. Die Wirtschaft muss daher weiblicher werden, denn nur wenn die geschlechterspezifischen Potenziale richtig erkannt und genutzt werden, kann das notwendige Vertrauen in die Kompetenz des Managements wieder aufgebaut werden, das durch die jüngste Finanz- und Wirtschaftskrise deutlich erschüttert wurde.

Frauen bestimmen, welche Produkte und Trends in der Gesellschaft Erfolg haben. Tatsächlich treffen Frauen 64 Prozent aller Kaufentscheidungen, im Kleinen wie im Großen[123]. Was Frauen gefällt, wird ein Erfolg.

Und bei dem Tempo, das Frauen an den Tag legen, kommen manche Männer nicht ganz mit. Gender-Forscher schreiben eine effizientere Problemlösungskompetenz besonders den Frauen zu. Und dass ein Unternehmen sich kurzfristig an neue Umfeldbedingungen anpassen kann, ist überlebensnotwendig geworden. Rasche Änderungsfähigkeit, inhaltliche Flexibilität und Schnelligkeit in der Umsetzung sind die wichtigsten Kriterien des strategischen Managements. Management bedeutet täglicher Widerspruch zwischen Effizienzsteigerung – mit weniger Input mehr Output zu generieren – und neuen strategischen Optionen (Fokus auf die richtigen Ziele und Anpassung an geänderte Rahmenbedingungen). Unternehmen mit gemischten Management-Teams haben die große Chance, sich an die Spitze der Wirtschaft zu setzen und gesellschaftliche Veränderungen mitzugestalten.

Die von der Herrenriege gern betonte Behauptung, dass eine kontinuierliche Berufsbiografie ohne Unterbrechung die Voraussetzung für eine Führungsposition sei, ist haltlos und ein Vorurteil. Das bestätigt auch das Ergebnis der Studie von Professor Dr. Carsten Wippermann: »Frauen in Führungspositionen – Barrieren und Brücken«. Von den Frauen, die heute in Führungspositionen sind, haben 44 Prozent ihre Berufstätigkeit schon einmal unterbrochen. In absoluten Zahlen haben allerdings deutlich mehr Männer als Frauen in Führungspositionen ihre Berufstätigkeit bereits einmal unterbrochen. Dabei sind Unterbrechungen von sieben bis zwölf Monaten am häufigsten. Das beweist, dass Berufskontinuität keine Bedingung für eine Karriere ist und dass Manager, die solches behaupten, schlecht informiert oder einfach rückständig sind.[124]

Ökonomische Notwendigkeit, demografischer Wandel und politischer Druck: die besten Voraussetzungen, in den obersten Management-Ebenen einen Kulturwandel einzuleiten, mehr Frauen ans Ruder zu lassen und die Gesellschaft zu revolutionieren. In diesem Sinne: »Was hinter uns liegt und was vor uns liegt, sind Winzigkeiten im Vergleich zu dem, was in uns liegt.«[125]

Strategie ist weiblich

Die Realitäten im Management können nicht mehr nur mit kausalen Ursache/Wirkungs-Ketten erklärt werden. Die Komplexität der Herausforderungen wird durch die Vielfalt, Vernetzung und Dynamik bestimmt und dabei hat das Management nur einen begrenzten Einfluss auf die sich permanent verändernden Umfeldbedingungen. Das Ende dieser Komplexität ist in keinster Weise abzusehen, ganz im Gegenteil. In diesem Umfeld ist es für das Top-Management eine besondere Aufgabe, das Unternehmen, die Mitarbeiter und sich selbst zu führen. Der Zusammenbruch der globalen Finanzmärkte im Herbst 2008 hat uns auf dramatische Weise gezeigt, wie fragil und unberechenbar die Welt des 21. Jahrhunderts ist, und dass auf strategische Frühwarnsysteme kein Verlass ist. Die strategische Klugheit verlangt Diversität, und der Erfolg von gemischten Management-Teams ist hinreichend bestätigt. Obwohl erkannt worden ist, dass mehr Frauen im Management eine wirtschaftliche Notwendigkeit sind, sorgen die Mentalitätsmuster der Männer noch immer für Schranken und Barrieren. Die unterschiedlichen männlichen Manager-Typen lassen kaum zu, dass Frauen in klassische Männerdomänen eindringen. Wie kann es Frauen nun trotzdem gelingen, ins Top-Management vorzudringen? Wie schafft Frau es, die männlichen Abwehrstrategien zu durchbrechen? Muss sich Frau an das männliche Manager-Modell anpassen und Durchsetzungsstärke und Machtanspruch behaupten? Ein schwieriges Unterfangen. Denn passt sich eine Frau an das männliche Manager-Modell an, wird sie als unweiblich wahrgenommen. Handelt sie authentisch und versucht mit Soft Skills ihre Ziele zu erreichen, läuft sie Gefahr, dass man ihr Führungskompetenz abspricht. Alle klassischen Muster verstärken die Gratwanderung, die Frauen in Top-Management-Positionen zwischen der Führungsrolle und ihrer Weiblichkeit bewältigen müssen.

Der Fokus in den hierarchisch höchsten Management-Positionen liegt nicht in der Organisation von Routineprozessen, sondern in der Bewältigung von Veränderungen und Entwicklungen sowie in der Innovationsfähigkeit. Erfolg wird durch aktives Managen der Strukturen und Kompetenzen von Veränderungen erreicht. In der Krise haben sich die Unternehmen bewährt, die an der Qualität ihrer Leistungen festgehalten, Veränderungsfähigkeit und Anpassungsvermögen bewiesen und Innovationsleistungen erbracht haben. Frauen bringen die besten Voraussetzungen mit, den Kernherausforderungen des Managements gerecht zu werden, denn durch ihren partizipativen und empathischen Führungsstil kennen sie die Stärken und Schwächen ihrer Mitarbeiter ganz genau und können dafür Sorge tragen, dass die vorhandenen Ressourcen effizient und produktiv zur Erreichung der vereinbarten Ziele eingesetzt werden. Vor allem aber sind sich Frauen der sozialen Verantwortung des Unternehmens bewusst.

Müssen sich Frauen verbiegen und verstellen, um im Top-Management zu bestehen, oder sollten sie sich ihre Authentizität bewahren? Ist ihre Weiblichkeit zum Machtmittel geworden und können Frauen ihr Geschlecht geschickt einsetzen, um ins Top-Management zu gelangen und erfolgreich zu sein? Die Studie von Dr. Carsten Wippermann hat bestätigt, dass nach wie vor Barrieren und Sperrriegel existieren, die es Frauen – ohne unterstützende politische Maßnahmen – sehr schwer machen, ins Top-Management zu gelangen. Die Abwehrstrategien der Männer sind vielfältig und kulturell unterschiedlich. Sehr häufig wird Informationsmanagement verwendet, um Frauen auszuschließen. Sie werden nicht in alle Meetings eingeladen, Entscheidungen werden hinter verschlossenen Türen – von Männern unter sich – getroffen, Frauen werden danach vor vollendete Tatsachen gestellt und aus dem »Inner Circle« ausgeschlossen.

Um die Auswirkungen des demografischen Wandels vorherzusehen, muss man kein Prophet sein. Die Wachstumskurve in Unternehmen wird abflachen und die bisherigen Geschäftsmodelle werden an Dynamik verlieren, wenn die Ignoranz im »Inner Circle« des Managements nicht bekämpft wird. Professor Dr. Fredmund Malik hat in vielen seiner Management-Bücher die Kernaufgabe strategischer Führung als »die Kunst« beschrieben, »für die Zukunft zu sorgen und gute Gegenwartsergebnisse zu erzielen.«[126] Durch seine langjährige Erfahrung als Management-Experte weiß er, dass strategische Fehler irreversibel sind. Unternehmen, die zu spät erkennen, dass sie für eine erfolgreiche Zukunft auf gemischte Management-Teams setzen müssen, werden deutlich im Wettbewerbsnachteil sein. Schon jetzt werden Executive-Search-Firmen beauftragt, die qualifiziertesten Frauen der Wirtschaft zu rekrutierten. Wenn die Erkenntnis zu spät oder vielleicht gar nicht kommt und der Frauenanteil im Top-Management nur durch eine gesetzliche Quote umgesetzt wird, sind die besten Frauen bereits bei Konkurrenzunternehmen in den wichtigsten Führungspositionen. Und wer die Zahlen, die belegen, dass gemischte Management-Teams zu höheren Gewinnen führen, richtig analysiert und trotzdem nicht begreift, dass die Zukunft seines Unternehmens nachhaltig davon abhängig ist, der hat die Zeit gegen sich. Die Kurzsichtigkeit und Blindheit der Unternehmen, die nicht vorausschauend agieren, sind eine große Bedrohung. Unternehmen, die strategische Weitsicht haben und schneller auf weibliche Ressourcen im Top-Management setzen, gewinnen einen entscheidenden Vorteil. Die Zeichen der Zeit rechtzeitig registriert und entsprechend reagiert zu haben, wird sich im Zeitalter wirtschaftlicher Turbulenzen und Diskontinuitäten als ultimativer Wettbewerbsvorteil erweisen – in einer Zeit, in der sich Unternehmen schneller und gründlicher verändern müssen als je zuvor. Denn Rationalität und Emotionalität im Management bilden keinen Gegensatz, sondern ergänzen sich optimal.

Frauen sind im Top-Management dann erfolgreich, wenn sie ihre Strategie situationsspezifisch einsetzen und auf Impression-Management begründen. Welche Rolle passt in welche Situation? Solange genügend Distanz zur Rolle besteht, kann – der Situation entsprechend – die Rolle als strategisches und taktisches Mittel zur Selbstpräsentation eingesetzt werden. Mit den klassischen weiblichen Rollenbildern werden keine gleichberechtigten Verhältnisse geschaffen werden. Eine männerdominierte Kultur verlangt Anpassungsleistung, die nicht automatisch zur Selbstentfremdung führen muss. Denn Frauen können ihre eigene Persönlichkeit bewahren, wenn sie sich der unterschiedlichen Rollen bewusst sind und diese kompetent und gezielt zum Einsatz bringen, ohne dabei ihre Identität und Authentizität aufzugeben. Das setzt ein hohes Maß an Selbstreflexion voraus, was Peter F. Drucker als die zentrale Aufgabe des Selbstmanagements beschreibt. Der taktische Einsatz eines situativen Verhaltens darf niemals unecht oder taktisch wirken, sondern muss Teil der individuellen Identität sein. Frauen, die es ins Top-Management geschafft haben, wissen: »Es ist nicht genug, nur zu wissen, man muss es auch anwenden. Es ist nicht genug nur zu wollen, man muss es auch tun.«[127]

Die Kunst zu überzeugen

Frauen, die es ernst meinen und zukünftig mit den Männern um ranghohe Posten konkurrieren, müssen Mut und Risikofreude beweisen. Wenn zu viele Rambos auf dem unternehmerischen Parkett unterwegs sind, ist es mit der Freundlichkeit vorbei, und Frauen laufen Gefahr zu »vermännlichen«, männliche Verhaltensweisen anzunehmen, sie sogar noch zu verstärken, um sich durchzusetzen. Wer sich jedoch um jeden Preis durchsetzen will, erzeugt nur Gegenwehr. Deshalb sollte Frau sich selbst treu bleiben, sich auf ihre Stärken konzentrieren und ihre Fähigkeit, zu kooperieren, zu vermitteln und auszugleichen einsetzen. Wer sich selbst treu bleibt, wird Kunden, Mitarbeiter und Gegner für sich gewinnen und die Ziele mit Unterstützung der anderen erreichen. Wenn wir wissen, was uns im Innersten bewegt, was unsere Leistungskraft und unsere Leistungsreserven mobilisiert, werden wir überzeugend auftreten – auch in den schwierigsten unternehmerischen Situationen. Welche Werte vertreten wir? Wovon sind wir überzeugt? Woran glauben wir? Unsere grundlegende Überzeugung ist der Motor, auch dann, wenn die Motivation längst erschöpft ist.

Überall, wo unterschiedliche Interessen aufeinander treffen und Menschen um Unterstützung werben, werden diejenigen schneller ihre Ziele erreichen, die Menschen überzeugen, inspirieren und mit ihnen kooperieren. Die Kenntnis und Umsetzung dieser Tatsache trennt Erfolgreiche von Erfolglosen. Mit etwas Glück werden Shooting Stars nach oben katapultiert, weil sie über Talent und Fleiß verfügen. Wenn sie aber nicht über die Fähigkeit der Menschenführung verfügen und ihre Stellung damit festigen, werden sie ebenso schnell wieder in der Versenkung verschwinden.

Wir leben in einer Wettbewerbsgesellschaft. Täglich streben wir danach, uns gegenüber unseren Mitmenschen auszuzeichnen. Unsere Stärken, Begabungen, Charaktereigenschaften bilden eine wesentliche Quelle unserer Selbstachtung. Doch wie erringen wir Anerkennung? Mit Macht und Status? Jeder, der über eine gewisse Lebenserfahrung verfügt, weiß, dass offen zur Schau getragene Ellenbogenmentalität in eine Sackgasse führt. Wenn man sich in deutschen Unternehmen umsieht, entdeckt man immer wieder, dass Manager respektiert werden, aber nicht beliebt sind. Einige von ihnen sind sogar stolz darauf, dass sie von ihren Mitarbeitern gefürchtet werden. Durchsetzungsstärke und Beliebtheit schließen sich aber nicht aus, sondern sind langfristige Erfolgsparameter. Wer hart in der Sache, aber nachgiebig im Stil ist, wird leichter seine Ziele durchsetzen. Auf Alphatier-Gerangel verzichten Spitzenfrauen im Allgemeinen. Sie konzentrieren sich auf ihre rhetorischen Fähigkeiten, sind zielorientiert und können, wenn es sein muss, genauso wenig zimperlich sein wie Männer. Strukturiert und geradlinig vergeuden sie wenig Zeit in Meetings und gestalten die Unternehmensziele effektiv. Frauen betreten kein Meeting unvorbereitet, sie führen straff und auf den Punkt. Sie überzeugen durch Inhalte und die Kunst der Rhetorik. Und schon Aristoteles und Cicero, die großen Theoretiker der Rhetorik, haben es als »Kunst« verstanden, ein Anliegen in einer gekonnten, präzisen und ansprechenden Weise zu formulieren. Nicht jeder gute Manager ist ein guter Rhetoriker, denn die »Redekunst« wird nicht jedem in die Wiege gelegt, sie muss von den meisten erlernt und gefestigt werden. Es reicht jedoch nicht, ein guter Redner zu sein, man muss auch wissen, wovon man redet und bereit sein, sich auf seine Kommunikationspartner einzulassen. Rhetorische Fähigkeiten lassen sich durch Erfahrung und Übung entwickeln. Rhetorik verfolgt das Ziel, ein Publikum oder einen Vertragspartner mit rationalen Argumenten und emotionaler Einwirkung zu überzeugen (manchmal auch zu überreden). Wer denkt, dass Verhandlungen nur auf der sachlichen Ebene ablaufen, hat sich gewaltig geirrt. Die emotionale Komponente in einer Verhandlung ist genauso von Bedeutung wie der sachliche Inhalt. Verhandlungen scheitern oftmals nicht am Inhalt, sondern am Stil und den Umgangsformen. Unternehmen haben erkannt, dass Kommunikationsfähigkeit und sympathische Überzeugungskraft immer mehr zum Erfolgsschlüssel werden.

Die Wissenschaft hat in verschiedenen Studien bestätigt, dass Menschen eine höhere Bereitschaft haben, sich von jemandem überzeugen zu lassen, den sie kennen und sympathisch finden. Ein Merkmal, das Einfluss auf die Beliebtheit hat, ist die körperliche Attraktivität, die den »Halo-Effekt« hervorzurufen scheint, der besagt, dass der Eindruck auf die Begabung und die Intelligenz abfärbt. In seinem Buch »Die Psychologie des Überzeugens« beschreibt Professor Robert B. Cialdini, dass Ähnlichkeit »Einfluss auf Sympathie und Compliance« hat. »Wir mögen Leute, die so sind wie wir, und wir sind eher bereit zu tun, was sie wollen – oftmals ohne uns dessen bewusst zu sein.«[128] Das bestätigt die These der homosozialen Reproduktion, die beschreibt, dass Entscheider unterbewusst dazu tendieren, Personen zu befördern, an denen sie Ähnlichkeiten mit sich selbst wahrnehmen. Männer bleiben gern unter sich. Deshalb wird man den Kreislauf nur unterbrechen, wenn die offensichtlichen, aber vor allem auch die unterbewussten Prinzipien aufgedeckt werden. Denn die ökonomische Notwendigkeit, mehr Frauen in Top-Management-Positionen zu berücksichtigen, ist hinreichend erläutert und durch verschiedenste Studien belegt worden.

Erfolgreiche Führung

Ich bin keine Anhängerin der Differenzierung von weiblichen und männlichen Talenten, trotzdem gibt es Unterschiede im Führungsverhalten zwischen Mann und Frau, auch wenn vor allem manche Frauen dies bestreiten. Die Akademie für Führungskräfte in Bad Harzberg hat 2003 untersucht, ob Frauen anders führen als Männer. Die befragten Frauen selbst waren von dieser These häufiger überzeugt (89 Prozent) als die befragten Männer (70 Prozent).[129] Als »gemeinschaftsorientiert« (»communal«) wurde der Führungsstil von Frauen durch die Psychologen John Williams und Deborah

Best von der Wake Forest University in Winston-Salem (US-Bundesstaat North Carolina) bezeichnet. Sie haben 1990 in einer internationalen Vergleichsstudie herausgefunden, dass Frauen sich vor allem um das Wohlergehen anderer und um gute soziale Beziehungen bemühten, also sozial orientiert seien. Bei Männern haben die Psychologen selbst- und aufgabenbezogene Eigenschaften festgestellt. Sie seien unabhängig, ehrgeizig und wettbewerbsorientiert. Als »typisch männlich« bezeichnen sie Dominanzstreben und Hartnäckigkeit, den männlichen Führungsstil charakterisieren sie als »agentic« (»handlungsorientiert«).[130] Ob nun typisch weiblich oder typisch männlich – die Forschung hat bewiesen, dass diejenigen Management-Teams am erfolgreichsten, innovativsten und gewinnbringendsten sind, die in etwa zu gleichen Teilen aus Frauen und Männern bestehen.

Auch wenn sich die Führungsstile von Männern und Frauen möglicherweise nicht grundlegend unterscheiden, hat sich doch ein unterschiedliches Wertebewusstsein zwischen Mann und Frau entwickelt. Frauen in Führungspositionen orientieren sich in erster Linie am Wohl des Unternehmens und der Mitarbeiter. Sie sind nicht primär von Eigeninteressen bestimmt. Ihre Führung ist auf die Berücksichtigung der Individualität der Mitarbeiter und der Förderung persönlicher Fähigkeiten ausgerichtet. Dabei legen sie auf eine vertrauensvolle und respektvolle Gesprächskultur Wert, um möglichst viele verschiedene Meinungen und Ideen zu erhalten. Sie werden nicht von Wunschdenken geleitet, sondern nehmen Sachverhalte bewusst und mit Sinn für die Realität wahr. Frauen handeln intuitiv und besitzen die Fähigkeit, Situationen und Entwicklungen richtig einzuschätzen. Sie leiten daraus die notwendigen Entscheidungen ab, auch wenn diese rational zunächst nicht begründbar sind. Sie haben das bessere »Gespür« für Beziehungen und die Antizipation von Störungen. Weiblicher Führungsstil kann als partizipativ, kommunikativ und empathisch beschrieben werden.

Doch auch Durchsetzungsstärke, Entschlossenheit und Überzeugungskraft sowie visionäre Fähigkeiten werden weiterhin gebraucht.

Erst wenn diese – meist männlichen Attribute – mit weiblichen Führungseigenschaften zusammentreffen, führt das zu einem integrativen, ganzheitlichen Management. Da Frauen »Soft Skills« eher zugeschrieben werden als Männern und gerade diese im Management nicht mehr wegzudenken sind, ist der weibliche Führungsstil eine Ergänzung für das männlich dominierte Top-Management. Denn die Rationalität und Emotionalität der Persönlichkeiten bilden keinen Gegensatz, sondern ergänzen sich optimal. Führungskräfte müssen neben Fachkompetenz, Durchsetzungsstärke, Entscheidungskompetenz und persönlicher Integrität eine überdurchschnittliche Fähigkeit in Teambildung und Kommunikation mitbringen. Und vor allem sollten sie in ihrer Führungsrolle authentisch bleiben, denn die Kunst besteht darin, Erwartungen zu erfüllen und sich dennoch selbst treu zu bleiben. Selten habe ich Manager angetroffen, die all das in einer Person vereinen.

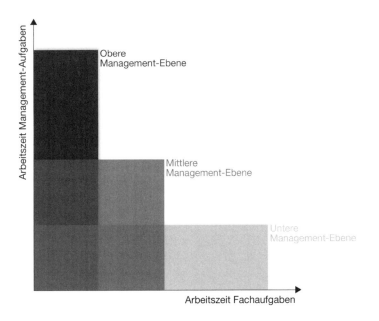

Abbildung 15: Anteil Fach- und Managementaufgaben

Zwischen Führung und Management besteht ein großer Unterschied, und doch ist es nicht einfach, die beiden Begriffe voneinander abzugrenzen. Neben den Instrumenten Planung, Organisation und Kontrolle kann der effizienten Führung im Management die größte Bedeutung zugesprochen werden. Jede Führungsaufgabe lässt sich in einen fachlichen und einen Management-Aufgabenbereich trennen. Wie groß der jeweilige Anteil beider Aufgabenbereiche ist, hängt – wie in Abbildung 15 dargestellt – von der hierarchischen Ebene ab. Je höher die Hierarchie in der Organisation, desto höher der Prozentsatz der Zeit, in denen Management-Entscheidungen getroffen werden. Der Anteil der Zeit für Fachentscheidungen nimmt ab.

Die grundlegende Funktion des Managements besteht laut Peter F. Drucker darin, Menschen durch gemeinsame Werte, Ziele und Strukturen, Aus- und Weiterbildung in die Lage zu versetzen, eine gemeinsame Leistung zu vollbringen und auf Veränderungen reagieren zu können[131]. Drucker ist davon überzeugt, dass Spitzenmanager keine bestimmten Charaktereigenschaften brauchen, um erfolgreich zu führen. Seiner Ansicht nach beruht das Geheimnis effizienter Führung auf den acht folgenden Prinzipien:[132]

1. der Frage, was getan werden muss
2. der Frage, was gut und richtig für das Unternehmen ist
3. der Erstellung von Aktionsplänen
4. der Übernahme von Verantwortung für Entscheidungen
5. der effizienten Kommunikation
6. der Konzentration auf Chancen statt auf Risiken
7. der Durchführung von effektiven Meetings
8. dem Denken und Sprechen in der »Wir-Form« statt in der »Ich-Form«.

Die Kombination von konsequentem und fokussiertem Management mit empathischer Führung zeichnet erfolgreiches Management aus. Dabei ist rationales, problemorientiertes Handeln mit Weitsicht und Zielstrebigkeit Voraussetzung. Vor allem in Krisensituationen brauchen Unternehmen Manager, die hervorragende Analytiker sind, messerscharf und schnell die Ursachen der jeweiligen Probleme identifizieren, sich aber zugleich auch als zupackende Praktiker erweisen, die nicht zögern, notwendige Maßnahmen einzuleiten. Und wenn diese Manager ebenso gute Führungskräfte sind, die neben der fachlichen Kompetenz auch Durchsetzungsstärke, persönliche Integrität und Kommunikationsfähigkeit mitbringen, sind das die besten Voraussetzungen, oftmals notwendige rigorose Veränderungen im Unternehmen zum Erfolg zu führen und dabei die Unterstützung und das Engagement der Mitarbeiter zu gewinnen. Keiner der erfolgreichen Top-Manager agiert als Einzelkämpfer. Sie werden von einem loyalen Team von Vertrauten unterstützt. Sie suchen Übereinstimmung mit denen, deren Unterstützung sie brauchen und sich wünschen.

Gutes Führungsverhalten – durch eine umfassende Sensibilisierung und Qualifizierung aller Führungskräfte – ist mehr denn je ein entscheidender Erfolgsfaktor für die Zukunft. Und trotzdem schwankt die Qualität von Führung stark, und nur wenige Unternehmen bringen ihr Führungspotenzial zur Entfaltung. Führen ist die Fähigkeit, andere Menschen in die Lage zu versetzen, sich begeistert, initiativ und kreativ für die gemeinsamen Aufgaben und Ziele einzusetzen und gleichzeitig die Mitarbeiter zu fördern und zu entwickeln.

Die unterschiedlichen – und viel diskutierten – führungstheoretischen Ansätze reichen vom Eigenschaftsansatz über den Verhaltensansatz bis zum situativen Ansatz. Der Eigenschaftsansatz beschreibt das Charisma der Führungspersönlichkeit, während der Verhaltensansatz die Ziele und Aufgaben in den Mittelpunkt stellt und sich der situative Ansatz auf die wechselseitigen äußeren Einflussfaktoren stützt. Während der Führungsstil von Männern eher als autoritär gilt, wird der Führungsstil der Frauen eher als kooperativ eingeschätzt. Nach dem situativen Führungsansatz empfiehlt es sich jedoch, je nach Situation und Reifegrad des Mitarbeiters zwischen den Führungsstilen zu wechseln. Demnach sollte eine Führungsperson alle Führungsstile beherrschen, denn in lebensbedrohlichen Situationen stellt ein kooperativer oder demokratischer Führungsstil ein großes Risiko dar. In einer Gefahrensituation ist ein autoritärer, befehlender Führungsstil erforderlich, der eine direkte und unverzügliche Befolgung der Anweisungen mit sich bringt. In den meisten Unternehmen dominiert nach wie vor der klassische Führungsstil einer hierarchisch geprägten Vorgesetztenrolle, die »top-down« gelebt wird.

Die Werte und Prioritäten von Frauen und Männern sind unterschiedlich. Frauen empfehlen eher statt zu befehlen, sie coachen statt Druck aufzubauen. Ihr Führungsstil ist kollegial und selten autoritär. Auch wenn unterschiedliche psychologische Studien zeigen, dass Frauen offenbar das höhere Einfühlungsvermögen haben[133], höflicher und respektvoller im Umgang und weniger selbstbezogen sind, ist mit zementierten Vorurteilen in dieser Hinsicht niemanden geholfen. Auch Frauen können entscheidungs- und durchsetzungsstark sein, während viele Männer sich durchaus in »typisch« weiblichen Attributen wiedererkennen.

Führen bedeutet nicht, anzusagen was zu tun ist – Führen bedeutet vielmehr, Menschen auf die Reise mitzunehmen, die Stärken der Mitarbeiter zu erkennen und zu entwickeln. Voraussetzung für Führungskompetenz ist ein positives Menschenbild. Jede gute Führungskraft erkennt die Stärken ihrer Mitarbeiter und glaubt an den Willen zur Veränderung im Menschen. Wer diese Grundvoraussetzungen nicht mitbringt, ist als Führungskraft nicht geeignet.

Professor Dr. Fredmund Malik hat mit seinen zahlreichen Veröffentlichungen Management-Disziplinen entscheidend geprägt. In seinem Buch »Führen, Leisten, Leben« beschreibt er die Grundsätze, Aufgaben und Werkzeuge wirksamer Führung. Einer der größten Erfolgsfaktoren wirksamer Führung ist die Konzentration auf bereits vorhandene Stärken. »Der Grundsatz der Stärkennutzung hat größte Konsequenzen für alles, was mit Menschen zu tun hat – für die Auswahl von Menschen und deren Ausbildung, für die Stellenbildung und Stellenbesetzung, für die Leistungsbeurteilung und für die Potenzialanalyse. Die Konsequenzen sind höchst positiv, wenn man diesen Grundsatz *beachtet*, und sie sind *zerstörerisch*, wenn man ihn nicht beherzigt oder gar aktiv dagegen arbeitet, was meistens in bester Absicht geschieht, in der Wirkung aber desaströs ist. Ein erheblicher Teil dessen, was als Tragik im existenziellen Sinne bezeichnet wird, hängt mit der Missachtung oder Unkenntnis dieses Grundsatzes zusammen.«[134]

Warum aber wird dieser Grundsatz so wenig beachtet? Warum konzentrieren sich Führungskräfte stärker auf das, was nicht funktioniert, auf die Schwächen und Defizite der Mitarbeiter? Wirklich erfolgreiche Manager sind optimistisch und an der Leistung orientiert, auch dann, wenn sie sich Rückschlägen und Misserfolgen gegenübersehen. Negative und destruktive Gefühle belasten das Umfeld und die Stimmung. Sie schaden der Produktivität. Aber kann man positives Denken erlernen? Zumindest kann man durch Disziplin sein Verhalten beeinflussen. Eine sehr treffende Beschreibung hat einer der bekanntesten Top-Manager des deutschsprachigen Raums zum Ausdruck gebracht: »Wissen Sie, ich musste im Laufe meines Lebens einfach lernen, aus den höchstens zehn Prozent Erfolgserlebnissen, die ich am Tag habe, so viel innere Kraft zu schöpfen, dass ich die 90 Prozent Mist, die täglich passieren, ertragen kann.«[135]

Professionelles Führen heißt, Schwierigkeiten auszuhalten und Schwachstellen zu erkennen, sowie Unterschiede zu ertragen und Gemeinsamkeiten zu zelebrieren. Die größte Aufgabe einer Führungskraft ist zu erreichen, dass sich ihre Mitarbeiter trauen, offen zu sagen, was sie denken und was sie sehen. Und hier liegt das größte Problem einer Führungskraft. Nur wenige richtig gute Führungskräfte lassen andere Ansichten gelten und fördern die Kritikfähigkeit ihrer Mitarbeiter. Vor allem Männer akzeptieren keine Kritik, erst recht nicht von Frauen. Sie trauen sich nicht, sich mit den Mitarbeitern auseinanderzusetzen und versuchen, jede leise Kritik im Keim zu ersticken.

Die wesentlichen Einstellungs- und Verhaltensmerkmale einer Führungsperson sind in Abbildung 16 dargestellt.

Einstellungs-/Verhaltensmerkmal	Beschreibung
Auftreten	selbstbewusst/unsicher
Arbeitsweise	gewissenhaft/oberflächlich
Ausdrucksweise	stilsicher/einfach
Kommunikation	offen/zurückhaltend
Informations- und Wissenstransfer	ausreichend/begrenzt
Vorbildfunktion	positiv/negativ
Interesse/Empathie	neugierig und interessiert/desinteressiert
Respekt	aus Überzeugung/aufgrund der Hierarchie
Launen	kann mit negativen Gefühlen umgehen/launisch
Druck von oben	gibt den Druck von oben weiter

Abbildung 16: Einstellungs- und Verhaltensmerkmale einer Führungsperson

Führen heißt Vorbild sein, nach dem Motto: »Practice what you preach.« Mit gutem Beispiel vorangehen und nichts von Mitarbeitern verlangen, was man selbst nicht bereit ist zu geben. Es gab in den vergangenen Jahren – während der Krise – genug Beispiele dafür, wie schwer es manchem Manager gefallen ist, auf Spitzengehälter, Boni und Status zu verzichten. Eine beeindruckende Frau, die durch Disziplin und Zurückhaltung in der Krise das Maschinenbauunternehmen Trumpf wieder zum Erfolg geführt hat, ist Nicola Leibinger-Kammüller. Obwohl sie im Aufsichtsrat der Lufthansa sitzt, fliegt sie innerhalb Europas Economy und kann sich dabei so manches Mal, wenn sie durch die Business Class nach hinten in die Economy-Reihen geht, den Gedanken nicht verkneifen: »Bei Ihrer Performance und Ihren Zahlen sollten Sie besser auch weiter hinten sitzen.«[136]

Unternehmen, die es nicht schaffen, ihr Führungspotenzial zur Entfaltung zu bringen, haben den Schlüssel ihres Erfolgs nicht erkannt. Umso mehr stellt sich die Frage, warum die Leadership-Fähigkeiten eines Unternehmens so selten einem Monitoring unterzogen werden, einer systematischen Beobachtung und Steuerung der Führungskompetenz. Das Monitoring der Leadership-Fähigkeiten der Führungskräfte eines Unternehmens liefert Informationen über die Führungsqualitäten des Unternehmens und beantwortet die Frage, ob das Führungsverhalten im Einklang mit der Unternehmensstrategie und den Unternehmenszielen steht. Es identifiziert Führungsprobleme und liefert Lösungsansätze für eine strategieorientierte Ausrichtung des Führungskräfte- und Mitarbeiterpotenzials. Es lohnt sich deshalb, der Frage nachzugehen, ob das Leadership-Monitoring eine neue Aufgabe und Herausforderung für jedes Unternehmen ist. Manager bescheinigen sich in der Regel eine höhere Führungsqualität, während die Mitarbeiter diese ganz anders beurteilen. In den meisten Fällen zeichnet sich ein Leadership-Defizit ab. Unternehmen, die ein sehr hohes Leadership-Potenzial bestätigen, sind einzigartige Unternehmen, die sich durch eine überdurchschnittliche Wertsteigerung auszeichnen. Mit dem Fragenkatalog in Abbildung 17 kann man das Führungsverhalten recht einfach und rasch messen.

Auf einer Skala von 1 (»Ich stimme überein«) bis 5 (»Ich stimme nicht überein«) tragen die Mitarbeiter ihre Antworten ein. Die Antworten zeigen, in welchem Ausmaß die Mitarbeiter mit der Qualität ihres Arbeitsplatzes zufrieden sind und geben darüber hinaus einen wichtigen Hinweis auf die Führungsfähigkeiten der Vorgesetzten. Da sich ein Unternehmen aus verschiedenen Kulturen zusammensetzt, lassen unterschiedliche Ausprägungen der Ergebnisse bei den Beurteilungen des Führungsverhaltens Rückschlüsse auf die Subkulturen eines Unternehmens zu. In gut geführten Unternehmensbereichen und Abteilungen sind Produktivität, Kundenloyalität und der Beitrag zur Wertsteigerung signifikant höher als in schlecht geführten. Leadership-Monitoring sollte zumindest einmal im Jahr im Rahmen

Erfolgreiche Führung

☐ Weiß ich, was von mir und von meiner Arbeit erwartet wird?

☐ Habe ich die Materialien, die Einrichtungen und die technische Unterstützung der Informationstechnologie, die ich brauche, um meine Arbeit wirksam auszuführen?

☐ Habe ich bei der Arbeit die Möglichkeit, das zu tun, was ich am besten kann?

☐ Habe ich in der vergangenen Woche Anerkennung oder Lob für gut getane Arbeit erhalten?

☐ Kümmert sich mein Vorgesetzter um mich als Person?

☐ Fördert jemand im Unternehmen meine Entwicklung?

☐ Zählen meine Ansichten bei der Arbeit?

☐ Vermittelt mir das Unternehmensleitbild und der Zweck des Unternehmens den Eindruck, dass meine Arbeit wichtig ist?

☐ Hat in den vergangenen sechs Monaten jemand mit mir über die Fortschritte meiner Arbeit gesprochen?

☐ Habe ich im vergangenen Jahr die Möglichkeit gehabt, bei der Arbeit zu lernen und zu wachsen?

☐ Kann ich im Unternehmen offen meine Meinung sagen?

☐ Kann ich von meinem Vorgesetzten als Persönlichkeit lernen?

Abbildung 17: Mitarbeiterfragebogen zur Messung des Führungsverhaltens

der Mitarbeitergespräche durchgeführt werden. Bleibt ein schlechtes Ergebnis bei der Untersuchung des Führungsverhaltens jedoch ohne Konsequenzen, wird das die Unternehmenskultur nachhaltig negativ beeinträchtigen. Leider wird das Führungsverhalten viel zu selten kritischen Prüfungen unterzogen. Jede Führungskraft sollte leistungsorientiert bezahlt werden. Ein Teil der Vergütung sollte davon abhängig sein, wie das Ergebnis des Leadership-Monitorings ausfällt. Wesentliche Faktoren beim Leadership-Monitoring sind im folgenden Abschnitt zusammengefasst.

Visionäre Fähigkeiten

In welchem Ausmaß hat er oder sie die Fähigkeit, die Bereitschaft und den Willen, neue Möglichkeiten und Märkte zu erschließen oder die Spielregeln in bestehenden Märkten zu verändern?

Effektive Führungseigenschaften

In welchem Ausmaß kann er oder sie Mitarbeiter inspirieren und sie in die Lage versetzen, Spitzenleistungen zu erbringen und die vereinbarten Ziele kreativ und innovativ zu erreichen?

Soziale Kompetenz

Inwieweit verfügt er oder sie über Einfühlungsvermögen, Ausgeglichenheit, Motivations- und Konfliktfähigkeit, Kommunikationsfähigkeit sowie über die Bereitschaft, Wissen und Führungsverhalten laufend zu verbessern?

Entschlossenheit/Durchhaltevermögen

In welchem Umfang ist er oder sie fähig und bereit, eine Aufgabe konsequent durchzusetzen und durchzuführen sowie aus Niederlagen zu lernen?

Anpassungsvermögen/Flexibilität/Integrität

Wie ausgeprägt sind seine oder ihre innere Einstellung und seine oder ihre Loyalität und Integrität? Wie anpassungsfähig ist sein oder ihr Verhalten, um bei veränderten Umfeldbedingungen mit größter Effektivität gesetzte Ziele zu erreichen?

Intellektuelle Kompetenz

Wie ausgeprägt sind analytisches Denken, Denken in Netzwerken, strategische Orientierung sowie Prioritätenorientierung? Werden aus Fakten die richtigen Schlussfolgerungen gezogen?

Sinn für Realität

Inwieweit ist er oder sie fähig und bereit, das zu tun, was schwierig erscheint, und in Situationen Entscheidungen herbeizuführen, wo der Konsens aufhört, ohne dabei vom Wunschdenken geleitet zu werden?

Überzeugungskraft

Macht er oder sie von der richtigen Art der Kommunikation Gebrauch, um Zustimmung oder Akzeptanz zu erreichen?

Es ist eine der wichtigsten Aufgaben im Unternehmen, die Leadership-Qualität eines Unternehmens und die Führungsfähigkeiten der Vorgesetzten einem laufenden Monitoring zu unterziehen und dann Konsequenzen aus den Ergebnissen zu ziehen. Ungeeignete Führungskräfte können einen immensen Schaden anrichten, während es eine große Gefahr ist, großartige Führungskräfte mit einer sehr guten Bewertung zu verlieren, denn diese führen das Unternehmen wertsteigernd in die Zukunft. Führungskräfte, die zwar Führungswerte leben, aber die vereinbarten Ziele nicht erreicht haben, sollten durch ein Coaching ihre Führungskompetenz entwickeln. Dabei ist jedoch zu berücksichtigen, dass es leichter ist, Ergebnisse zu verbessern als Verhalten zu verändern.

Die Führungsqualität des Unternehmens und die Führungsfähig keiten der Vorgesetzten sind Faktoren, die mehr als alle anderen zur langfristigen und nachhaltigen Wertsteigerung eines Unternehmens beitragen. Und je turbulenter das Umfeld eines Unternehmens ist, desto wichtiger ist für seinen Erfolg, Leadership auf allen Verantwortungsebenen zu etablieren.

Wie gut oder schlecht eine Führungsperson ist, lässt sich recht einfach an Kennzahlen ablesen: Fluktuations- und Fehlzeitenkennzahlen geben ebenso Aufschluss wie Fehlerquote und Effizienz. Anhand von Befragungen über die Motivation und Identifikation lassen sich die Kennzahlen untermauern.

Ronald A. Heifetz von der John F. Kennedy School of Government an der Harvard University versteht unter Führung aus seiner wissenschaftlichen und praktischen Erfahrung »die Kunst zu improvisieren. Sie können sich von einer umfassenden Vision, klaren Wertvorstellungen und einem strategischen Plan leiten lassen, aber was Sie dann tatsächlich von einem zum anderen Augenblick tun werden, können Sie nicht vorab planen. Sie müssen so reagieren, wie es die Ereignisse erfordern.«[137]

Wer führen will, muss ein Visionär sein. Er muss den Siegeswillen bei anderen anspornen, in dem er Sinn vermittelt und eine Richtung vorgibt. Wer führen will, muss ein Vorbild sein, Mut beweisen und wirksam kommunizieren. Führende müssen kurzfristige Ergebnisse erzielen und den Unternehmenswert nachhaltig und langfristig steigern. Wer diese Anforderungen (Visionär, Vorbildfunktion, Potenzial, den Unternehmenswert langfristig und nachhaltig zu steigern) nicht in sich vereint, wird seiner Führungsverantwortung nicht gerecht. Wer aber die Kunst beherrscht, Erwartungen zu erfüllen und sich dennoch selbst treu zu bleiben, wird in seiner Führungsaufgabe erfolgreich sein. Denn erfolgreiche Top-Manager verhalten sich ihren Mitarbeitern gegenüber aufrichtig, ehrlich und authentisch. Authentizität, Aufrichtigkeit und Integrität sind die Erfolgsparameter situativer und effizienter Führung.

Frauen begreifen Führungsverantwortung weniger als eine Frage der Rolle, des Status oder des Titels. Wahre Führungskräfte erkennt man daran, dass sie ihre Mitarbeiter inspirieren, begeistern und auch in schwierigen Situationen motivieren können, an den gemeinsamen Unternehmenszielen zu arbeiten. Die einzige Frage, die sich eine Führungskraft – egal ob Mann oder Frau – deshalb stellen sollte, ist also: »Werden dir die Menschen auch folgen, wenn man dir Titel oder Status wegnimmt?« Wer diese Frage mit Ja beantworten kann, hat wahre Führungsqualitäten.

Führungsfrauen sind auch tolle Mütter

Da Unternehmen zukünftig auf gut ausgebildete Frauen nicht mehr verzichten können, um die steigende Nachfrage am Arbeitsmarkt zu decken, sind sie gezwungen, auf die Bedürfnisse der Frauen einzugehen, die Familie und Beruf miteinander vereinen. Eine Studie der Bertelsmann-Stiftung ergab, dass die Doppelbelastung von Familie und Beruf für Frauen nach wie vor die entscheidende Karrierebremse darstellt. Jede zweite Frau ändert ihre beruflichen Karrierewünsche zugunsten der Familie oder gibt ihren Beruf sogar ganz auf.[138] Erfolgreiche Unternehmen sind gezwungen, Voraussetzungen wie flexible Arbeitszeitmodelle oder Betriebskindergärten zu schaffen, um das Potenzial der Frauen einzubinden. Kluge Frauen treffen die Wahl, wie sie leben wollen. Und ihre Phantasie ist dabei größer als die Vorstellungskraft der Männer. Die Lebensmodelle von Frauen sind unterschiedlich: Sie bleiben konsequent zu Hause, um für die Familie zu sorgen. Sie machen Karriere ohne Kinder. Oder sie bringen irgendwie alles unter einen Hut: Familie und Karriere. Chapeau! Ich ziehe meinen Hut besonders vor diesen Frauen und bringe ihnen meinen größten Respekt entgegen, denn ich weiß, wie viel Zeit, Energie und Lebensqualität eine Frau investieren muss, wenn sie ganz nach oben will. Das ist nur mit hoher Kompetenz und einem starken Willen zu schaffen. Eine gute Organisation, Widerstandsfähigkeit und Durchhaltevermögen sind jedoch Voraussetzungen für langfristigen Erfolg. Frauen, die Familie und Karriere managen, müssen mit Löwenkräften ausgestattet sein, um diese Doppelbelastung zu bewältigen. Margret Dreyer hat es geschafft und beides miteinander vereint: eine erfolgreiche Karriere als Abteilungsdirektorin Marken- und Produktkommunikation bei der Postbank AG und eine Familie, zu der nicht nur zwei eigene Kinder zählen, sondern vorübergehend auch ein Gastkind. Einen Einblick in die Herausforderungen, diesen Spagat zu meistern, wird uns Margret Dreyer in den folgenden Abschnitten geben.

Familie und Karriere
(Margret Dreyer)

Kinder bereichern unser Leben in unvorstellbarer Form. Eine berufliche Karriere bereichert in vorstellbarerer Form - immateriell und materiell. Beides zusammen empfinde ich als das Nonplusultra; auch hierbei ist das Ganze mehr als die Summe der Teile. Dies unseren Kindern – und vor allen den Mädchen – von Anfang an zu vermitteln, ist die Voraussetzung für eine grundlegende Veränderung der Einstellung in unserer Gesellschaft, ohne die auch in der übernächsten Generation noch heftig über das Für und Wider gerungen werden wird.

Am Anfang ist der Beruf ...

Im biografischen Regelfall beginnt die Karriere klar vor den Kindern. Diese Chronologie der Ereignisse hat sich in den letzten Jahren sogar noch verstärkt: Von 1974 bis 2001 brachten die 25- bis 29-Jährigen die meisten Kinder zur Welt, ab 2002 die 30- bis 34-Jährigen. Aktuell steigt in Deutschland die Geburtenhäufigkeit der 35- bis 39-Jährigen, wenn auch auf niedrigem Niveau.[139] Für den Westen Deutschlands gilt aber auch: Je höher der Bildungsabschluss, desto seltener hat eine Frau Kinder. 26 Prozent der Frauen mit hoher Bildung haben keine Kinder, während in Ostdeutschland nur 9 Prozent der entsprechend gebildeten Frauen kinderlos sind.[140]

Entwickeln sich die Frauen denn in den wichtigsten Berufsjahren analog zu ihren männlichen Kollegen? Während Frauen unter 30 immerhin noch 43 Prozent der Führungspositionen in Deutschland besetzen, hat sich der Anteil bei den 30- bis 34-Jährigen bereits auf 30 Prozent, bei den 35- bis 49-Jährigen sogar auf 20 Prozent reduziert.[141] Auf der einen Seite sprechen die Bildungsbiografien der heutigen jungen Frauen eine klare Sprache: Der Anteil der Abiturientinnen übersteigt deutlich den der Abiturienten[142] und die bevorzugten Studienfächer sind schon längst nicht mehr die, die Karrieren von vornherein begrenzen[143].

Über 70.000 BWL-Studentinnen standen nur gut 80.000 BWL-Studenten gegenüber und Medizin ist ohnehin ein weibliches Fach geworden, zurückzuführen auf einen hohen Numerus Clausus, der von Abiturientinnen eher erfüllt wird. Die bevorzugten Employer Brands schließlich sind eine Who's who-Liste attraktivster Unternehmen mit dem kleinen Unterschied, dass Studentinnen andere Firmen favorisieren bzw. anders ranken.[144] Mental und emotional sieht es anders aus: Der unbedingte Wille, nach oben zu wollen, fehlt vielen Frauen. Geschlechtsspezifische Unterschiede und Erziehungsmuster sind ein Teil der Erklärung, die Multioptionalität, die Frauen in ihrem Leben sehen, ein anderer. Für die Brigitte-Studie 2009 wurden rund 1.000 Männer und Frauen gefragt, was es für sie bedeutet, in unserer Gesellschaft Verantwortung zu übernehmen. Nur 61 Prozent der Frauen sagten: »eine berufliche Führungsposition einnehmen«. Bei den Männern gaben hingegen 70 Prozent diese Antwort. Offenbar ist es Frauen also tatsächlich weniger wichtig, Chef zu werden, als Männern.[145] Alle Optionen zu haben, »moving targets« ansteuern zu können, flexibel und damit positiv anpassungsfähig zu sein, zeichnet Frauen aus. Im Berufsleben kann man damit hinter seinen Möglichkeiten bleiben. Denn die meisten Männer sind eindimensionaler und damit fokussierter auf Tore, Siege und Pokalgewinne ausgerichtet. Und Wettbewerb kennen sie schon, seit sie laufen können.

Diese Fakten haben nicht einmal etwas mit Nachwuchs zu tun: Die Statistik belegt nicht zwangsläufig die These von Kindern als Karrierekiller. Immerhin haben 56 Prozent der Frauen in Führungspositionen Kinder.[146] Aber als Karrierekatalysator kann man Kinder eben auch nicht bezeichnen. Katalytisch wirken sie sich sogar eher bei Männern aus, die sich – durchaus noch in tradierter Rolle verankert – nach Familiengründung intensiver in den Beruf stürzen, um ihre Haupternährerrolle wahrnehmen und ausbauen zu können. Und manchmal auch nichts gegen lange Abende im Büro haben, die mehr Ruhe bieten als übermüdete Kleinkinder zu Hause, die dennoch nicht ins Bett wollen … Gleichzeitig sehen auch Unternehmen stabile familiäre Lebensformen mit Kindern gern, da sie ganz generell Zufriedenheit, Belastbarkeit und Verantwortungsbereitschaft mit sich bringen.

Es gibt viele Begründungen, warum für Frauen der Weg an die Spitze steiniger ist. Leider legen sie sich einige dieser Steine selbst in den Weg, besonders, wenn sie Kinder haben. Grundsätzlich sind Berufsunterbrechungen kein Karrierehindernis; bis zu zwei begrenzte Ausstiege werden bei weiblichen Führungskräften von ihren Arbeitgebern als normal akzeptiert. Jede vierte männliche Führungskraft hat übrigens auch schon einmal ihre Berufstätigkeit unterbrochen.[147] Allerdings sollten Karrierefrauen auf zu lange Auszeiten verzichten: 60 Prozent unterbrechen maximal bis zu 12 Monaten.[148]

Die Schere im eigenen Kopf und die Bürde der Doppelbelastung ist nach wie vor für etliche Frauen und besonders für Mütter eines der größten Karrierehindernisse: In einer Umfrage von tns emnid für die Bertelsmann Stiftung gaben 51 Prozent der befragten Frauen die Doppelbelastung durch Familie und Beruf als Grund für die Aufgabe ihres Karrierewunschs an. Dabei heißt eine der Sollbruchstellen Kinderbetreuung: Welche Möglichkeiten gibt es und sind sie konkret nutzbar, wie verändern sich diese in den Phasen vom Kleinkind bis zum Jugendlichen und wie stellt man die Qualität der jeweiligen Lösung sicher? Es geht also nicht um die generelle Frage des »Ob überhaupt«, sondern um das »Wie« von Kindern und Karriere, wenn Frau sich entschieden hat, beides zu wollen. Denn dass sie beides wollen, steht für junge Frauen heute außer Frage.[149]

Bei manchen Frauen verändert sich die Antwort auf die Frage »Ob überhaupt« durch die Widerstände, die ihnen in der Praxis beim »Wie« begegnen. Konfrontiert mit nicht arbeitskompatiblen Betreuungsmöglichkeiten, ändern Frauen mit Familie und Kindern ihre Karrierepläne möglicherweise. Aber auch das Gegenteil kann der Fall sein, wenn nämlich der eigene Arbeitgeber Frauen- und Familienförderung nicht nur als Alibi für Employer-Awards, sondern als Instrument für die eigene Wettbewerbsfähigkeit einsetzt. Hier ist beispielsweise der öffentliche Dienst in Deutschland auf einem gutem Weg: Sowohl der Anteil der weiblichen Führungskräfte als insbesondere auch der Anteil von Karrierefrauen mit Kindern liegt weit über dem der Privatwirtschaft[150].

Doch in den meisten Fällen bleibt das »Wie« der ständige Begleiter des Kind-Karriere-Modells bis mindestens zum Wechsel in eine weiterführende Schule – und oft noch darüber hinaus. Das »Wie« beinhaltet Fragen nach der Dauer der Elternzeit jenseits der Mutterschutzfrist und nach Verfügbarkeiten von Tagesmüttern oder/und Kita-Plätzen. Aus meiner eigenen Erfahrung und aus der von Mitarbeiterinnen rate ich dazu, Kinder bis zum Eintritt in den Kindergarten nach Möglichkeit zu Hause betreuen zu lassen. Zeitliche Abhängigkeiten und Transportstrecken entfallen, Wechselfälle des Alltags sind leichter beherrschbar. Die Kinder profitieren von der Stabilität des gewohnten Umfelds. Aber natürlich sind auch hier Back-up-Lösungen und/oder Netzwerke erforderlich, um geplante und ungeplante Ausfälle in der Betreuung zu kompensieren.

Es geht beim »Wie« auch um Standortoptimierung zwischen eigenem Wohnsitz und Arbeitsplatz, um generelle Infrastruktur sowie um familiäre und freundschaftliche Netzwerke für Notfälle. Eine zusätzliche Rolle spielen Betreuungsfragen bei Krankheiten der Kinder: Mit Eintritt in Kitas und Kindergärten ziehen die Kleinen zunächst jeden Virus magisch an, und natürlich sind auch Ferienzeiten der Kitas abzudecken.

Mit der Einschulung wiegt man sich in vermeintlicher Sicherheit: Das Kind wird vernünftiger, der Stundenplan ist verlässlich, die Struktur steht. Und doch sind im Vergleich zum Kindergarten Rückschritte auf zufangen. Ganztagsschulen sind immer noch Mangelware, Mittags- und Hausaufgabenbetreuung stehen nicht selbstverständlich zur Verfügung, Unterrichtsausfälle beispielsweise durch Projekttage des Lehrerkollegiums müssen abgedeckt werden und ständig (so scheint es berufstätigen Eltern zumindest) gibt es Schulferien: Die Notwendigkeit der zusätzlichen bzw. grundsätzlichen Absicherung steigt mit Schuleintritt sogar wieder. Die Schulferien sind nach der engmaschig organisierten Kita- und Kindergartenwelt übrigens ein GAU, auf den berufstätige Mütter und Väter mental nicht vorbereitet sind: Wie deckt man circa zehn Wochen Schulferien mit maximal zwei mal 30 Tagen Urlaub ab, der zum einen ja als gemeinsamer Familienurlaub gewollt, zum andern zeitlich nicht völlig frei gestaltbar ist?

Selbst mit dem organisatorisch geklärten »Wie« der Betreuung ist das emotionale »Warum« noch nicht aus der Welt: Warum bleibe ich nicht zu Hause, wenn das Kind krank ist und fürsorglich betreut werden will? Warum kann ich es nicht möglich machen, an allen Erntedank-, Laternenbastel-, Advents- und weiteren Nachmittagen dabei zu sein, wenn Kinder ihren Eltern zeigen, mit welchem Enthusiasmus sie ihre Arbeiten angefertigt und für Auftritte geübt haben? Warum fühle ich als Mutter angesichts anderer Mütter vor Ort drängender die moralische Verpflichtung präsent zu sein als die Väter? Warum kompensiere ich das schlechte Karrieremuttergewissen mit Perfektionsdrang bei der Ausrichtung von Kindergeburtstagen? Jeder berufstätigen Mutter werden viele weitere »Warum« einfallen.

Aber auch von diesen persönlichen Überlegungen abgesehen, ist eines offensichtlich: Nach wie vor ist es äußerst schwierig, für Kleinkinder überhaupt eine überzeugende Betreuung in einer Tagesstätte zu bekommen. Der Ausbaubedarf in den westlichen Bundesländern ist beschämend hoch[151] und nach wie vor sind Ganztagsschulen oder Schulen mit Mittags- bzw. Nachmittagsbetreuung nicht die Regelschulform in Deutschland. Und nach wie vor basiert auch das im positiven Sinne »Vereinsland« Deutschland darauf, dass sportliche oder musische Aktivitäten von Kindern außerschulisch und nachmittags stattfinden, in Sportvereinen und Musikschulen, in Familienbildungsstätten oder Kirchen. Die Entwicklung der Bundesrepublik zu einem Land, dass die Arbeitswelt mit der Welt der Kinder- und Jugendbetreuung bzw. -aktivitäten harmonisiert, wird hier in den nächsten Jahren zu massiven strukturellen Veränderungen führen müssen.

Aktuell und konkret bleibt für das Lebensmodell »Kinder und Karriere« nichts anderes übrig, als neben der öffentlichen Kinderbetreuung über eine privat gemanagte Struktur zu verfügen: Safety first! Sie gehört auch dazu, wenn das vermeintlich rettende Ufer des Kindergartens erreicht ist. Trotz flexiblerer Öffnungszeiten ist die Kompatibilität mit beruflichen Notwendigkeiten und den Bedürfnissen der Kinder nicht immer gesichert, und der Besuch von frühkindlicher Musikerziehung und Kinderturnen genauso wenig. Kinderfrauen, Tagesmütter, Au-pair-Mädchen, echte oder geliehene Großeltern vor Ort, verbindliche Vereinbarungen im Netzwerk von Freunden, Bekannten, Mit-Eltern und Nachbarn, Babysitter-Dienste – durchdenken Sie alle Eventualitäten und Lösungsmöglichkeiten in alarmfreien Zeiten. Im Brandfall ist Rettung zwar möglich, aber mit hohem Einsatz und vermeidbarem Stress für alle Beteiligten.

Warum diese Hinweise auch in diesem Buch so wichtig sind? Weil vieles, was Frau am Arbeitsplatz, bei der Mitarbeiterführung, im Projektmanagement oder in der Prozesssteuerung wie selbstverständlich managt, aufs Private nicht übertragen wird. Planvolles Handeln mag bei Kleinkindern in der Trotzphase nicht immer möglich sein. Aber die Parallelen zwischen Organisations- und Führungsaufgaben im Job sind adaptierbar auf das Kleinunternehmen Familie und führen dann auch in schwierigen Phasen dazu, dass die Herausforderungen nüchtern analysiert und tatkräftig gelöst werden können.

Die Arbeitswelt einer Mutter im Wandel (Margret Dreyer)

Die demografische Entwicklung hat mittlerweile wohl jedem klar gemacht: Ohne eine ausreichende Zahl von Kindern sieht es für unsere Gesellschaft düster aus. Im EU-Vergleich liegt die wohlhabende Bundesrepublik mit durchschnittlich 1,36 Kindern pro Frau auf Platz 19 von 26. Familienpolitische Themen sind daher von enormer Bedeutung. Die Entscheidung für das individuelle Lebensmodell – mit oder ohne Kinder – bleibt eine zutiefst persönliche.

Eine persönliche Begebenheit aus dem unerschöpflichen Thema Kinder, Karriere und schlechtes Gewissen hat sich fest in mir eingebrannt: Meine Söhne waren damals 6 und 12 Jahre alt. Mit ihnen und meinem Mann nahm ich eine beruflich begründete Einladung wahr, die sich unter anderem durch eine hohe Prominentendichte der TV-Kategorie auszeichnete. Als der Jüngere am Montag darauf wieder in die Schule musste, wurde er von mir eingeschworen, sein Wochenende nicht zum ganz großen Schulhofthema zu machen – also nicht mit seinen Erlebnissen anzugeben. Abends rief mich die Klassenlehrerin an. Natürlich hatte er gleich bei Unterrichtsbeginn seinem Tischnachbarn alles erzählt, woraufhin die Lehrerin ihn nach vorn bat und ihm fünf Minuten Redezeit einräumte unter der Bedingung, dass das Thema damit beendet sei. Er nutzte seine fünf Minuten und schloss mit den Worten: »Ich möchte aber nicht, dass ihr jetzt neidisch seid. Klar hat meine Mama einen Beruf, der uns dieses Erlebnis möglich gemacht hat. Aber wisst ihr, wenn ihr mittags nach Hause kommt, ist eure Mama da und kümmert sich um euch. Das ist bei uns zuhause nicht so. Wir haben ein Au-pair-Mädchen, das ich sehr gern mag, aber es ist eben nicht meine Mama, die da auf mich wartet. Und deshalb muss man eben beide Seiten sehen.« Die Lehrerin war sehr bewegt von diesem Erlebnis – und ich nicht minder. Stolz über die soziale Kompetenz dieses Kindes war die eine Reaktion, die andere, wie differenziert schon ein Kind die Berufstätigkeit der Mutter einordnen kann und Pro und Kontra abzuwägen weiß.

Mein ältester Sohn ist 1989 geboren. Meine Erfahrungen aus diesen Jahren spiegeln in gewisser Hinsicht Pionierzeit wider, denn damals sind auch Akademikerinnen nach der Geburt ihrer Kinder nicht oder nur in Teilzeit an den Arbeitsplatz zurückgekehrt. Karriere mit Kindern war für Frauen unvorstellbar! Zwar waren Betriebskindergärten, öffentliche Kitas und umfassende Öffnungszeiten von Kindergärten durchaus in der Diskussion, getragen aber mehr durch den Vergleich der neuen Bundesländer mit den alten, und damit durchaus auch politisch befrachtet. Die ganztätige Kinderbetreuung und staatlich forcierte Berufstätigkeit von Frauen in der ehemaligen DDR wurde aus Westsicht vornehmlich ideologisch eingeordnet. Dass sich wohl die meisten Frauen jenseits der Grenze weniger zur Arbeit zwangsverpflichtet fühlten, als hierin auch Ausdruck ihrer Gleichberechtigung und Selbstbestimmtheit zu sehen, wurde an westlichen Stammtischen gern übersehen.

Kurz nach dem Mauerfall – mein Sohn war noch kein Jahr alt und seine Betreuung und meine Berufstätigkeit durchaus Gegenstand von Diskussionen im beruflichen und privaten Umfeld – lernte ich eine Berufskollegin aus dem Ostteil Berlins kennen. Gleichen Alters und mit zwei kleineren Kindern, berichtete sie mir von den umfassenden Betreuungsangeboten in den neuen Bundesländern und der Selbstverständlichkeit, Beruf und Familie zu verbinden. Ich war beeindruckt und sie ängstlich: Auf die – von der damaligen Politik – für die neuen Bundesländer angekündigten blühenden Landschaften freute sie sich zwar, fürchtete aber die Angleichung der Lebensumstände speziell für berufstätige Mütter.

Beeindruckt war ich übrigens nicht nur von den umfänglichen Betreuungsmöglichkeiten. Fast ungläubig nahm ich zur Kenntnis, dass die junge Frau aus dem Ostteil Berlins die von mir gestellte Frage nach dem schlechten Gewissen ob ihrer Berufstätigkeit und der ganztägigen Fremdbetreuung ihrer Kleinkinder gar nicht verstand, sondern die Verbindung von beidem als Normalfall ansah.

Gut 20 Jahre später frage ich mich, warum Politik und Wirtschaft, warum aber gerade auch wir Frauen seinerzeit nicht das »Best-of-both-worlds«-Prinzip konkret eingefordert haben: Mit der gleichen Alternativlosigkeit, mit der beispielsweise in die Infrastruktur der neuen Bundesländer investiert worden ist, hätte das dortige Kinderbetreuungssystem für die BRD Pate stehen müssen. Auch über 20 Jahre später hat sich daran substanziell wenig geändert: Die Betreuungsquote der unter 3-Jährigen liegt in den östlichen Bundesländern fast bis zu sechs Mal höher, wenn man den Spitzenreiter Sachsen-Anhalt (52,7 Prozent) mit dem Schlusslicht Niedersachsen (9,2 Prozent) vergleicht.

Für meine Pionierzeit jedenfalls hatte ich mir – trotz dieser Begegnung mit der Kollegin aus Ostberlin – nicht vorgenommen, zur lautstarken Vorkämpferin von »Kinder und Karriere« zu werden. Kinder sah ich als privates Glück, für das ich im Arbeitsleben keine große Unterstützung erwarten konnte. Akzeptanz und Respekt vor der Doppelrolle ja, Rücksichtnahme nein, da ich mir den Wunsch nach Kindern und Karriere ja selbst eingebrockt hatte. Eher ging es darum, allen zu beweisen, dass dies auch ohne Zugeständnisse möglich war. Perfekt als Mutter, Ehe-

und Hausfrau, hoch gewertschätzt am Arbeitsplatz, engagiert im Privatleben – willkommen als Hamster im Laufrad.

Wer Spaß an Bewegung hat und über eine gute Kondition verfügt, wird einem Laufrad ganz viel abgewinnen können. Wer genau weiß, dass seine Grenzen schneller erreicht sind, sollte ehrlich dazu stehen. Berufstätige Mutter zu sein und Karriere zu machen ist keine emanzipatorische Pflichtveranstaltung. Jeder Frau steht in unserer Gesellschaft frei, ihr individuelles Lebensmodell zu verwirklichen – wirtschaftliche Machbarkeit einmal vorausgesetzt. Nach wie vor gibt es einen hohen Anteil an Müttern, die sich bewusst für längere berufliche Ausstiegszeiten, dauerhafte Teilzeitarbeit oder eben auch ganz gegen eine Erwerbstätigkeit entscheiden. Dies weiterhin zu ermöglichen und zu respektieren ist ebenso wichtig wie die Schaffung geeigneter Rahmenbedingungen für die Verbindung von Familie und Beruf.

Mehr als jede zweite Mutter mit einem Kind unter drei Jahren ist in Deutschland erwerbstätig. Im EU-Vergleich bedeutet dies zwar immerhin einen Mittelplatz, lässt aber mit 58 Prozent dennoch viel Raum bis zu den Spitzenreitern Slowenien und Dänemark mit über 80 Prozent. Platz 2 nach den Niederlanden hält Deutschland allerdings bei der Teilzeit: Fast 70 Prozent der Mütter mit minderjährigen Kinder arbeiten mit reduzierter Stundenzahl. »Eine hohe Erwerbstätigenquote von Vätern und Müttern allein ist kein ausreichendes Indiz für die Familienfreundlichkeit der Arbeitswelt. Um beurteilen zu können, wie umfassend Eltern ins Berufsleben integriert sind, muss u. a. auch der Umfang ihrer Arbeitszeit berücksichtigt werden. … Reduzierte Arbeitszeit bedeutet auch, auf Teile des Lohns und der Rentenbeiträge zu verzichten …«[152] Das Unklügste, was seit Jahren in der öffentlichen Diskussion von Frauen über Frauen passiert, ist die Verabsolutierung des eigenen Entwurfs. Damit schaden wir nur der eigenen Innung und machen uns zum Gespött der TV-Talkrunden. Männer entzweien sich schließlich auch nicht über die Frage, welcher Familienstand und welche Kinderzahl für sie am besten sind.

Wer wie ich in einem Familienbetrieb groß geworden ist, hat von Kindesbeinen an gelernt, dass Familie und Beruf vereinbar sind, auch vereinbar sein müssen. Auch den Preis, den gerade die (mit-)selbstständigen Frauen dafür auch heute noch zu entrichten haben, erkennen die Kinder schnell. Und dennoch: Einige Freundinnen sind ebenfalls in »Betrieben mit angeschlossener Familie« groß geworden und hätten sich nie für ein anderes Modell als das ihrer Mütter entschieden. Kritisch diskutiert haben wir eher die grundsätzlichen Vor- und Nachteile einer Selbstständigkeit als die Berufstätigkeit unserer Mütter. In der Babyboomer-Generation, der wir angehören, stellten wir damit eine Minderheit dar. Sprache ist immer verräterisch und verrät auch heute noch den gesellschaftlichen Zustand der Sechziger- und Siebzigerjahre: Die Emanzipationsbewegung war mehr politische Debatte als bundesrepublikanische Alltäglichkeit. Wenn überhaupt, arbeiteten kinderlose Ehefrauen und Mütter auf geringer Stundenbasis »mit«, um zusätzlichen Lebensstandard zu finanzieren. »Mit«zuarbeiten, um eigene berufliche Ziele zu verfolgen, oder hierfür gar ganztags zu arbeiten, hatte Seltenheitswert. »Meine Frau muss nicht arbeiten« war das Statement der Männer, die ihre Ernährerrolle als Pflicht und Status zugleich empfanden.

Führung und Fürsorge
(Margret Dreyer)

Verändert berufliche Führung, die schlussendlich auf Ergebnisse gerichtet sein muss, mütterliche Fürsorge? Erziehen Karrierefrauen anders? Wahrscheinlich. Permanentes Zeitmanagement, physische und psychische Mehrfachbelastung, Leistungsdruck im Job und in der privaten Rolle als Vorzeigemutter kann man nicht wegdiskutieren. »Die Leichtigkeit des Seins« bleibt mehr als einmal auf der Strecke. Wer Karriere macht und parallel dazu eine Familie organisiert und »be-lebt«, muss Effizienz und Effektivität beweisen. Tag und Nacht. Muss verdichtet arbeiten, Prioritäten permanent ausbalancieren, private Katastrophen und berufliche »worst cases« bewältigen, Zeitbedarf kalkulieren, Zielkonflikte zwischen Beruf und Familie lösen, Vorurteilen im Beruf und im Privatleben das erfolgreiche eigene duale Prinzip entgegenstellen. Das ist die eine Seite der Medaille.

Die andere Seite besteht in der Balance zweier Lebenswelten, die sich gegenseitig befruchten. Kinder früh eigenverantwortlich zu erziehen, ihnen Beruf und Arbeitswelt konkret und sinnstiftend vermitteln zu können, prägt im Idealfall auch deren Lebensentwurf. Kinder berufstätiger Mütter werden auch schneller selbstständig. Eigenverantwortlichkeit und Selbstständigkeit von Kindern sind das Erziehungsziel schlechthin. »Zwei Dinge sollen Kinder von ihren Eltern bekommen: Wurzeln und Flügel«, sagt Goethe.

Wenn die Flügel von Kindern berufstätiger Mütter also sogar schneller wachsen, wie steht es um die Wurzeln? Um Geborgenheit, Vertrauen, Orientierung, Werte und Normen, die vermittelt werden? Für die man Familienzeit braucht, die nicht ständig von Projekten, Dienstreisen und Blackberries flankiert wird? Wie stellt man sicher, dass Effizienz und Effektivität nicht auch im privaten Umfeld zum wichtigsten Handlungsmaßstab werden? Schwierig und nicht immer zu schaffen. Berufliche Organisations- und Erfolgsfaktoren beeinflussen das Privatleben stärker, als dass familiäre Erfahrungen ins Berufsleben Einzug halten. Managementqualitäten sind schließlich auch für die Führung eines »kleinen Familienbetriebs« von großem Vorteil. Die besondere Beliebtheit beruflich erfolgreicher Mütter für Ehrenämter in Kindergärten, Schulen und Sportvereinen lässt sich ebenfalls über die Business Skills erklären: Wer sein Leben so meistert, bringt auch für Nebenjobs dieser Art beste Voraussetzungen mit. Die notwendige Fähigkeit zu effizienter Arbeit macht ihre Mitarbeit in solchen Ämtern attraktiv. Wer das erste Mal ein Ergebnisprotokoll statt des üblichen Verlaufsprotokolls eines Klassenelternabends gelesen hat, wird dies nachvollziehen können. Motivation haben Karrieremütter in diesem Fall ohnehin reichlich: Das Wissen darum, seiner Mutterrolle nicht immer perfekt nachkommen zu können, führt geradewegs in diese Zusatzfunktionen hinein, denn sie dienen der Kompensation des schlechten Gewissens, bringen nebenbei einen Informationsvorsprung mit sich und ermöglichen subtiles Lobbying für die eigenen Kinder.

Zurück zu den Wurzeln. Die wachsen, solange das generelle Klima, die Bodenbeschaffenheit, Düngung und Bewässerung stimmen. Ob Flach- oder Tiefwurzler, ist nicht immer zu steuern. Schließlich ist eine Karrieremutter nicht allein bestimmend für alle Wachstumsbedingungen und den Wachstumserfolg ... genauso wenig wie eine nicht berufstätige Mutter. Die Mär von den »Schlüsselkindern« existiert leider immer noch: sich selbst überlassene Kinder, die schulische Schwierigkeiten, psychische Probleme und damit schlechte Sozialprognosen haben. Blanker Unsinn: Die Zukunftschancen von Kindern hängen eng mit sozialer Schichtung und Bildungsbeteiligung zusammen – dass die Berufstätigkeit von Müttern und geregelte Fremdbetreuung einen Risikofaktor darstellen könnten, ist durch nichts zu beweisen.

Auch hier ein Appell gegen das schlechte Gewissen: Wenn Kinder mal aus der Spur laufen, handelt es sich grundsätzlich eher um altersgerechtes Verhalten als um eine Reaktion auf mütterliche Abwesenheit.

Der Fortschritt ist eine Schnecke

Die Diskussion um Familie und Karriere hat in den letzten Jahren dazu geführt, dass die organisatorischen und wirtschaftlichen Bedingungen für Familien tendenziell verbessert wurden. Zunächst für die Frauen in eher traditioneller Rollenzuweisung als Haupterziehende, später dann »gender-gerecht«: Elternzeit als häusliche Schnupperphase für Väter, die von jungen Vätern heute durchaus genutzt wird. Vorherrschend ist aber auch in der heutigen Generation eine an traditionellen Formen ausgerichtete Haltung, wenn es um die Verbindung von Familie und Beruf geht: Bei 50 Prozent der befragten männlichen Hochschulabgänger kümmert sich die Partnerin ums Kind und nur 4 Prozent sehen die Möglichkeit für eigene Teilzeitarbeit. Für Frauen gilt das genau umgekehrte, also bekannte Bild.[153] Familienpolitische Anreize haben im kurzfristigen Ergebnis aber weder dazu geführt, dass sich die Karrierechancen für Frauen verbessert hätten, noch haben sie die Geburtenrate erhöht. Trotzdem verändern sie die Wahrnehmung in den Unternehmen: Während Führungskräfte früher bei der Information über eine Schwangerschaft ausschließlich darüber nachdachten, ob und wann die werdende Mutter mit welcher Arbeitszeit zurückkommt und welche Konsequenzen dies für die Personalplanung hat, setzt das

Nachdenken heute sehr schnell auch bei werdenden Vätern ein: Wann und wie lange bleibt er weg? Wie bereits erwähnt, bleibt »er« eher für eine häusliche Schnupperphase zu Hause. Trotzdem ist auch dies ein wichtiger Schritt, die einseitige Kopplung von Kindern und Karriere an weibliche Berufsbiografien zu überwinden. Wenn man sich nicht mehr sicher sein kann, ob Vater und/oder Mutter (phasenweise) stärker familiäre Verantwortung übernehmen, werden weibliche High Potentials hoffentlich vorurteilsfreier gesehen werden.

In meiner Rolle als Vorgesetzte habe ich von Anfang an versucht, Mitarbeiterinnen (heute zunehmend auch Mitarbeitern) die Verbindung von Beruf und Familie zu ermöglichen bzw. zu erleichtern. Unterschiedliche Arbeitszeitmodelle, Karriereplanung oder Flexibilität bei Krankheiten der Kinder gehören zur Tagesordnung. Im Ergebnis stimmen dabei Arbeitsleistung, Motivation und Team-Spirit, gerade auch dort, wo es um gegenseitige Unterstützung bei familienbedingten Ausfallzeiten geht. Stimmig ist aber auch die Selbstverständlichkeit, mit der über Kinder bzw. Kinderwünsche gesprochen wird. Diese Entwicklungen sehe ich als echten Wandel der letzten Jahre: Familien(planungs)-themen selbstverständlich und ohne Angst um Arbeitsplatz oder Karriereerwartungen besprechen zu können. Dies gelingt vor allem dann, wenn Vorbilder bereitstehen. Mehr als alle folkloristischen Emanzipationsdarbietungen hilft konkrete Orientierung im Alltag. Auch heute noch ist es ein himmelweiter Unterschied, ob man eine Chefin als Vorbild hat oder einen Chef, der – wenn auch gut gemeint – häufig wie der Blinde von der Farbe spricht.

Um an dieser Stelle dennoch eine Lanze für die Männer zu brechen: Wer als Mutter Karriere machen will, hat idealerweise einen Partner, der seine Vaterpflichten ernst nimmt und bereit ist, dies auch in seinem Beruf zu leben. Hut ab vor den Männern, die heute ihre Karriere und Kinder so verbinden, wie dies eher bei Frauen der Fall ist, also auch über berufliche Unterbrechungen, Teil- und Heimarbeitsmodelle und die Thematisierung ihrer Vaterrolle in ihren Unternehmen. Wir Frauen sind damit groß geworden, Rollen aufzubrechen. Für Männer ist das eine ganz neue Erfahrung.

Frauen sind nicht ehrgeizig im Beruf, um der Gesellschaft die Vollendung der Emanzipationsbewegung zu demonstrieren. Ihre Motivation hängt mit Sinnstiftung ebenso zusammen wie mit dem Ziel, finanziell unabhängig zu sein bzw. für ihre Familie wirtschaftlich aufkommen zu können. Eigentlich müsste dies allein schon alle Männer auch von ihrer Betreuungsverantwortung überzeugen. Mag es bis in die Siebzigerjahre hinein noch Status gewesen sein, Haushaltsvorstand und wichtigster bzw. einziger Familienernährer zu sein, liegt darin aus heutiger Sicht auch eine klare Bürde: Die finanzielle Familienversorgung nur einem oder auch einer zur Aufgabe zu machen, ist in Zeiten beruflicher Volatilität, zunehmender Scheidungsraten und gekappter sozialer Sicherungssysteme fahrlässig und überfordernd.

Keine Quote, sondern Qualität

Wenn wir über Kinder und Karriere sprechen, sprechen wir von Frauen (und Männern), die sich insgesamt durch die Fähigkeiten auszeichnen, die in unserer modernen leistungsorientierten Gesellschaft erwartet, gefördert und honoriert werden.

Für diese Gruppe wird erhöhtes Elterngeld nicht Ausschlag gebend für die gewünschte Kinderzahl sein. Möglicherweise auch nicht, wann welcher Anspruch auf Kita-Plätze erfüllt werden kann. Bestimmte finanzielle Möglichkeiten vorausgesetzt, sind Kinderfrau-Modelle oder Au-pair-Betreuung da ohnehin die flexibleren (oder zusätzlich notwendigen) Formen, den Arbeitsalltag bewältigen zu können. Wenn also finanzielle Anreize und öffentliche Betreuungsangebote für karriereorientierte Frauen nur »nice to have«, aber nicht »need to have« sind, was kann dann dazu beitragen, sich für beides zu entscheiden?

Es ist müßig, der von vielen Seiten geforderten Vereinbarkeit von Familie und Beruf einen weiteren Appell hinterher zu schicken. Fraglos hat Deutschland immer noch einen extrem hohen Nachholbedarf an Kinderbetreuungseinrichtungen wie auch an unternehmensspezifischen Angeboten, Karrieren nicht an Kindern scheitern zu lassen. Parallel kommt schon heute ein zusätzliches und ähnlich gelagertes

Thema in Sicht: Vereinbarkeit von Familie und Beruf heißt bei Überalterung der Gesellschaft mittlerweile auch »Wohin mit den Eltern?«

Frau von der Leyen sorgt sich in ihrer Funktion als Arbeitsministerin um das brachliegende Potential qualifizierter Erwerbstätiger, die angesichts der demografischen Entwicklung dringend auf dem Arbeitsmarkt benötigt werden. Und denkt auch deshalb laut über Frauenquoten nach. Quoten, die eine quantitative Mindestanforderung von Frauen in Führungspositionen festlegen, waren Anfang 2011 das beherrschende Thema. Bis dann ausgerechnet eine Bundeskanzlerin diese Diskussion für beendet erklärte. Gemutmaßt wurde, dass »die Wirtschaft« hier ihren Einfluss geltend gemacht habe.

Führungskräfte sind von Quoten nicht überzeugt, männliche Chefs erwartungsgemäß deutlich weniger als weibliche.[154] Die Mehrheit glaubt hingegen an moderne, unternehmensindividuelle Formen des Personalmanagements. Forciert eingeführt haben sie bis heute nur wenige Unternehmen – es fehlt wohl schlicht der Handlungsdruck.[155]

Bis heute habe ich zum Quotenansatz, der ja nicht neu ist, ein Zitat von Hanna-Renate Laurien aus ihrer Zeit als Berliner Schul- und Jugendsenatorin im Kopf: »Frauen sind keine Quote, Frauen sind Qualität.« Stimmt. Nützt nur wenig, wenn Qualität nur eines von vielen Auswahlkriterien für berufliche Aufstiege in männerdominierten Berufswelten ist. Im besten Fall würde man Unternehmen per Quote ja sogar förmlich zu ihrem Glück zwingen, ihr Überleben halbwegs rechtzeitig vor der Überalterung der Gesellschaft durch qualifizierte Frauen abzusichern.

Mein BWL-Examen habe ich 1987 an der Universität Münster gemacht. Zu der Zeit waren Betriebs- und Volkswirtschaftslehre noch männlich dominierte Studiengänge, gleichwohl hatten sich die Frauen schon auf eine Quote von geschätzten 30 Prozent vorgearbeitet. Uns Diplomandinnen bot man in diesen Jahren an, sich alternativ zum traditionellen Titel »Diplom-Kaufmann« die »Diplom-Kauffrau« verleihen zu lassen. Viele meiner Kommilitoninnen entschieden wie ich auch: Wir hatten einen männlich dominierten Studiengang erfolgreich absolviert und wollten nun auch den Originaltitel verliehen bekommen.

Mit einem Gefühl verbunden, das schon damals »Yes we can« hätte heißen können – gepaart mit der Überzeugung, die Karriere sei nun ausschließlich eine Leistungs- und keine Geschlechtsfrage. 24 Jahre später ist diese Naivität einer realistischen Einschätzung und einer Befürwortung der Frauenquote gewichen, die wir damals bei Berufseintritt als Missachtung unseres Studienerfolgs gewertet hätten.

Die Quote kommt vermutlich auf Samtpfoten. Sie kommt nicht, weil wir in der Zeit der Emanzipationsbewegung 3.0 leben, sondern weil letztlich die ökonomischen Rahmenbedingungen sie erforderlich machen. Also Trümmerfrauen 3.0? Die Trümmerfrauen der Nachkriegszeit hierfür als Parallele zu sehen, wäre vermessen angesichts der Leistungen, Qualen und Entbehrungen dieser Frauen. Dennoch hatten damals neben persönlichen existenziellen Gründen auch kollektive wirtschaftliche Aspekte und eben der Mangel an Arbeitskräften einen großen Einfluss darauf, dass man Frauen andere Aufgaben und Rollen zutraute.

Die Vogel-Strauß-Haltung, die trotz der Herausforderungen des demografischen Wandels immer noch vorherrscht, kann sich unsere Gesellschaft nicht mehr lange leisten. Also auch nicht den Luxus, Frauen perfekt auszubilden, ohne ihr Potenzial vollständig zu nutzen. Optimale Perspektiven also für die jungen Frauen, die allein schon aufgrund ihres hohen Ausbildungsstands und ihres Selbstvertrauens genügend Rüstzeug für die oberen Plätze in der Nahrungskette der Unternehmen mitbringen. Mit Quoten als Karriere-Booster könnten sie die erste Generation von Frauen sein, deren Aufstieg wirklich planbar wäre. Und deren Karrieren von ihrer Qualität bestimmt würden, nicht von der Kinderfrage, wenn sie beides wirklich wollen. Also doch keine Quote? Nicht auf Dauer, weil sie auf Dauer nicht nötig sein wird. Aber als Katalysator schon. Um dem Verständnis von Wirtschaft und Gesellschaft auf die Sprünge zu helfen, dass Karriere weiblich ist. Wie Führung. Und Fürsorge.

Informations- und Kommunikationsmanagement

In der fortschreitend globalisierten Welt ist insbesondere die Fähigkeit gefragt, komplexe Situationen schnell zu erfassen und Informationsströme zu managen. Dabei wurde – im Zuge der Entwicklung zur Dienstleistungsgesellschaft – das Wissen der Mitarbeiter zum wichtigsten Kapital. Unternehmen mit Frauen in Führungspositionen sorgen verstärkt für einen Wissenstransfer.

Der Erfolg einer Führungskraft ist wesentlich von den Informationen abhängig, die ihr zur Unternehmensführung zur Verfügung stehen. Nur wenn alle Informationen vorliegen, kann ein Manager fundierte Entscheidungen treffen und das Unternehmen führen. Peter F. Drucker beschreibt vier wesentliche Informationsinstrumente, die dem Management über die laufende Unternehmensentwicklung zur Verfügung stehen sollten:

1. Grundlageninformation
2. Produktivitätsinformation
3. Kompetenzinformation
4. Information über die Zuteilung knapper Ressourcen.[156]

Ein gutes Informationssystem enthält jedoch, neben den oben angeführten Informationen über die laufende Unternehmensentwicklung, auch wesentliche Informationen über die Umwelt (Märkte, Kunden, Zielgruppen, Technologien, wirtschaftliche Entwicklungen). Allerdings genügt es keinesfalls, Informationen als Daten bereitzustellen; sie müssen vielmehr mit der Unternehmensstrategie verknüpft und entsprechend ausgewertet werden, um die Strategie jederzeit auf den Prüfstand stellen und die gegenwärtige Perspektive kritisch hinterfragen zu können.[157]

Welche Macht Informationen ausüben, ist unumstritten. Informationen sind schon lange keine einfache Datensammlung mehr, sie sind ein Instrumentarium zur gegenwärtigen Diagnose der Unternehmenstätigkeit sowie die Grundlage für Entscheidungen über zukünftige Unternehmensstrategien und -ausrichtungen. Die Bedeutung von Informationen ist stetig gestiegen, was dazu führt, dass dem Schlagwort »Wissen ist Macht« in der heutigen Welt eine noch höhere Bedeutung zukommt.

Kommunikation, die Weitergabe von Informationen, ist Psychologie, denn unterschiedliche Kommunikationsstile können unterschiedliches Verhalten auslösen. Der Psychologe und Kommunikationswissenschaftler Friedemann Schulz von Thun unterscheidet acht Kommunikations- und Interaktionsstile, in denen Menschen sich präsentieren und ihre Kommunikation gestalten:

1. den bedürftig-abhängigen Stil
2. den helfenden Stil
3. den selbstlosen Stil
4. den aggressiv-entwertenden Stil
5. den sich beweisenden Stil
6. den bestimmend-kontrollierenden Stil
7. den sich distanzierenden Stil
8. den mitteilungsfreudig-dramatisierenden Stil.[158]

Alle acht Kommunikationsstile begegnen uns im Unternehmensalltag täglich. Forschungen in den USA, England und Deutschland haben gezeigt, dass Frauen und Männer tendenziell einen anderen Sprachgebrauch haben. Eine der wesentlichen Erkenntnisse ist, dass Frauen sich den sozialen Normen und Erwartungen ihrer Umwelt mehr anpassen. Sie sprechen oft leiser und haben spezielle »weibliche« Intonationskurven. Frauen drücken sich häufig gewählter aus, vermeiden Kraftausdrücke oder schwächen diese ab. Der Satzbau von Frauen ist eher verbalorientiert, sie neigen zu kürzeren Sätzen und zeigen Charakteristika der gesprochenen Sprache in ihren Texten. Dass Frauen »geschwätzig« sind, stimmt im Übrigen nicht. Sprachwissenschaftliche Messungen haben dieses gängige Vorurteil widerlegt. Bei Interaktionen zwischen den beiden Geschlechtern haben Frauen meist weniger lang gesprochen als ihre männlichen Gesprächspartner.

Männer neigen zu verallgemeinernden Aussagen, während die Tendenz zu »Ich-Aussagen« bei Frauen größer ist. Frauen verwenden häufig »rückversichernde« Sprachmittel, sogenannte »tag-questions« (z. B. »Nicht wahr?«) Diese Signale können als Orientierung an den jeweiligen Interaktionspartner und als Orientierung an einem auf Konsens ausgerichteten Interaktionsverhalten interpretiert werden.

Auch wenn die Ergebnisse der Forschungen zwischen einem weiblichen und männlichen Sprachgebrauchsstil unterscheiden, ist es gefährlich, vom weiblichen und männlichen Stil zu sprechen, da damit die traditionellen Rollenstereotypen gefestigt werden.

Prinzipiell kann jedoch gesagt werden, dass Frauen eine kooperative kommunikative Orientierung haben, Themenbearbeitung gemeinsam vorantreiben und fremde Gesprächsbeiträge berücksichtigen und unterstützen. Bei Männern hingegen überwiegt die Wissensdarstellung.

Frauen sehen sich in einem Beziehungsmuster eingebettet, dass auf Ebenbürtigkeit und horizontaler Vernetztheit beruht, während bei den Männern die hierarchisierende Dimension von oben und unten dominiert[159]. Männer streben nach Unabhängigkeit. In gemischten Management-Teams müssen Frauen und Männer Strategien finden, die zur Veränderung der Geschlechterrollen und Stereotypen beitragen, denn nur dann können sie gleichberechtigt und herrschaftsfrei miteinander interagieren. Der sogenannte »männliche«, d. h. wettbewerbs- und sachorientierte und weniger interaktive Kommunikationsstil darf nicht als Norm gesetzt werden, nach dem Frauen sich zu richten haben, und auch der »weibliche« Stil, der als kooperativ, beziehungsorientiert und integrativ zu bezeichnen ist, sollte nicht zur neuen Norm für Männer erhoben werden. Beide Stile sollten in der Kommunikation möglichst verbunden auftreten.[160]

Informationsmanagement

Die Grenzen zwischen Informations-, Kommunikations- und Wissensmanagement sind nicht immer eindeutig. Im Unterschied zum Wissensmanagement befasst sich Informationsmanagement nicht mit individuellem und organisationalem Lernen. In der Betriebswirtschaft wird strategisches Informationsmanagement als Planen, Gestalten, Überwachen und Steuern von Informationen und Kommunikation zur Erreichung der Unternehmensziele bezeichnet. Alle Informationen, die zur Erreichung der Unternehmensziele erforderlich sind, müssen identifiziert und detailliert erfasst werden. Da der Wert von Informationen über Wettbewerbsvorteile entscheidet, sollte die individuelle Informationspolitik eines Unternehmens in einer Richtlinie schriftlich festgelegt sein. Damit wird auch sichergestellt, dass Informationen – in technischer und rechtlicher Hinsicht – verfügbar gemacht werden und Machtausübung durch das Zurückhalten von Informationen verringert wird.

Die von den Sozialpsychologen French und Raven definierten Dimensionen von Macht umfassen u. a. Macht durch Information und Macht durch Wissen. Werden Informationen und Wissen bewusst zurückgehalten, um Macht auszuspielen, stellt dies eine große Gefahr für das Unternehmen dar. Machtkämpfe verschwenden nicht nur Ressourcen und zerstören Kulturen, sie gefährden im Falle von bewusster Informations- und Wissenszurückhaltung Wettbewerbsvorteile und wirtschaftlichen Erfolg. Sie können ein Unternehmen vernichten und Arbeitsplätze zerstören. Da der Umgang mit Macht geschlechtsspezifisch ist und sich Frauen in der Regel an den Strukturen der Organisation orientieren, sorgen gemischte Management-Teams für einen stetigen Informations- und Wissenstransfer. Wissen und Fähigkeiten stehen im Vordergrund und es wird verhindert, dass sich Seilschaften bilden. Frauen sorgen für eine Kultur des Informationsaustauschs und der Kommunikation.

Informationspolitik ist umso bedeutender, je größer die Veränderungen in einem Unternehmen sind. Veränderungen, die plötzlich und unerwartet eintreten, lösen Konflikte aus, die sich negativ auf den gewünschten Veränderungszustand auswirken. Veränderungen müssen deshalb rechtzeitig bekannt gemacht und die Notwendigkeit und Zweckmäßigkeit der Maßnahmen aufgezeigt werden. Egal in welche Richtung die Veränderung führt: Es muss ein Statement abgegeben und erklärt werden, warum diese Veränderung erforderlich ist und welches Ergebnis damit angestrebt wird. Denn Veränderungen, die willkürlich erscheinen, werden abgelehnt. Schwierige Themen müssen klar und deutlich, ohne Verschleierungstaktik angesprochen werden. Die betroffenen Personen müssen die Ziele, Intentionen und die innere Logik des Vorhabens verstehen, damit sie sich darauf einlassen können. Das Management agiert als Vorbild und wird bei falscher Informationspolitik die Vertrauens- und Glaubwürdigkeit verspielen, was den Wert eines Unternehmens nach innen und außen nachhaltig schädigen kann. Abbildung 18 zeigt die wirkungsvolle Informations- und Kommunikationspolitik bei Veränderungsmaßnahmen. So wird auch bei Restrukturierungen und strategischen Neuausrichtungen – trotz harter Einschnitte – erreicht, dass die Anspruchsgruppen hinter Entscheidungen stehen und motiviert an den erforderlichen Maßnahmen arbeiten, um die gesetzten Ziele zu erreichen. Das Wesen von Führung liegt in der Fähigkeit, schlechte Nachrichten und schwierige Veränderungen so zu vermitteln, dass die Botschaft akzeptiert wird und die erforderlichen Maßnahmen zur Umsetzung eingeleitet werden.

Glaubwürdigkeit schafft Akzeptanz, und Glaubwürdigkeit wird nicht allein durch fachliches Know-how erreicht, sondern vor allem durch persönliche Anerkennung und Überzeugungskraft. Eine transparente und offene Kommunikation schafft ein gemeinsames Verständnis für die Notwendigkeit von Veränderungen, auch wenn Restrukturierungs- und Sanierungsmaßnahmen durch Kostensenkungen und Personalentlassungen harte Einschnitte mit sich bringen. Loyalität, Kulturnähe und eine stabile Mitarbeiter- und Kundenbeziehung können nur durch eine transparente und offene Kommunikation erreicht werden.

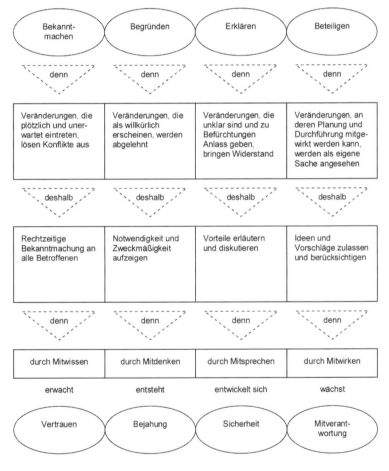

Abbildung 18: Information und Kommunikation bei Veränderungsmaßnahmen

Effizientes Informationsmanagement ist ohne Informationstechnologie (IT) nicht mehr vorstellbar. Viele Geschäftsprozesse sind ohne IT nicht mehr durchführbar, die meisten werden komplett durch IT abgewickelt. Ein integriertes Informationsmanagement sorgt für die Vernetzung der Informationen innerhalb der Systeme. Da die etablierten Konzepte und Methoden des Informationsmanagements nur noch bedingt zur Lösung der sich ständig wandelnden Umfeldbedingungen geeignet sind, stehen Unternehmen vor der großen Herausforderung, ihre Informationsmanagement-Konzepte zu überdenken und neu zu gestalten. In diese Neugestaltung sollten vor allem die weiblichen Führungskräfte einbezogen werden, denn sie sind die tragenden Säulen für einen kontinuierlichen Informations- und Wissenstransfer.

Wissensmanagement

Für die wirtschaftliche Entwicklung wird in den nächsten Jahrzehnten die zunehmende Unterbevölkerung in den entwickelten Ländern ausschlaggebend sein. Die Abnahme der Bevölkerung und damit der Rückgang der Erwerbstätigen stellt eine unumstößliche Tatsache dar, die die Wirtschaft vor neue, radikale Herausforderungen stellt. Wirtschaftliches Wachstum kann nicht durch einen Anstieg der Nachfrage und eine höhere Beschäftigung erreicht werden. Vielmehr wird die Ressource Wissen in den nächsten Jahrzehnten an Bedeutung für das wirtschaftliche Wachstum gewinnen. In einer Veröffentlichung von Peter F. Drucker in der Harvard Business School wurde bereits 1997 darauf hingewiesen: »Künftig wird der Schwerpunkt der Managementtätigkeit darin liegen, neue Konzepte, Methoden und Praktiken zu entwickeln, um die Wissensressourcen einer Gesellschaft nutzbar zu machen.«[161] Trotzdem bestätigen Untersuchungen mehrheitlich, dass Unternehmen »nicht wissen, was sie wissen.« Das Wissen über Produkte, Verfahren, Kunden, Märkte und Wettbewerber ist oft über verschiedene Abteilungen eines Unternehmens verstreut. Die zentralen Wissensbereiche eines Unternehmens lassen sich wie folgt zusammenfassen:

- Wissen über Produkte
- Wissen über Kunden
- Wissen über Märkte und Wettbewerb
- Fach- und Methodenwissen
- Organisationales Wissen über Prozesse, Strukturen, Strategien und Kulturen
- Wissen über Kooperationspartner
- Wissen über Normen, Gesetze, Patente.

Die Art und Weise, wie Unternehmen ihr Wissen managen, wird immer mehr zu einem wichtigen Faktor im Wettbewerb. Wissen unterscheidet sich von anderen wertschöpfenden Ressourcen dadurch, dass es schnell veraltet und ständig erneuert werden muss. Für Unternehmen der Zukunft sind aktuelle, externe Informationen über Markt, Wettbewerber, potenzielle Neukunden besonders wertvoll. Durch die ausgereiften Informationssysteme können unternehmensinterne Vorgänge inzwischen in rasanter Geschwindigkeit abgerufen werden. Die Herausforderung der Zukunft wird es sein, externe Informationen, die einen Wissensvorsprung ermöglichen, zu sammeln, zu analysieren und zu bewerten.

Wissen hat keinen Wert an sich, der Wert von Wissen liegt in seiner Funktion. Das Wissen, das wir täglich anwenden, unterteilt sich in stilles und explizites Wissen. Für Unternehmen ist es besonders wichtig, stilles Wissen zu erfassen, denn dieses ist nur in den Köpfen der Menschen vorhanden. Es ist ein individuelles Wissen, das verloren geht, wenn der Mitarbeiter das Unternehmen verlässt. Es macht den größten Anteil des Wissens eines jeden Menschen aus und beruht hauptsächlich auf Erfahrungen. Explizites Wissen entsteht aus dem stillen Wissen, indem dieses in Protokollen, Berichten, Handbüchern oder Wissensdatenbanken gespeichert wird.

Wissensmanagement verschafft einen Vorteil gegenüber dem Wettbewerber, wenn die erworbenen Erkenntnisse besser und schneller umgesetzt werden. Das gelingt am besten, wenn das vorhandene Wissen vernetzt wird. Effizientes Wissensmanagement basiert auf einer Strategie und auf zwei Erkenntnissen: an welchen Stellen im Unternehmen Wissen generiert wird und dass das Wissen des Unternehmens gezielt erweitert und ausgetauscht werden muss.

Die folgende Grafik zeigt in Anlehnung an das Referenzmodell des Fraunhofer Instituts für Produktionsanlagen und Konstruktionstechnik (IPK) die drei Ebenen des Wissensmanagements. Entlang der Wertschöpfungskette wird Wissen erzeugt, gespeichert, verteilt und angewendet. Dieser Wissensmanagement-Kreislauf findet seine Verankerung in den sechs Gestaltungsfeldern eines Unternehmens: Organisation, Informationstechnologie, Führungssysteme, Unternehmenskultur, Personal, Controlling.

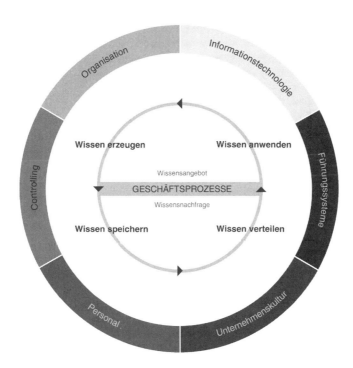

Abbildung 19: Referenzmodell Wissensmanagement des Fraunhofer IPK[162]

Wissensmanagement ist schon lange keine vorübergehende Modeerscheinung mehr, sondern die Voraussetzung für nachhaltigen Unternehmenserfolg. Es verlangt nach einer klar definierten und stringenten Vorgehensweise. Unternehmen mit Frauen in Führungspositionen sorgen verstärkt für einen Wissenstransfer und damit für eine gesteigerte Wettbewerbsfähigkeit sowie profitables Wachstum. Wissensmanagement sorgt für eine Differenzierung vom Wettbewerb durch höheres Innovationsvermögen und eine nachhaltige Prozessverbesserung entlang der Wertschöpfungskette und durch Vernetzung mit externen Kooperationspartnern. Wissensbasierte Ökonomien fordern sogenannte »weibliche« Eigenschaften. Dadurch wird verhindert, dass Wissen aufgrund von Machtansprüchen anderen vorenthalten wird, um den eigenen Status im Unternehmen zu sichern.

Wirksame Kommunikation

Der Arbeitsalltag ist von Kommunikation geprägt. Täglich verbringen die meisten Menschen zwischen 50 und 80 Prozent ihres Arbeitstages mit der einen oder anderen Kommunikationsform, ob schriftlich, persönlich oder telefonisch. Das bestätigt Paul Watzlawick mit seiner Aussage: »Man kann nicht nicht kommunizieren.«[163] Durch die technische Verbindung der Kommunikationskanäle hat sich die Echtzeitkommunikation nachhaltig verbessert. Neue Entwicklungen haben Medien wie Telefon, Audio- und Videoübertragung und Instant Messaging miteinander verbunden. Kommunikation findet heute in Echtzeit über Web-Konferenzen, Blogs, Foren und Chats statt, der Anteil von E-Mail wird abnehmen. Der Einsatz modernster Technik in der Kommunikation sagt aber – bedauerlicherweise – nichts über die Qualität des Inhalts aus. Manager verstecken sich oft hinter oberflächlichen, bunten PowerPoint-Präsentationen, bei denen man sich oftmals die Frage stellt: »Where is the power and where is the point?«

Was und wie es gesagt wird, ist jedoch entscheidend für den Erfolg, denn Kommunikation heißt nicht nur, Informationen auszutauschen oder zu übermitteln, sondern auch, miteinander in Verbindung zu treten, sich zu verständigen, sich zu verstehen. Kommunikation hat nicht nur mit Inhalten, sondern auch mit Appellen und Beziehungen zu tun.

Die Wirkung der Kommunikation hängt von verschiedenen Faktoren ab, die in Abbildung 20 dargestellt sind.

Kommunikator

> Glaubwürdigkeit
  Status, Kompetenz, Auftreten

> Attraktivität, Sympathie
  Ähnlichkeit des Senders und Empfängers

> Interessengebundenheit

Botschaft

> Kognitive oder emotionale Appelle

> Anschaulichkeit

> Reihenfolge

Empfänger

> Einstellung
  affektiv[164] oder kognitiv[165]

> Beeinflussbarkeit
  Intelligenz, Selbstbild

> Informationsverarbeitung/ Selektion

Kontext/Kanal

> Umfeldbedingungen

> Ablenkung

> Auditiv/visuell

Abbildung 20: Einflussfaktoren auf die Wirkung der Kommunikation

Die Komplexität und Schwierigkeit der Kommunikation kommt durch die Beziehungsebene ins Spiel, denn jede Kommunikation hat einen Inhalts- und einen Beziehungsaspekt. Und weil die Beziehung den Inhalt bestimmt, ist eben Kommunikation keinesfalls reine »Informationsvermittlung«. Die Beziehung ist entweder gleichwertig (symmetrisch) oder ergänzend (komplementär); abhängig von der Beziehung zwischen den Gesprächspartnern beruht sie auf Gleichheit oder auf Unterschiedlichkeit. Mit allem, was wir sagen, wird deutlich, welche Beziehung zwischen den Gesprächspartnern besteht. Auch wenn nur über sachliche Inhalte gesprochen wird, wird die Beziehung durch die Kommunikation definiert. Durch Tonfall, Mimik und Gestik drücken wir unsere Einstellung zu anderen aus.

Friedemann Schulz von Thun hat das verbreitete Modell des Kommunikationsquadrats entwickelt, das auch als »Vier-Ohren-Modell« populär geworden ist. Diesem Modell zufolge enthält jede Kommunikation/Äußerung vier Botschaften – auch im beruflichen Umfeld.

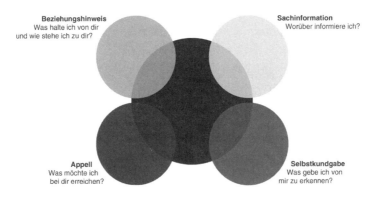

Abbildung 21: »Vier-Ohren-Modell« nach Friedemann Schulz von Thun

Viele Empfänger, vor allem Männer, stürzen sich auf die Sachauseinandersetzung. Das erweist sich dann als verhängnisvoll, wenn das eigentliche Problem nicht so sehr in einer sachlichen Differenz besteht, sondern auf der zwischenmenschlichen Ebene liegt.

Bei manchen Empfängern ist wiederum die Beziehungsebene so überempfindlich, dass beziehungsneutrale Nachrichten übergewichtet werden. Wer es beim Gegenüber mit einer überempfindlichen Beziehungsebene zu tun hat, ist im Vorteil, wenn er über ein gut entwickeltes Selbstoffenbarungs-Ohr verfügt.

Diejenigen, die auch unausgesprochene Erwartungen erfüllen möchten und den Anspruch haben, es allen recht zu machen, reagieren vor allem auf der Appell-Ebene. Sie sind dauernd auf dem Sprung.

Dieses »selektive Hören« führt meist zu Missverständnissen und Komplikationen, deshalb sollte sich vor allem das Top-Management seiner Kommunikation bewusst sein und anhand folgender Fragen und Kriterien darüber nachdenken:

- Wie kann ich Sachverhalte klar, präzise und verständlich mitteilen?
- Wie behandle ich meine Mitarbeiter durch die Art meiner Kommunikation? Je nachdem, wie ich mit ihnen spreche, bringe ich zum Ausdruck, was ich von ihnen halte; dementsprechend fühlt sich die Mitarbeiter akzeptiert und vollwertig behandelt oder aber herabgesetzt, bevormundet, nicht ernst genommen.
- Jeder gibt in der Kommunikation etwas von sich selbst preis: Seine Persönlichkeit kommt zum Vorschein. Jeder Empfänger kann bei sensiblem Hinhören die empfangene Nachricht richtig einordnen und interpretieren.
- Was möchte ich bei meinem Gesprächspartner erreichen? Was möchte ich bewirken?

Mit der Verbreitung moderner Kommunikationsmittel hat sich die Problematik der Kommunikation intensiviert. Kommunikation erfolgt ursprünglich nicht nur verbal, sondern auch nonverbal durch Gesten und Mimik. In der elektronischen Kommunikation gehen die nonverbalen Signale verloren, während die Argumente stärker in den Vordergrund treten. Es kommt zum einem Wettbewerb der »stärkeren Argumente«. »Elektronische« Sendungen sind daher weniger empfängerorientiert, sondern betonen den Standpunkt des Senders.

Wir agieren nicht nur in unserem Privatleben, sondern auch im beruflichen Umfeld beziehungsgeleitet, und wenden uns automatisch »sympathischen« Menschen zu und von »unsympathischen« ab. Der von Paul Watzlawick entwickelte Konstruktivismus zeigt auf, dass wir in einer konstruierten Wirklichkeit leben, die von unseren persönlichen Erfahrungen und Urteilen bestimmt ist und die wir für »wahr« halten. Diese subjektive Wirklichkeit bestimmt unser

Handeln[166]. Bisher war Kommunikation in Organisationen »Männersache«[167] weil kaum Frauen im Management von Unternehmen anzutreffen waren. Männer scheinen »häufiger das Ziel zu verfolgen, möglichst rasch zu Leistungsergebnissen zu gelangen und dabei Beziehungsstörungen in Kauf zu nehmen, während Frauen weniger bereit zu sein scheinen, gute Beziehungen dem Ergebnis zu opfern: Sie wollen gute Leistungen bei guten Beziehungen.«[168] Daraus kann die These abgeleitet werden, dass sich – in einem gemischten Management-Team – Frauen stärker um die Beziehungen kümmern, während die Männer das Aufgabenziel zu erreichen versuchen.

Konkrete Verhaltensweisen und Verhaltensunterschiede von Männern und Frauen in der Kommunikation hat Dion analysiert: [169]

› Männer arbeiten wettbewerbsorientiert, während Frauen zur kooperativen Arbeitsweise neigen.

› Männer pflegen einen betont sachlichen Kommunikationsstil, während Frauen sich mit emotionalen Aspekten auseinandersetzen.

› Männer neigen zu Mehrheitsentscheidungen, Frauen versuchen Konsensentscheidungen herbeizuführen.

› Männer führen eine offene Konfrontation im Sinne eines »Gewinn-Verlust-Kampfes«, während Frauen Kompromisse und konstruktive Lösungen suchen.

Fest steht: Wie gut ein Manager Informationen und Empfindungen einerseits aufnehmen und andererseits vermitteln kann, entscheidet wesentlich über den Erfolg seiner Kommunikation. Deshalb sollte jeder im Top-Management die fünf Grundregeln der Kommunikation beherrschen:

1. Alles ist Kommunikation!
   Kommunikation hat visuelle, vokale und verbale Bestandteile. 55 Prozent ihrer Wirkung werden durch die Körpersprache be-

stimmt. Tonfall, Sprechtempo und Lautstärke machen 38 Prozent aus. Nur 7 Prozent der Wirkung von Kommunikation hängen von den eigentlichen Wörtern ab, die benutzt werden.

2. Der Gesprächsbeginn bestimmt das Gesprächsergebnis.
   Untersuchungen belegen, dass der Gesprächspartner während einer Kommunikation in weniger als zwei Minuten entscheidet, ob er bereit ist, auf das Anliegen einzugehen; am Telefon sind es sogar nur 30 Sekunden.

3. Die Form ist oft wichtiger als der Inhalt.
   Das »Wie« ist meistens entscheidender als das »Was«.

4. Entscheidend ist nicht die gesendete, sondern die empfangene Botschaft.
   Als Sender trägt man die Verantwortung dafür, wie die Botschaft beim Empfänger ankommt.

5. Kommunikation ist keine Einbahnstrasse, sondern ein Prozess, der auf Wechselseitigkeit beruht. Der Standpunkt des Gesprächspartners kann entscheidend sein.

   Die Königsdisziplin der Kommunikation ist aktives Zuhören. Wenn aktives Zuhören richtig angewendet wird, öffnet sich der Gesprächspartner und gibt wichtige Informationen preis. Diese Disziplin beherrschen Frauen besonders gut, weil es dafür keiner Technik, sondern Einfühlungsvermögen bedarf.

Die Fähigkeit, im Leben verschiedene, wechselnde Rollen zu übernehmen und erfolgreich ausfüllen zu können, ist eine der wichtigsten Voraussetzungen für positive und erfolgreiche Kommunikation. Rollenflexibilität bedeutet aber nicht, seine Authentizität aufzugeben. Ob im beruflichen Kontext oder im privaten Bereich: Negative Verhaltensweisen in der Kommunikation können das Gespräch nachhaltig negativ beeinflussen und die Atmosphäre vergiften. Missverständnisse, Ärger, Frust und Demotivation sind die Folge der sieben kommunikativen Todsünden, die in Abbildung 22 dargestellt werden.

Informations- und Kommunikationsmanagement

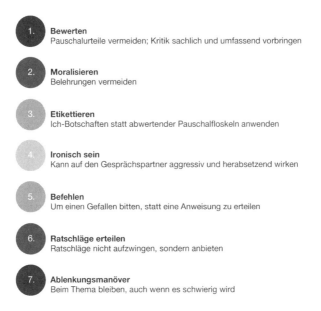

Abbildung 22: Die sieben kommunikativen Todsünden

Wir werden tagtäglich mit einer Fülle an Information und Kommunikation zugeschüttet. Durch den technischen Fortschritt leben wir mit einer großen Vielfalt, aber auch einem Überangebot an Kommunikationsmitteln. Zerstören die neuen Kommunikationstechnologien unsere Identität und unsere Beziehungen? Werden Manager durch sie schneller, produktiver und effizienter? Wer sich verständigen und verstanden werden will, muss nachdenken können und Kommunikationspausen einlegen. Wer ständige Erreichbarkeit und Kommunikation mit Anerkennung und Wertschätzung gleichsetzt, ist auf einem Irrweg, denn Kommunikation braucht Qualität.

Eigentlich sollten die modernen Kommunikationstechnologien unsere Arbeit erleichtern und effizienter gestalten. Viele Untersuchungen beweisen das Gegenteil, weil die Grenzen zwischen Arbeitszeit und Privatleben verwischen. Professor Miriam Meckel schreibt in ihrem wunderbaren Buch »Das Glück der Unerreichbarkeit«: »Kommunikationstechnologien sind digitale Zeitdiebe und Hausbesetzer, die unser Leben ungefragt erobert haben. Wir lieben und brauchen sie, aber wir müssen uns ihrer auch erwehren.«[170] Angesichts der Daten- und Informationsüberflutung, der wir tagtäglich ausgesetzt sind, wird es immer schwieriger, die wichtigen Informationen von den unwichtigen zu unterscheiden und Gestaltungsräume zu finden, die Reflektion, Konzentration und Kreativität ermöglichen.

Ein falscher Einsatz von Kommunikationsmitteln verschlingt Zeit und führt nicht zu effizienter Kommunikation. Jeder sollte sich die Frage nach der Effektivität seiner Kommunikation stellen und dabei Verantwortung für den Einsatz und die Nutzung der modernen Kommunikationstechnologien übernehmen. Sprachliches Verständnis wird durch Einfachheit, strukturiertes Vorgehen und Prägnanz erreicht. Oftmals ist weniger mehr.

Networking, Mentoring, Coaching

Frauen gehen davon aus, dass Leistung, Präsenz, Qualität und Fleiß sich durchsetzen und dass sie automatisch den nächsten Schritt machen, wenn sie sich nur anstrengen. Das ist ein Irrglaube, der in den Märchen vorkommt, aber nicht in der Realität des Managements. Auch Frauen brauchen Mentoren und Fürsprecher, tragfähige Netzwerke und externe Anerkennung. Besonders als Frau muss man deutlich sagen, was man sich als Nächstes vorstellt. Das tun Frauen bisher zu wenig. Sie sind der Meinung, dass man von selbst auf sie zukommt, wenn sie gut arbeiten und fleißig sind. Mit dieser Einstellung wird man die Stütze der Abteilung, die Stabsstelle im Management, aber nicht befördert. Befördert werden die anderen, die deutlich schlechtere Leistungen erbracht haben, sich aber zu behaupten und zu verkaufen wissen. Wenn Frauen es mit der Etablierung im Management ernst meinen, sollten sie sich untereinander fördern, denn laut einer IBM-Studie hängen bei der Auswahl von Führungskräften nur 10 Prozent von der erbrachten Leistung ab, 30 Prozent von Image und Selbstdarstellung und die restlichen 60 Prozent von Kontakten und Beziehungen.

Die besten Chancen auf Top-Management-Positionen haben diejenigen, die klar und strategisch denken und handeln. Seinen Job ordentlich zu machen, reicht nicht aus, um ganz nach oben zu kommen. Man braucht starke Unterstützer, die hinter einem stehen. Diesen Mentoren, die über das eigene Schicksal entscheiden, muss man klar machen, was sie davon haben, wenn sie einen unterstützen. Die zwei wichtigsten Fragen bei der Auswahl der Mentoren lauten: Wie stärke und entlaste ich die entscheidenden Menschen? Wie können diese Menschen von mir profitieren?

Die Mentoring- und Coaching-Programme werden leider bisher nur unzureichend an die Bedürfnisse von Frauen angepasst. Frauen, die es bisher ins Top-Management geschafft haben, haben es meist durch eigene Leistungen und Ziele erreicht, weil sie gekämpft und sich durchgesetzt haben, ohne sich versunsichern zu lassen. Große Unterstützung wurde nur wenigen dieser Frauen zuteil. Deshalb haben einige Organisationen und Unternehmen jetzt individuelle Mentoring-Programme für Frauen aufgelegt. Mit dem Münchner Cross-Mentoring-Programm sollen Frauen ermutigt werden, die gläserne Decke zu durchbrechen. Damit soll am Standort München die Anzahl von Frauen in Führungspositionen erhöht und die Wettbewerbsfähigkeit der Unternehmen gewährleistet werden. Frauen sollen durch Cross-Mentoring motiviert, qualifiziert und bestärkt werden, sich auf Top-Management-Positionen zu bewerben. Allianz, Deutsche Bank und Telekom waren Vorreiter des Münchner Cross-Mentoring-Programms. Sie haben ihren Mitarbeiterinnen in Führungspositionen bereits 2001 mit besagtem Programm entsprechende Unterstützung zuteil werden lassen.

Nutzen Sie Ihr Netzwerk als das, was es ist: ein System mit bestimmten Funktionen. Kooperation ist in unserer heutigen Geschäftswelt nicht mehr wegzudenken. Innovationen und Forschungserfolge wären ohne Kooperation ebenso wenig möglich wie die Nutzung unseres mobilen Telefons im Ausland. Die Informationstechnik ist weltweit vernetzt; durch die Kooperation mit Anbietern im Ausland werden Probleme gelöst, die ein Anbieter allein nicht beheben könnte.

Networking

»Es kommt nicht darauf an, was du weißt, sondern wen du kennst!« Wer hat diese Maxime nicht schon mal gehört? Aber handeln wir auch danach?

Die wirtschaftliche Elite basiert auf einer Kultur des persönlichen Networking. Die Zugehörigkeit zu diesen Netzwerken wird durch eingeschliffene Rituale zelebriert. Männer wollen keine Frauen in ihren »Boys Clubs«. Sie würden es als Irritation empfinden, wenn plötzlich Frauen dabei wären, würden sich in ihrer Ausdrucksweise gehemmt fühlen. Die Herren sind gern unter sich und einander genug. Die Businessfrauen wissen, dass sie auf dem Weg in die Chefetagen Verbündete brauchen – aber nicht irgendwelche. Es sind die Starken, die Etablierten, die einen weiterbringen. Und genau die tummeln sich in den »Old Boys Networks«. Die wichtigen Entscheidungen in den meisten Unternehmen werden informell getroffen, außerhalb des Arbeitsalltags und nicht am Schreibtisch. Die bedeutenden Netzwerke der deutschen Wirtschaftselite dienen nicht nur als Beziehungsnetzwerk, um untereinander und miteinander Geschäfte zu machen und sich über politische und wirtschaftliche Themen auszutauschen. Sie waren für viele dieser Herren der Karriereturbo.

Die Basis der Netzwerke sind gemeinsame Werte. Die Werte der Mitglieder müssen nicht vollständig übereinstimmen, aber ähnlich genug sein, um koexistieren zu können. Diese Altmänner-Seilschaften waren in der Vergangenheit uneinnehmbar wie Festungen und kaum eine Frau war in der Lage, sie zu erobern. Dabei gehört das Netzwerken im Top-Management zur Aufgabenbeschreibung.

Zu den bedeutenden Netzwerken der deutschen Wirtschaftselite gehört die »Atlantikbrücke«, die – gegründet 1952 – zu den ältesten und mit 500 Mitgliedern auch größten Netzwerken zählt. »The Family Business Network« sorgt für den internationalen Austausch von Familienunternehmen und »Die jungen CEOs« sind erst 2010 durch die Initiative von Kasper Rorsted (Henkel) und Klaus Behrenbeck (McKinsey) zusammengekommen.[171]

Mächtige Netzwerke von Frauen sind bisher kaum gewachsen. Meist fehlt die Einbindung eines Dachverbands der Wirtschaft. Das Netzwerk »Generation CEO« möchte weiblichen Führungskräften mit Coaching und Networking den Weg ins Top-Management erleichtern.[172] Hier treffen sich regelmäßig bestens ausgebildete Frauen mit exzellenter akademischer Ausbildung und Auslandserfahrung, die bereits in Führungspositionen für Budgets und Ergebnisse verantwortlich sind, um sich gegenseitig auszutauschen und zu fördern.

Dabei geht es nicht darum, eine Parallelwelt zu den Männer-Seilschaften aufzubauen. Männer nutzen immer noch mehr Privatkontakte für berufliche Zwecke, während Frauen oftmals Hemmungen haben, sich Positionen gegenseitig zuzuschieben. Frauen, die es ins Top-Management schaffen, haben ihre Hemmungen abgebaut und Durchsetzungsstärke bewiesen, die Festung der Männer-Seilschaften zu erobern. Nach einer Forsa-Umfrage sehen Frauen die Dominanz der männlichen Netzwerke mit 70 Prozent an der Spitze der Karriere-Hemmnisse im eigenen Unternehmen, gefolgt von der Ellenbogenmentalität der Männer mit 54 Prozent[173]. Der Aufbau eines Netzwerks wird diejenigen Frauen stärken, die sich auf dem Weg nach oben durchsetzen wollen. Dabei ist den Managerinnen klar, dass sie selektiv vorgehen müssen, denn es bringt gar nichts, nur Visitenkarten auszutauschen. Die Präsidentin des Netzwerks »Frauen in die Aufsichtsräte« (Fidar), Monika Schulz-Strelow, ist davon überzeugt, dass Frauen offener für das Networking sein müssen. Sie bemängelt, dass Frauen Networking immer noch mit einem »Charity-Ansatz« verbinden. Networking ist dann für die Karriere sinnvoll, wenn Wirtschafts- und Wissenschaftsthemen ausgetauscht werden, über Auswirkungen und Folgen der Krise diskutiert wird und politische Themen besprochen werden. Vor allem aber, wenn es für Beziehungen in der Wirtschaft förderlich ist. Diese Kontakte können im Top-Management überlebenswichtig sein.

Das Netzwerk »European Women's Management Development International Network« (EWMD) hat bereits früh erkannt, dass Frauen nur dann ins Top-Management einziehen werden, wenn sie sich vernetzen. Heute ist EWMD in 40 europäischen Städten vertreten und zählt zu seinen 800 Mitgliedern zahlreiche namhafte Unternehmen, die davon überzeugt sind, dass die Zukunft im Management nur erfolgreich sein wird, wenn mehr Frauen berücksichtigt werden.

Das beherrschende Rollenbild des 21. Jahrhunderts ist der »Homo dictyous«, der vernetzte Mensch. Telefon- und Videokonferenzen über unterschiedlichste Zeitzonen hinweg oder Social Networking über verschiedenste Internet-Plattformen sind zum Standard und Berufsalltag geworden. Umso wichtiger ist es, sich auch »offline«

wieder stärker zu vernetzen und den persönlichen Austausch zu suchen. Denn das Knüpfen von Netzwerken ist ein wesentlicher Erfolgsfaktor für die Karriere-Entwicklung. Frauen beweisen im privaten Umfeld bei gesellschaftlichen Aufgaben, wie erfolgreich sie im Knüpfen von Netzwerken sind. Im beruflichen Umfeld vernetzen sich Frauen dagegen oft nur mit hierarchisch gleich und niedriger gestellten Personen, während ihre männlichen Kollegen häufig den Kontakt zu hierarchisch höher gestellten und strategisch wichtigeren Personen suchen.[174]

Der Aufbau und die ständige Pflege des Netzwerks ist eine aufwändige und zeitintensive Aufgabe, die zu jeder Top-Management-Position gehört. Der Austausch von Know-how und Meinungen und die Kommunikation können auf dieser Ebene überlebenswichtig sein.

Mentoring und Cross-Mentoring-Programme

Mentoring hat in den vergangenen Jahren in der strategischen Personalentwicklung zunehmend an Bedeutung gewonnen. Grundbaustein des Mentorings ist die direkte, partnerschaftliche Beziehung zwischen dem Mentee und dem Mentor bzw. der Mentorin im beruflichen Kontext. Ziel ist die berufliche und persönliche Entwicklung zum Karriere-Aufbau. Mentoren sind erfahrene Experten in ihrem beruflichen Bereich, die meist jüngeren Kollegen ihre Unterstützung zusichern, ihnen bei Entscheidungen zur Seite stehen und sie auf ihrem Weg ein Stück begleiten. Sie kennen die Muster von Strukturen und Prozessen und beherrschen die Kunst des strategischen Taktierens.

Ziel des Mentorings ist die persönliche Weiterentwicklung und der Austausch von Fach- und Erfahrungswissen. Beim Cross-Mentoring können darüber hinaus andere Unternehmensstrukturen und -kulturen einem Benchmarking unterzogen werden. Cross-Mentoring sorgt für einen Erfahrungsaustausch über Hierarchie- und Unternehmensgrenzen hinweg und ermöglicht dadurch den Aufbau und die Erweiterung von persönlichen Netzwerken. Cross-Mentoring steht für die unternehmens-, bereichs-, kultur- und geschlechtsübergreifende Weiterentwicklung von Führungskräften. Beim Cross-Mentoring kommen Mentor bzw. Mentorin und Mentee aus unterschiedlichen Unternehmen. Ziel des Cross-Mentorings für Frauen ist es, weibliche Führungskräfte zu motivieren, sie zu stärken und durch Coaching und Mentoring zu unterstützen. Dabei erhalten sie gleichzeitig einen Einblick in andere Unternehmenskulturen und können dadurch das persönliche Netzwerk weiter ausbauen.

Gezielte Mentoring-Programme sollen besonders talentierte Frauen unterstützen, eigene Kompetenzen und Potenziale aufzudecken, zu fördern und zu entwickeln. Das Mentoring hilft zudem, neue Türen zu öffnen und dabei auch persönliche Belange zu berücksichtigen. Eine Expertin für Mentoring, Professor Angelika Wagner, die sich vor allem auf das Mentoring von Frauen spezialisiert hat, ist davon überzeugt, dass erfahrener Rat für die Karriere elementar sein kann. Da nur wenige Frauen im Top-Management Verbündete haben, hilft es oftmals, von der Mentorin ganz einfach zu hören: »Ich hab' das damals auch hingekriegt. Halt' durch.«[175] Mentorinnen sind oft wichtige Vorbilder, weil sie Frauen vorleben, dass Karriere und Familie miteinander vereinbar sind. Die Frauen werden ermutigt, für die Familie nicht die Karriere aufzugeben.

Mentoring und Cross-Mentoring soll Frauen motivieren, qualifizieren und bestärken, Top-Management-Positionen zu übernehmen und auf dem Weg nach oben durchzuhalten – trotz aller Hindernisse und Widerstände im Unternehmen und in der Gesellschaft. Ein geeigneter Mentor sichert ihnen qualifizierte Unterstützung zu.

Coaching

Coaching ist aus dem Top-Management nicht mehr wegzudenken. Es ist für Männer und Frauen gleichermaßen ein Baustein der professionellen Veränderungsarbeit und leistet einen wichtigen Beitrag zur nachhaltigen persönlichen Entwicklung. Meist sind es klassische Business-Coachings, die die persönliche Entwicklung des Managers begleiten. Coaching hilft aber auch, Rückschläge und Misserfolge aufzuarbeiten und weiter optimistisch an den gesetzten Zielen zu arbeiten. Im Top-Management bleibt man von Rückschlägen nicht verschont, und Widerstände gehören zum Arbeitsalltag. Erfolgreiches Coaching sorgt dafür, dass der Blick auf die eigenen Stärken und Schwächen nicht verschleiert wird. Es hilft, Krisen und Widerstände als Herausforderung zu sehen und sie effektiv zu meistern. Sollten Gefühle von Selbstzweifel, Angst und Unsicherheit aufkommen, hilft professionelles Coaching, diese Gefühle zu bewältigen und selbstbewusst und überzeugend persönliche Angriffe abzuwehren und Widerstände zu überwinden.

Beim Coaching werden bestimmte Themen situativ, flexibel und punktgenau bearbeitet; auf Basis dieser Themen konzipiert der Coach den Coaching-Prozess und setzt dabei entsprechende Interventionen ein. Coaching erweitert den Horizont und hilft, neue Perspektiven zu entwickeln, weil dies im beruflichen Alltag oftmals schwer fällt.

Die Zusammenarbeit mit einem Coach basiert auf Freiwilligkeit und erfordert persönliche Akzeptanz sowie das Vertrauen, auch schwierige Themen offen anzusprechen. Nur eine tragfähige Beziehung auf Augenhöhe macht es möglich, die Fragen zu klären, die gerade im Top-Management sonst unausgesprochen bleiben. Die Ziele beim Coaching werden nur dann erreicht, wenn man einen kritischen Blick auf sich selbst und den Willen zur Veränderung hat. Denn nur die Selbstreflexion der eigenen Verhaltensmuster ermöglicht es, Stärken zu entwickeln und auszubauen und Schwächen zu überwinden.

In vielen Unternehmen ist Coaching ein wichtiger Bestandteil des Managements und ein notwendiger Erfolgsfaktor für erfolgreiche Führung. Schlechtes Führungsverhalten ist in zahlreichen Unternehmen die Ursache für schlechte Ergebnisse. Es fehlt an beziehungsorientierter Führung und entsprechender Wertschätzung der Mitarbeiter. Coaching ist ein ideales Instrument, um Führungs- und Managementprobleme zu lösen und Motivation und Produktivität zu erhöhen.

Beim ganzheitlichen Coaching werden nicht nur Themen des Arbeitsinhalts in den Mittelpunkt gestellt, sondern auch die unterschiedlichen Rollen des Betreffenden durchleuchtet. Dabei werden soziale, emotionale und beziehungsorientierte Perspektiven ebenso miteinbezogen wie die persönlichen Werte und Prinzipien. Wer sein Repertoire an Rollen weiterentwickelt und sich situativ auf unterschiedliche Gegebenheiten einstellt, wird nachhaltig erfolgreich sein.

Da die dauerhafte Belastung im Top-Management mittlerweile in vielen Fällen zu anhaltenden Dysstress-Situationen bis hin zu Burnout-Syndromen führt, wird Coaching oftmals eingesetzt, um durch systematische Interventionen Orientierung zu schaffen und den Spannungsbogen zwischen Organisation, Aufgaben und Funktion wiederherzustellen. Der Abgleich der persönlichen Sichtweisen mit anderen Perspektiven schafft zugleich Distanz und Nähe zur Aufgabe und liefert Konzepte und Ideen für eine weitergehende Entwicklung. Coaching schafft Orientierung und hilft besonders Frauen auf dem Weg ins Top-Management, Hindernisse zu überwinden und mit der erforderlichen Konsequenz und Ausdauer die gläserne Decke zu durchdringen.

Alles hat seinen Preis

Wer sich für eine Top-Management-Position entscheidet, übernimmt nicht nur Verantwortung für das Ansehen und die Ergebnisse eines Unternehmens und die Zufriedenheit der Mitarbeiter, sondern trägt darüber hinaus eine gesellschaftliche Verantwortung. Es ist eine Minderheit, die im Arbeitsleben sowohl für sich selbst als auch für die Gesellschaft die Chance sieht, zu einer echten Führungspersönlichkeit und einem Vorbild zu werden, denn die Bürde einer solchen Aufgabe ist nicht zu unterschätzen. Die Zahlen sprechen für sich: Ausschließlich karriereorientierte Frauen sind in der Wirtschaft selten. Frauen, die ihre Karriere strategisch planen, um ihre Ziele zu erreichen, bilden eine kleine Gruppe. Denn Spitzenpositionen bringen es mit sich, dass die Arbeitswoche mindestens 60 Stunden und mehr hat, man Millionen von Flugmeilen sammelt, sieben Tage die Woche rund um die Uhr erreichbar ist und dabei unvorhersehbare Anforderungen unter einem starken Termindruck meistern muss.

Viele Frauen führen Spannungen in der Familie oder schlechte schulische Leistungen der Kinder auf den beruflichen Druck zurück. Männer wiederum bringen dies selten mit ihrer Abwesenheit von der Familie in Zusammenhang, was sie von Schuldgefühlen und schlechtem Gewissen befreit. Dass berufstätige Frauen in einen emotionalen Konflikt geraten können, wird als Schwäche empfunden. In Spitzenpositionen kann die Arbeit alle anderen Interessen und Werte verdrängen. Wer in erster Linie den beruflichen Erfolg anstrebt, kann damit gut leben, doch wer verschiedene Lebensziele verfolgt, muss Kompromisse eingehen. Immer weniger Frauen und Männer sind bereit, für den Beruf alles zu opfern und eine äußerst Kräfte zehrende Tätigkeit mit langen Arbeitszeiten auszuüben. Die Bereitschaft, extrem viel und lange zu arbeiten und den Beruf über das Familienleben und alles andere zu stellen, ist durch den Wertewandel der vergangenen Jahre, aber auch durch die Zunahme der Burnout-Erkrankungen deutlich gesunken. Immer mehr Frauen und Männern entscheiden sich für eine freiberufliche Tätigkeit, weil sie Flexibilität über Status, Anerkennung, Macht und Einkommen stellen. Aber ist es wirklich nur der Wunsch, mehr Zeit für die Familie zu haben? Es ist darüber hinaus auch der ständige Wettbewerb und die Konkurrenzsituation, die Frauen immer wieder abschrecken, eine Management-Position zu übernehmen. Hervorragend ausgebildete und hochqualifizierte Frauen mit den besten Voraussetzungen für eine Top-Management-Position verzichten auf die Karriere, weil sie sich dem täglichen Kampf um die Rangordnung und den Konkurrenzritualen nicht aussetzen wollen. Es ist ein harter und steiniger Weg und die Belohnung ist Erfolg, Status, Anerkennung und ein hohes Gehalt. Während der Adrenalinspiegel bei Männern in Konkurrenzsituationen steigt, sinkt er bei Frauen. Daher ist es längst an der Zeit, dass sich die Arbeitskultur von einer aggressiven und machthungrigen zu einer beziehungsorientierten entwickelt.

Professor Dr. Ekkehard Schulz hat über ein Jahrzehnt den Weltkonzern ThyssenKrupp geleitet. Mit 69 Jahren nimmt er Abschied von dieser Aufgabe und der Verantwortung. Auf die Frage eines Journalisten der Wochenzeitung *Die Zeit*, ob er nur gemanagt oder auch gelebt habe, antwortet er, dass er sich seinem Hobby am meisten widmen konnte, als er noch nicht Vorstand war: »Das war die schönste Zeit. Ich war Werksdirektor, das war die erste Ebene unterhalb des Vorstands. Da war ich verantwortlich für zwei Werke bei Thyssen Stahl. Exzellente Bezahlung, fantastischer Job, da stimmte die Balance – eine wunderschöne Zeit. Mit der Vorstandsaufgabe hat die Lebensqualität abgenommen. Das höre ich auch von meiner Frau und meinen Kindern.«[176] Seine Unabhängigkeit hat er sich als Vorstand eines Weltkonzerns jedoch bewahrt, indem er sagt, was er denkt, auch wenn es nicht jeder verträgt.

Die Lebensmuster, die sich bei Frauen abzeichnen, die bereit sind, im Top-Management Verantwortung zu übernehmen, sind meist vielfältiger und variabler als die der Männer. Den hohen Preis, den manche Frauen zu zahlen bereit sind, um dauerhaft eine Führungsposition einzunehmen, nämlich der Verzicht auf eine Familie, findet man bei Männern selten. Eine Familie zu haben ist für Männer in diesen Positionen nicht nur die Norm, sondern meist sogar die Voraussetzung für die sogenannten »ordentlichen Verhältnisse«. Bis heute wird die Umkehrung der Rollenteilung im Top-Management nicht akzeptiert. Und jene Frauen, die daraus – für die Karriere – ihre Konsequenzen ziehen und auf Kinder verzichten, werden auch nicht wirklich akzeptiert und als »unberechenbar« abgestempelt. Die Tatsache der möglichen Schwangerschaft ist immer noch eines der wesentlichsten Aufstiegshindernisse. Frauen, die explizit keine Kinder planen, wird ebenso wenig geglaubt wie jenen Frauen, die beabsichtigen, unmittelbar nach der Geburt wieder in den Beruf zurückzukehren. In der Studie von Professor Dr. Karin Stüfe gaben Frauen, die trotz Kinder ihre Karriere vorangetrieben hatten, an, dass sie mit dem Begriff »Rabenmutter« konfrontiert worden seien. Berufstätigen Frauen werde wiederum unterstellt, dass sie mit ihren Gedanken bei der Familie seien.[177] Und Frauen, die es dann ins Top-Management geschafft haben, werden selten bewundert. Sie gelten als »eiskalte und berechnende Karrierefrauen«, als »Vorzeige-Objekte männlicher Seilschaften«, als »Quotenfrauen« oder »knallharte Mannweiber.« Diese Vorurteile und Stereotypen sind leider nicht nur im Unternehmensalltag vorzufinden, sie sind auch gesellschaftlich manifestiert[178] und daher nicht so leicht zu verändern.

Beste Ausbildung, hohe fachliche und soziale Kompetenz sind zwar die Basis, aber nicht der Garant für Erfolg. Es braucht Konsequenz und Hartnäckigkeit. Je höher die Management-Position, desto höher ist das Reiseaufkommen, im Inland und im Ausland. Karriere in internationalen Konzernen bedeutet einen ständigen Wechsel zwischen nationalen und internationalen Einsätzen. Trotzdem gibt es auch hier immer mehr verheiratete Frauen und Mütter, nicht mehr nur die unverheirateten »Karrierefrauen« ohne Kinder. Da sich aufreibende Arbeitszeiten jedoch nicht automatisch in Produktivität übertragen lassen, müssen bisherige Arbeitszeit- und Manager-Modelle überdacht werden. Sie stellen in Zukunft keine tragfähigen und erstrebenswerten Positionen mehr dar, weder für Frauen noch für Männer. Auch in den höchsten Führungspositionen führt stetig wachsender Zeit- und Erwartungsdruck nicht zu höherer Produktivität und höheren Gewinnen. Im Gegenteil: Erbitterte Konkurrenzkämpfe und erbarmungslose Anforderungen haben die Fluktuations- und Burnout-Statistik und damit die Gesundheitskosten in den letzten Jahren deutlich ansteigen lassen. Ich bin davon überzeugt, dass es in der Arbeitsgestaltung – hinsichtlich Einsatzort und Arbeitszeit – Modelle gibt, die Flexibilität schaffen, ohne dass die Ergebnisse darunter leiden. Bisher sind die Zugeständnisse auf Unternehmensseite jedoch begrenzt. Es muss eine Selbstverständlichkeit werden, dass wichtige Management-Positionen in der Wirtschaft mit unterschiedlichen Lebensentwürfen vereinbar sind. Die Integration von Work-Life-Balance ist die Herausforderung der Zukunft, auf allen Ebenen der Unternehmen. Jeder Manager, der Mitarbeiterverantwortung trägt, sollte für ein ausgewogenes Verhältnis zwischen Arbeit und Freizeit sorgen, bei seinen Mitarbeitern und bei sich selbst. Ich wage die These aufzustellen, dass es weniger am Geschlecht als vielmehr am System liegt, dass Top-Management-Positionen für so wenige Frauen erstrebenswert sind. Nur wenige Frauen – und auch immer weniger Männer – sind bereit, für eine prestigeträchtige Stellung mit hohem Einkommen Lebenszeit und individuelle Wertvorstellungen zu opfern.

Schwer ruht das Haupt, das eine Krone drückt

Mit diesen Worten hat William Shakespeare in »König Heinrich IV« die Verantwortung beschrieben, die mit einer hohen Position einhergeht. Das gilt heute auch für Führungspersönlichkeiten im Top-Management. Sie tragen die Verantwortung für eine gescheiterte Strategie oder Fehlentscheidungen und müssen sich auch damit auseinandersetzen, persönlich angegriffen zu werden, wenn notwendige, radikale Maßnahmen bei vielen Menschen einen Verzicht auf lieb gewonnene Gewohnheiten und Vorteile bedeuten. Dieses Risiko steigt in schwierigen unternehmerischen Zeiten, in denen grundlegende Veränderungen erforderlich sind, die massive Einschnitte für viele im Unternehmen bedeuten. Eine gesunde Persönlichkeitsentwicklung ist die Basis für die sukzessive Lösung von Konflikten und Krisen. Komplexes Lernen erfolgt meist durch Konfliktbewältigung.

Ethik und Moral gewinnen mit zunehmender Hierarchie an Bedeutung, denn die Verantwortung für die Gesellschaft wächst. Jeder Manager muss sich die Frage stellen, welche Person er morgens im Spiegel sehen möchte. Und wenn die eigenen Werte in einem fundamentalen Wertekonflikt mit der Organisation stehen, verschwendet man nicht nur Ressourcen und Produktivität, sondern wird mittel- und langfristig in einer Top-Management-Position dieses Unternehmens nicht zufrieden sein. Der Management-Erfolg ist wesentlich von ethischen und moralischen Fragestellungen und der Balance im Leben abhängig. Kann ich mir die Unabhängigkeit und Freiheit bewahren, das zu sagen, was ich denke? Es geht nicht nur um die Wirksamkeit des Managements, sondern um die Wirksamkeit des Menschen – zum Vorteil für das Unternehmen, dessen Mitarbeiter, der Familie und Freunde und der Gesellschaft.

Ein hoher menschlicher Wert, der nicht nur dabei hilft, dem Druck in Top-Management-Positionen gewachsen zu sein, ist Weisheit. Der Duden definiert Weisheit mit »Lebenserfahrung, Reife«. Weisheit setzt Erfahrung, Intelligenz und Wissen voraus und baut auf Lebensklugheit, Gelassenheit, Nachsicht, Humor, Selbstdistanz auf. Weisheit ermöglicht das Aushalten von Widersprüchen und Unsicherheiten – und darum geht es im Top-Management tagtäglich. In der Forschungsarbeit von Paul Baltes[179] und Ursula Staudinger wurde 1996 unter anderem festgestellt, dass weise Menschen über ein Strategiewissen verfügen. Sie wissen, wie sie zu guten Entscheidungen gelangen und wie Informationen zu bewerten sind. Vor allem sind weise Menschen selbstreferenzielle Menschen, die ihre Stärken, aber ebenso ihre Schwächen und Grenzen kennen.[180] Die Bereitschaft zur Selbstkritik ist nicht nur eine wichtige Voraussetzung im Top-Management, sondern für die persönliche Lebensentwicklung.

Effektives Selbstmanagement ist die beste Grundlage für ein ausgeglichenes Leben und höchste Leistungsfähigkeit. Dabei kommt es vor allem darauf an, eigene Potenziale aufzudecken und sie zu entfalten. Konfliktmanagement ist ein wesentlicher Aspekt des effektiven Selbstmanagements. Jeder Konflikt bringt neue Möglichkeiten für kreative Lösungsstrategien mit sich. Durch den Umgang mit schwierigen Situationen im Berufsalltag werden Flexibilität und soziale Kompetenz gesteigert und Selbstmanagement-Techniken gezielt genutzt. Es etablieren sich nachhaltig neue Verhaltensweisen und Fähigkeiten.

Durch die Entwicklung der persönlichen Vielseitigkeit kann das Leben ausbalanciert werden, denn je komplexer das Selbst, je mehr Rollen und Beziehungen ein Mensch ausbildet und pflegt, desto größer ist seine Widerstandskraft. Je mehr Facetten des Selbst wir ausleben können, desto gesünder und zufriedener sind wir. Selbstkomplexe Menschen können Verluste und Niederlagen kompensieren, weil sie mentale und emotionale Ausweich- und Rückzugsgebiete haben. Und Niederlagen wird es im Top-Management immer wieder geben. Das oberste Management verlangt nach Personen, die Haltung zeigen und Haftung übernehmen, die nachhaltig handeln und sich vor keiner Antwort drücken. Nicht vor der Antwort an andere und auch nicht vor der Antwort gegenüber sich selbst.

Eine Top-Management-Position zu erlangen ist für manchen ein erstrebenswertes Ziel. Auf dem Weg zu diesem Ziel können alle möglichen Schwierigkeiten zu bewältigen sein. Möglicherweise fühlt man sich versucht aufzugeben. Wenn man jedoch das Ziel ändert, sobald ein Hindernis auftaucht, mag das Leben vielleicht angenehmer und leichter erscheinen, aber möglicherweise bezahlt man den Preis der Leere. »Kein Ziel kann große Wirkung haben, wenn man es nicht ernst nimmt.«[181] Die Komplexität und die Freiheit machen die Bestimmung der Richtung im Leben nicht einfacher. Welches Ziel ist es wert, mit vollem Einsatz und allen Kräften verfolgt zu werden? Das führt zu unterschiedlichen Lebensmodellen von Frauen und Männern. Jeder Mensch muss seinen obersten Sinn und sein Ziel im Leben finden. Bevor wir Energie für die Erreichung eines Zieles einsetzen, zum Beispiel für das Streben nach einer Top-Management-Position, lohnt es sich, uns zu fragen, ob es der Preis wert ist, den wir und andere dafür bezahlen. Wenn man keine Mühe aufwendet, um herauszufinden, was man wirklich möchte, wird man nicht in der Lage sein, das Ziel auch gegen alle Widerstände zu verfolgen. Entschiedenheit ist der Schlüssel zum Erfolg, denn »Sinn gibt menschlichem Streben eine Richtung, aber er macht das Leben nicht unbedingt leichter.«[182]

Macht macht einsam

Je höher die Hierarchieebene, desto einsamer wird man. Feedback und ernst gemeinte Kritik werden selten. Die Selbstzweifel, den Anforderungen von Umfeld und Gesellschaft nicht zu genügen, das ständige Hinterfragen der eigenen Fähigkeiten und Leistungen gehören zum Alltag. Doch in Top-Management-Positionen ist keine Zeit für Schwäche. Persönliche Netzwerke geben nicht nur die notwendige Rückendeckung durch einen Austausch mit Gleichgesinnten, sondern liefern auch neue Ideen und Inspiration. Enge Vertraute sind aber auch eine wesentliche Unterstützung, um Angriffe nicht persönlich zu nehmen. Die Autoren Ronald A. Heifetz und Marty Linsky wissen aus eigener Erfahrung: »Zum Überleben benötigen Sie eine Schutzzone, in der Sie über den Tagesablauf nachdenken, Ihre emotionalen Ressourcen aufladen und den moralischen Kompass wieder ausrichten können.«[183] Vor allem in stürmischen Zeiten benötigt jeder im Top-Management Methoden, um sich selbst zu beruhigen und zu stabilisieren – einen sicheren Hafen. Was auch immer das persönliche Refugium ist, es sollte genutzt und geschützt werden.[184]

Karrierefrauen jenseits der 30 finden oft keinen ebenbürtigen Partner. Frauen sind exzellent ausgebildet, machen Karriere und können mit ihrem Verdienst eine Familie ernähren. Die Rahmenbedingungen haben sich geändert, und das hat Auswirkungen auf die Partnerwahl. Der amerikanische Psychologe und Beziehungsforscher Michael Cunningham hat es auf den Punkt gebracht: »Es gibt einfach nicht genug hochqualifizierte und finanziell erfolgreiche Männer für die Zahl der hochqualifizierten und finanziell erfolgreichen Frauen.« Und wenn das Ergebnis einer Untersuchung des Soziologen Hans-Peter Bossfeld stimmt, dass sich Männer selten für höher gestellte Frauen interessieren, gestaltet sich die Partnerwahl der Mittdreißigerinnen schwierig.[185] Die intelligenten, sympathischen, verständnisvollen und bindungsfähigen Männer sind weg vom Markt, während Frau Karriere gemacht hat.

Work-Life-Balance

Nach der Maslow'schen Bedürfnispyramide misst der Mensch den Gütern den größten Wert bei, die besonders knapp sind. Diese Mangelhypothese führt in einer Arbeitswelt, deren Arbeitsvolumen seit Jahrzehnten stetig zunimmt, dazu, dass dem Lebensgenuss neben den Anforderungen des Berufs eine immer größere Bedeutung zukommt. Unsere Arbeitskultur ist geprägt von Effizienz, Renditen, Performance und ständiger Erreichbarkeit – da werden Erholung, Entspannung und Freizeit als Ausgleich immer wichtiger.

Der Spiegel titelte in seiner Ausgabe 29/2010 vom »Leben im Standby-Modus«. Die ständige Präsenz und Verfügbarkeit, die der heutige Berufsalltag abfordert, stellt auf Dauer eine große Gefahr dar. Die moderne Kommunikationstechnik hat nicht nur unseren Berufsalltag, sondern auch unseren persönlichen Lebensbereich dramatisch verändert. Wir haben unseren Lebensrhythmus längst der modernen Technik angepasst, wodurch die Grenzen zwischen Beruflichem und Privatem fließender geworden sind. Dabei ist es erwiesen, dass die ständige Ablenkung uns 28 Prozent der täglichen Arbeitszeit kostet.[186] Was für ein volkswirtschaftlicher Schaden! Unsere Gesellschaft begünstigt und fördert Menschen, die großes berufliches Engagement zeigen. Sie erreichen dadurch Anerkennung und gesellschaftlichen Rang, auch wenn sie außer ihrem Beruf keine anderen Verpflichtungen wahrnehmen. Wer eine Familie hat, kann mit den Anforderungen der Arbeitswelt mit einer 80-Stunden-Woche kaum mithalten. Wer sich aber ausschließlich auf seine Karriere konzentriert, läuft nicht nur Gefahr zu vereinsamen, sondern riskiert psychische Abhängigkeit und physische Überlastung. Zudem sind berufliche Anerkennung und Erfolg nicht alles im Leben. Um dieses Dilemma zu lösen, müssen wir über neue Strukturen und Wege der Erwerbstätigkeit nachdenken und einen gesellschaftlichen Wandel herbeiführen, der die Kultur im Land verändert. Menschen, die die Kontrolle über ein gesundes Verhältnis zwischen Arbeit und Freizeit verloren haben, werden die Anforderungen nicht bewältigen können, die das Top-Management stellt. Viele Manager erkennen viel zu spät, dass sie die Grenzen ihrer Belastbarkeit überschritten haben. Dabei braucht man sich nur das Zitat des italienischen Renaissance-Dichters Francesco Petrarca[187] bewusst zu machen: »Wenn der Mensch zur Ruhe gekommen ist, dann wirkt er.« Da nicht nur unsere körperlichen Kräfte begrenzt sind, sondern auch die psychischen, die sich auf unsere kognitive Leistungsfähigkeit, das Gedächtnis, die Aufmerksamkeit und die Intelligenz auswirken, sollte die persönliche Grenze der Belastbarkeit ausbalanciert und nicht kontinuierlich überstrapaziert werden.

Steven Reiss, Professor für Psychologie und Psychiatrie an der Ohio State University, hat in den Neunzigerjahren eine umfangreiche empirische Untersuchung über die menschlichen Motive durchgeführt. Er kam zu dem Ergebnis, das es 16 Lebensmotive gibt, die allem menschlichen Verhaltens zugrunde liegen[188]:

- Macht   Streben nach Erfolg, Leistung, Führung, Einfluss
- Unabhängigkeit   Streben nach Freiheit, Selbstgenügsamkeit
- Neugier   Streben nach Wissen und Wahrheit
- Anerkennung   Streben nach sozialer Akzeptanz und Zugehörigkeit

❱	Ordnung	Streben nach Stabilität, Klarheit und guter Organisation
❱	Sparen	Streben nach Anhäufung materieller Güter und Eigentum
❱	Ehre	Streben nach Loyalität und moralischer, charakterlicher Integrität
❱	Idealismus	Streben nach sozialer Gerechtigkeit und Fairness
❱	Beziehungen	Streben nach Freundschaft, Freude und Humor
❱	Familie	Streben nach einem Familienleben und eigenen Kindern
❱	Status	Streben nach Reichtum, Titeln und öffentlicher Aufmerksamkeit
❱	Rache	Streben nach Konkurrenz, Kampf, Aggressivität und Vergeltung
❱	Romantik	Streben nach erotischem Leben, Sexualität, Schönheit
❱	Ernährung	Streben nach Nahrung
❱	Körperliche Aktivität	Streben nach Fitness und Bewegung
❱	Ruhe	Streben nach Entspannung und emotionaler Sicherheit

Da die Motive unser Verhalten intrinsisch bestimmen, ist es schon ihr eigentlicher Zweck, sie auszuleben. Zufriedenheit und Glück sind Gefühle, die entstehen, wenn wir erreichen, was wir wirklich wollen, sie sind aber nie selbst das Ziel. Reiss unterscheidet beim Glück zwischen dem zufälligen »Wohlfühlglück« und dem »Werteglück«, und er ist davon überzeugt, dass nur das wertvermittelnde

Glück dem Leben Sinn verleiht. Er behauptet, dass nur diejenigen ein »überdauerndes, tiefes und erfüllendes Glück« erfahren, die ihre wahren Motive und Lebensgründe kennen und »sich von ihnen durchs Leben tragen lassen.«[189]

Ich bin davon überzeugt, dass man langfristig nur dann erfolgreich sein und dem enormen Druck einer Top-Management-Position standhalten kann, wenn man – neben seinen wahren Lebensmotiven – seinen persönlichen »Flow« in der beruflichen Herausforderung findet, denn nur im »Flow« entsteht fokussierte Energie. Der englische Begriff »flow« wird in der Psychologie verwendet und als »fließen, strömen« übersetzt. Er beschreibt das Gefühl des völligen Aufgehens in einer Tätigkeit. Entwickelt wurde die Theorie von Mihaly Csikszentmihalyi.[190] Abbildung 23 zeigt, dass der Flow in der Mitte zwischen Über- und Unterforderung liegt, zwischen Angst und Langeweile. Dort, wo Fähigkeiten und Anforderungen zusammentreffen, wird der Bereich des Flows größer. Auch wenn der Zustand und das Erleben des Flows individuell sind, weil sich nicht jeder an der gleichen Stelle überfordert oder unterfordert fühlt, gelten allgemeine Prinzipien. Flow ist die völlige Vertiefung und das Aufgehen in einer Tätigkeit. Man verspürt ein Gefühl von Hochstimmung und ist zu Höchstleistungen in der Lage.

Die Voraussetzung für eine ausgeglichene Work-Life-Balance sind realistisch gesetzte Ziele und Selbstreflexion. Man muss sich fragen, ob man in der Lage ist, diese Ziele in der gesetzten Zeit zu erreichen oder ob es sich um eine »mission impossible« handelt. Jedes Auto hat eine Höchstgeschwindigkeit, und auch bei jedem anderen Transportmittel gibt es eine Reisegeschwindigkeit. Wer kontinuierlich seine Grenzen überschreitet, sich auspowert und jedes Maß dafür verloren hat, dass das Leben außer Konferenzen, Laptop und Smartphones auch Familie, Freunde, Sport und Kulturelles zu bieten hat, riskiert seine Gesundheit und wird nicht auf lange Sicht erfolgreich sein. Denn Arbeitszeit und Arbeitsoutput stehen in keinem linearen Verhältnis zueinander und schon gar nicht, wie manche Manager denken, in einem exponentiellen.

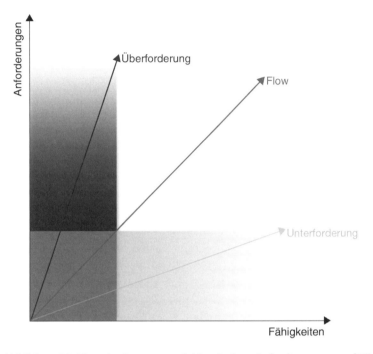

Abbildung 23: Flow: Im Spannungsfeld zwischen Anforderungen und Fähigkeiten

Wer die richtige Balance im Leben findet, wird auch unter Druck Höchstleistungen erbringen. Denn wer seine Energie aktivieren kann, wird auch in Stress-Situationen die besten Ergebnisse erzielen. Im modernen Alltag werden wir mit den unterschiedlichsten Lebensformen konfrontiert und müssen unsere eigene Lebensform ständigen Anpassungen unterziehen. Ist die Lebensform, die ich gestern und vorgestern für richtig gehalten habe, auch noch für heute und morgen tauglich? Das Tempo, in dem wir leben, lässt kaum Freiräume zum Innehalten und Reflektieren. Wer sich jedoch diese Freiräume nicht nimmt und sich immer wieder selbst die Frage beantwortet, ob er nach seinen Vorstellungen und seiner selbst gewählten Bestimmung lebt oder sich zu sehr den Erwartungen anderer anpasst, läuft Gefahr, Möglichkeiten und Alternativen nicht zu erkennen, die das Leben ihm bietet – und damit auch berufliche Chancen nicht zu ergreifen. Die richtige Balance bedeutet auch, verschiedene Rollen einzunehmen, denn je mehr Rollen man im Leben findet, desto geschützter ist man, wenn es in einem Bereich nicht so gut läuft. Es gibt verschiedene Studien, die belegen, dass Misserfolge, Ärger und Stress besser bewältigt werden können, wenn man aus anderen Lebensbereichen Kraft schöpfen kann.

Negativer Stress und eine permanente Dauerbelastung, die über die persönlichen Leistungsgrenzen hinausgeht, wirken sich auf das körperliche und psychische Wohlbefinden aus und schwächen die Leistungsfähigkeit. Gestresste Menschen leiden häufig unter Schlafstörungen, Lustlosigkeit oder Depressionen. Zunehmend frisst der Beruf das Privatleben auf. Es bleibt wenig Zeit für das Wesentliche. Und oft sind es gerade die erfolgreichen Menschen – Männer und Frauen – die enttäuscht sind über ihre Lebensqualität. Sie stellen fest, dass der Preis für ihren Erfolg zu hoch ist.

Erfolgreiche Umsetzung in der Praxis

Die ersten Jahre des neuen Jahrtausends sind geprägt von wirtschaftlicher Stagnation und wachsendem Wettbewerbsdruck. Männer und Frauen in Wirtschaft und Politik sind davon überzeugt, dass die Komplexität und Unsicherheit des Managements nur zu bewältigen sind, wenn eine Vielfalt von Kompetenzen und Perspektiven in Management-Teams vereint sind. Darüber hinaus kann vor der Zuspitzung des demografischen Wandels kein Unternehmen mehr die Augen verschließen. Die Erwerbstätigen werden ab 2020 stetig älter, qualifizierte Führungskräfte sind schwieriger zu finden und die bisherigen Beschäftigungs-, Personalentwicklungs- und Recruiting-Modelle sind auf Angebotsüberschuss statt auf Angebotsknappheit ausgelegt. Die Folgen des demografischen Wandels werden die Wettbewerbsfähigkeit von Unternehmen bedrohlich gefährden, wenn Unternehmen ihre Personalpolitik nicht den sich verändernden Umfeldbedingungen anpassen. Dabei sind Flexibilität, Kreativität und die Fähigkeit, innovative Konzepte zu entwickeln, in den Vordergrund zu stellen. Die Alterung der Erwerbspersonen muss nicht zwingend Nachteile mit sich bringen, denn mit dem Alter steigen Erfahrung, Menschenkenntnis und die Management-Kompetenz. Es gilt, beide Potenziale zukünftig stärker zu nutzen: Die jüngeren Erwerbstätigen müssen entwickelt und gefördert werden und die älteren dürfen nicht ausgeschlossen werden. Lebenslanges Lernen wird dabei die Personalentwicklungsstrategie der Zukunft sein, und der Generationswechsel muss zielgerichtet geplant werden. Diese Maßnahmen allein reichen aber nicht aus, um die Anforderungen der Zukunft im Management zu bewältigen. Es besteht ein ökonomisches Interesse daran, Frauen im Management nicht weiter zu ignorieren. Diversity-Management und Corporate-Governance-Kommissionen haben bisher nicht viel bewirkt. Voraussetzung für die Erreichung dieses Ziels ist ein gesellschaftlicher Wandel, unterstützende Maßnahmen der Politik und konkrete Ziele auf Unternehmensebene. Die deutsche Familienpolitik muss stärker auf die Erwerbsintegration ausgerichtet werden. In Deutschland besteht ein erheblicher Mangel an flexiblen, qualitativen Kinderbetreuungsmöglichkeiten. 2009 gab es nur für jedes fünfte Kind unter drei Jahren eine Kinderbetreuungsmöglichkeit[191]. Und der Mangel an Kinderbetreuungsmöglichkeiten verlängert die Dauer der Erwerbsunterbrechung der Frauen nach der Geburt. Eine der Leitaktionen der Europäischen Kommission in der Strategie für die Gleichstellung von Frauen und Männern 2010–2015 ist es, die Fortschritte der Mitgliedstaaten in Bezug auf Kinderbetreuungseinrichtungen zu dokumentieren. Damit ist die Regierung in Deutschland in der Pflicht, diese weiter zu verbessern. Die Kommission ist davon überzeugt, dass ein »intelligentes, nachhaltiges und integratives Wachstum« nur erreicht werden kann, wenn »die Potenziale und Talente von Frauen umfassender und effizienter genutzt werden.«[192]

Solange unser gesellschaftliches Bild von der traditionellen Rollenteilung ausgeht und Spitzenleistungen im Management nur dann möglich erscheinen, wenn ein Fundament von Sicherheit und Ordnung durch die Familie zu Hause gegeben ist, wird sich in den Führungsetagen der Unternehmen nichts verändern. Das stereotype Frauenbild ist längst überholt, und deshalb müssen traditionelle Denkmuster überwunden werden. Auf der einen Seite erwartet man ein familiäres Fundament, damit die Akteure den Anforderungen im Top-Management gewachsen sind, auf der anderen Seite erscheint es suspekt, wenn sich das Rollenbild umkehrt und die Frau Karriere macht. Ein umgekehrtes Rollenbild wird bisher im konservativ-patriarchalischen Top-Management nicht akzeptiert und Frauen ohne Familie gelten als unberechenbare Einzelkämpferinnen, die wegen eines überdimensionalen beruflichen Ehrgeizes auf alles andere im Leben verzichten. Verheiratet zu sein und Kinder zu haben gilt in unserem Gesellschaftsbild als Basis für Sozial- und Managementkompetenz. Und die Gesellschaft diskreditiert den Mann in einer Beziehung, in der das Rollenbild umgekehrt ist.

Die Härte, die man dem Top-Management zuschreibt, steht im Widerspruch zum Frauenbild unserer Gesellschaft. Während Männer für ihre Entschlossenheit und Durchsetzungsstärke bewundert werden, werden dieselben Eigenschaften bei Frauen kritisch gesehen. Während Frauen, die zielgerichtet ihre Karriere planen und umsetzen, mit Misstrauen betrachtet werden, gelten Männer als suspekt, wenn sie genau das nicht tun. Von Männern erwartet man das Anstreben einer Führungsposition, Frauen unterstellt man in dieser Hinsicht »unvorteilhafte Motive und Ziele«[193]

Erst wenn sich die Einstellung sowohl in den Unternehmen als auch in der Gesellschaft ändert, sind die Grundsteine für eine erfolgreiche Umsetzung in der Praxis gelegt. Das setzt voraus, dass Frauen in den Unternehmen nicht mehr grundsätzlich als »Risikoarbeitnehmerinnen« betrachtet werden und die Gesellschaft Mütter, die nach kurzer Zeit wieder an den Schreibtisch zurückkehren, nicht als »Rabenmütter« bezeichnet. Für den Erfolg in der operativen Umsetzung sind klare und realistische Zielvorgaben zur Förderung von Frauen in Führungspositionen notwendig. Dabei müssen Verantwortlichkeiten definiert, ein Projektmanagement installiert und ein effizientes Controlling etabliert werden. Der wesentliche Erfolg ist allerdings davon abhängig, dass es die Unternehmensspitze ernst meint, denn allein mit öffentlichen Statements wird sich der Anteil der Frauen im Top-Management nicht erhöhen. Nur wenn die oberste Unternehmensführung persönlich für die Umsetzung der formulierten Absichten sorgt und den Erfolg regelmäßig überprüft, wird sich der Anteil der Frauen in Führungspositionen erhöhen. Damit ist die Basis gelegt, die Herausforderungen der Zukunft im Management zu bewältigen und die Wettbewerbsfähigkeit langfristig zu sichern. Um diese Ziele zu erreichen, ist für eine Unternehmenskultur zu sorgen, in der jeder Mitarbeiter, egal ob männlich oder weiblich, sich frei entfalten, seine Kompetenzen weiterentwickeln und sich mit den jeweiligen Stärken im Unternehmen einbringen kann. Vor allem aber muss die Arbeitskultur in Deutschland familienfreundlicher werden. Eine Kultur der Akzeptanz, die beinhaltet, dass auch in Top-Management-Positionen flexible Arbeitszeitmodelle anerkannt werden. Durch die Kommunikationstechnik verschwimmen die Grenzen zwischen Arbeitsplatz und Privatwohnung mehr und mehr. Starre Büroarbeitstage gehören der Vergangenheit an. Die Allianz geht mit gutem Beispiel voran. Vorstandschef Michael Diekmann kündigte bei der Bilanzpressekonferenz in München am 24. Februar 2011 in München an, dass für das Management Teilzeitmodelle erarbeitet werden, um »für größere Flexibilität und attraktivere, zeitgemäße Arbeitsmodelle zu sorgen«.[194] Geplant ist die Einführung von Teilzeitmodellen auf allen Ebenen unterhalb des Vorstands.

Voraussetzung für eine erfolgreiche Umsetzung in der Praxis ist eine Arbeitsatmosphäre, die auf eine ausgewogene Work-Life-Balance Wert legt und in der sich die Beschäftigten wohl fühlen. Der amerikanische Politologe Ronald Inglehart, der für seine Theorie zum Wertewandel bekannt wurde, hatte Ende der Sechzigerjahre eine »silent revolution« vorhergesagt. Er war davon überzeugt, dass sich unsere Werte »langsam, aber fundamental verändern werden – und zwar zum Besseren.« Seine These besagte, dass das 21. Jahrhundert den Postmaterialisten gehören würde, die – statt Luxusgüter und Statussymbole anzuhäufen – lieber ihre Persönlichkeit entfalten würden.[195] Dieser Wertewandel ist bisher ausgeblieben. Ich bin jedoch davon überzeugt, dass die Arbeitswelt wieder den Menschen statt Effizienz, Rendite und Performance in den Mittelpunkt stellen muss. Denn das Gut »Mensch« wird in den nächsten Jahren knapp werden, wie die Statistiken und Prognosen bestätigen. Die Arbeitgeber werden, um attraktiv zu bleiben, mehr um ihre Mitarbeiterinnen und Mitarbeiter werben müssen. Und da der Mensch in unserer Dienstleistungsgesellschaft das wichtigste Kapital ist, wird der Unternehmenserfolg entscheidend von der Qualität im Management abhängen.

Der Trend geht zu mehr Flexibilität in den Arbeitszeiten durch Jahresarbeitszeitkonten, Teilzeitmodelle, Sabbaticals und Home-Arbeitsplätze. Es ist die Aufgabe eines strategischen Personalmanagements, diese Modelle zu entwickeln, zu implementieren und dafür zu sorgen, dass sie Teil der Kultur eines Unternehmens werden, durch eine explizit definierte Vision und festgeschriebene Führungsgrundsätze.

Portfolio der Maßnahmen zur Erhöhung des Frauenanteils im Management

Voraussetzung für einen nachhaltigen Erfolg, mehr Frauen im Top-Management zu etablieren, ist ein neues Management-Design. Unser Management-Bild war in den Neunzigerjahren auf »höher, schneller, weiter« ausgerichtet. 14-Stunden-Tage waren die Norm und auch möglich, weil den Männern in diesen Positionen durch die traditionelle Rollenverteilung der Rücken zu Hause frei gehalten wurde. Mittlerweile haben aber auch die Männer erkannt, dass sie sich – ohne einen angemessenen Ausgleich – damit am Rande eines Burnouts bewegen, und dass konstante Leistungsfähigkeit nur dann möglich ist, wenn eine Balance im Leben besteht. Mit neuen Management-Modellen ist nicht nur den Frauen geholfen, sondern ebenso den Männern. Führung sollte auf Ergebnisorientierung und nicht auf Anwesenheit am Arbeitsplatz oder der Anzahl der geleisteten Stunden ausgelegt werden. Und dabei sollte der Mensch wieder in den Mittelpunkt des Führungsverhaltens rücken.

Aber nicht nur die Rolle des Managers muss sich ändern, auch die Kultur, Struktur und Organisation im Unternehmen. Dazu gehört auch eine neue Meeting-Kultur. Ein Viertel ihrer Arbeitszeit verbringen Manager in Gesprächsrunden, das Top-Management sogar zwei Drittel seiner Arbeitszeit. Diese exzessive Meeting-Kultur ist ineffizient, zumal der Durchschnitt eines Meetings bei mehr als einer Dreiviertelstunde liegt. Die Dauer eines Informations-Meetings sollte auf 30 bis 45 Minuten begrenzt werden, danach lassen Konzentration und Aufmerksamkeit der Teilnehmer nach. Meetings sollten nur dann einberufen werden, wenn sie auch wirklich notwendig sind, eine Agenda und eine straffe Diskussionsleitung haben und eine gute und positive Vorbereitung aller Teilnehmer. Viele Meetings sind mit Teilnehmern übersetzt, haben keine Agenda, sind dadurch nicht gestrafft und nicht auf ein Ergebnis konzentriert. Effektivität und Effizienz ist in den wenigsten Meetings erkennbar.

Familienfreundliche Arbeitsplätze sind nicht nur eine Notwendigkeit der Zukunft, sondern schaffen auch einen deutlichen Image- und Wettbewerbsvorteil. Und im Wettbewerb um qualifizierte Mitarbeiter werden die Unternehmen das Rennen machen, die attraktive Angebote zur flexiblen Arbeitszeiten und familienfreundlichen Arbeitsplätze schaffen und durch ein ganzheitliches Diversity-Management für ein tolerantes Betriebsklima sorgen. Und nebenbei verbessern diese Unternehmen ihr Image, denn soziales und kulturelles Engagement wird von vielen Akteuren der Wirtschaft als wesentliches Kriterium angesehen. Im Hinblick auf die Globalisierung der Märkte und die Internationalisierung ist Diversity-Management ein wesentlicher Bestandteil der Personalpolitik und ein betriebswirtschaftliches Instrument zur effizienteren Nutzung von Human Resources. Wer nicht in der Lage ist, mit fremden Sprachen und Kulturen umzugehen, wird auf der Stelle treten. Darüber hinaus senkt eine ganzheitliche Diversity-Politik das unternehmerische Risiko, wegen Benachteiligung oder Diskriminierung gegen Gesetze zu verstoßen und Schadensersatzansprüche zu riskieren. Leider hat sich das offensichtlich noch nicht herumgesprochen, denn das Ergebnis der Synergy Consult Studie in den DAX 30-Unternehmen vom September 2010 ist dramatisch: Nur 16 dieser 30 Unternehmen haben einen zentralen Ansprechpartner für Diversity-Management implementiert.[196]

Das Portfolio aller Instrumente und Maßnahme zur Erhöhung des Frauenanteils im Top-Management ist in Abbildung 24 zusammengefasst.

Der Anteil der Frauen im Management wird steigen, wenn in Wirtschaft und Gesellschaft verschiedene Lebensmodelle nebeneinander akzeptiert werden und Frauen nicht stigmatisiert oder bestraft werden, wenn sie neben ihrer beruflichen Karriere auch Mütter sind. Gleichzeitig wird sich die Arbeitskultur verändern, denn aufreibende Arbeitszeiten führen nicht automatisch zu Produktivität. Eine Kultur des Miteinanders in gemischten Management-Teams – statt

- Diversity Management in der Unternehmensstrategie und -kultur verankern
- Transparente und objektive Leistungsbeurteilung
- Betriebliche Laufbahnplanung mit systematischer Qualifizierungsbedarfserhebung und -planung
- Führungskräfteentwicklungs-Programme implementieren
- Leadership Monitoring installieren
- Coaching/Mentoring/Networking fördern
- Familienbejahende Strukturen schaffen
- Flexible Modelle in Arbeitszeit und Einsatzort entwickeln
- Employer Branding
- Laufender systematischer Wissenstransfer

Abbildung 24: Portfolio an Instrumenten und Maßnahmen zur Erhöhung des Frauenanteils im Top-Management

erbitterter Konkurrenzkämpfe unter extremen Bedingungen – wird hingegen die Ergebnisse zweifellos verbessern.

Nachfolgend eine Zusammenfassung der Maßnahmen, die erforderlich sind, um eine Unternehmenskultur und ein Arbeitsumfeld zu schaffen, welche Frauen den Weg ins Top-Management ebnen und damit den nachhaltigen Erfolg der Unternehmen sichern:

➤ Entwicklung einer Unternehmenskultur, in der Frauen im Top-Management als selbstverständlich angesehen werden

➤ Anstreben eines »Fair Share« von Frauen bei Neueinstellungen

➤ Objektive Leistungsbeurteilung

➤ Führungskräfteentwicklungs-Programme

➤ Transparente Beförderungskriterien

➤ Diversity-Management als ganzheitliches Konzept des Umgangs mit personeller Vielfalt im Unternehmen

➤ Coaching und Mentoring

➤ Individuelle Trainingsprogramme für Frauen

- Integration und interne Netzwerke
- Familienbejahende Strukturen durch Einrichtung von Betriebskindergärten und Kitas mit berufskompatiblen Öffnungszeiten
- Bessere Vereinbarkeit von Beruf und Familie durch mehr öffentliche Kinderbetreuungsplätze
- Schaffung eines innovativen und flexiblen Arbeitsumfelds: Job-Sharing, Elternzeit, Sabbaticals, Teilzeit für Führungskräfte
- Flexible Arbeitszeitmodelle
- Berücksichtigung der Work-Life-Balance, Vereinbarkeit von Berufs- und Privatleben
- Bevorzugung von Arbeitsteams, die aus Frauen und Männern bestehen: Sie sind leistungsfähiger, kommunikativer und offener für unterschiedliche Blickwinkel.
- Engagement, Zielsetzung und Durchsetzung einer stärkeren Beteiligung von Frauen durch die oberste Führungsebene der Unternehmen
- Aufnahme von Gleichstellungsaspekten in den Geschäftsberichten
- Nachhaltige Mitarbeiterbindung: Wissen, Talente und Erfahrungen der Mitarbeiter sollen dem Unternehmen erhalten bleiben
- Cross-Culture-Programme durch Mentoring und Networking

Die Verantwortung des Human Resource Managements

Bei der Besetzung einer bestimmten Position darf die Frage nicht lauten: Mann oder Frau?, sondern einzig und allein: Wer bringt die besten Voraussetzungen mit? Und trotzdem stößt man in Top-Management-Positionen immer wieder auf das allgemein bekannte Phänomen der »homosozialen Reproduktion«. Demnach tendieren Entscheider – auch unterbewusst – dazu, Personen zu befördern, an denen sie Ähnlichkeiten mit sich selbst wahrnehmen. Man sortiert Bewerber danach, was man kennt, und Männer kennen Männer und vertrauen Männern. Sie lassen Personen aufsteigen, die so sind wie sie. Die Wahrnehmungsverzerrungen, die beim Beurteiler und Entscheider auftreten, sind durch seine Selbstwahrnehmung, sein Unterbewusstsein und sein Informationsverarbeitungssystem geprägt. Es sind vor allem kognitive Konstrukte wie Personenschemata, Stereotype und Projektionen der eigenen Gefühle in den anderen, die zu Wahrnehmungsverzerrungen und subjektiver Beurteilung führen. Zu diesem Ergebnis ist auch der Eliteforscher Michael Hartmann von der Technischen Universität Darmstadt gekommen. Seine These: »Niemand redet offen darüber, aber bei der Besetzung von Spitzenpositionen geht es immer darum, ob die Chemie stimmt.« Und bei einem Mann ist der Kreis der Entscheidungsträger recht schnell einig, ob er passt.[197] Dieser Kreis muss unterbrochen werden, denn je weniger Frauen unter den Entscheidern sind, desto schlechter sind die Chancen für andere Frauen, befördert zu werden. Ein modernes Personalmanagement berücksichtigt die unterschiedlichen Potenziale und Bedürfnisse von Frauen und Männern in Führungspositionen und ermutigt Frauen zum Karrieresprung. Die Bedeutung des Themas »Frauenquote im Management« ist scheinbar noch nicht bis in alle Unternehmen durchgedrungen. Gender Balance ist keine Maßnahme des Employer Brandings, um Rekrutierungsprobleme zu lösen und das Image des Unternehmens aufzupolieren. Es ist ein strategisches Businessthema, das top-down umgesetzt werden muss. Die Frauenförderung wird scheitern, wenn sie nur an einen Diversity-Verantwortlichen delegiert wird, ohne dass das Management ganz klare Ziele setzt, bis wann welche Führungspositionen mit Frauen besetzt sein müssen. Gleichzeitig muss das Unternehmen einen Kulturwandel einleiten und über alle Unternehmensbereiche hinweg Maßnahmen implementieren, die durch eine familienfreundliche Politik zu einer Chancengleichheit im Unternehmen führen. Um Frauen den Zugang ins Top-Management zu ermöglichen, muss das Management eine veränderte Personalpolitik und den damit verbundenen Kulturwandel vorbehaltlos unterstützen. Ein besonders häufiges Einstellungs- und Aufstiegshindernis ist die Sorge vor höheren Fluktuationsraten der weiblichen Führungskräfte durch die Familienplanung. Es gibt jedoch zahlreiche nationale und internationale Untersuchungen, die nachweisen, dass Managerinnen weder eine niedrigere Durchschnittsproduktivität noch eine höhere Fluktuationsrate haben.

Um Frauen im Unternehmen zu fördern und zu entwickeln sind thematische Schwerpunkte der Personalarbeit zu setzen. Dabei sind die wichtigsten Themenkomplexe:

Führung	Vision
Motivation	Dynamik
Mitarbeiterentwicklung	Mitarbeiterperspektive
Familienorientierung	Demografie

Das Human Resource Management ist dafür verantwortlich, die Mitarbeiterinnen und Mitarbeiter bei der Entwicklung ihrer klaren beruflichen Ziele zu unterstützen und für effiziente Maßnahmen der Weiterbildung wie z. B. Coaching und Mentoring zu sorgen. Dazu zählt auch eine individuelle Elternzeitberatung, die gewährleistet, dass Mitarbeiterinnen und Mitarbeiter vor dem Eintritt in die Elternzeit über ihre persönlichen Entwicklungsmöglichkeiten im Unternehmen informiert, während der Elternzeit begleitet, über die Möglichkeiten des Wiedereinstiegs umfassend beraten und beim Wiedereinstieg unterstützt werden.

Unternehmen, die es bei der Besetzung von Top-Management-Positionen mit Frauen ernst meinen, implementieren gezielte Entwicklungs- und Mentorenprogramme für weibliche Mitarbeiterinnen mit Führungspotenzial. Denn die weiblichen Führungsattribute Wahrnehmungs- und Einfühlungsvermögen, Kommunikationsfähigkeit, Analysekompetenz und Ausdauer sind für den Erfolg eines Unternehmens unerlässlich.

Ein wesentliches Kriterium, um berufliche und persönliche Lebensplanung miteinander verbinden zu können, sind – insbesondere für Frauen, die auf eine Familie nicht verzichten möchten – flexible und innovative Modelle zur Arbeitszeitgestaltung, die auch die Anforderungen in Führungspositionen berücksichtigen. Dazu zählt die konsequente Schaffung und Umsetzung von unternehmensspezifischen Standards zur Vereinbarkeit von Beruf und Privatleben, auch für Personen in Führungsverantwortung und im Top-Management. Individuelle Entwicklungsprogramme für Frauen in Führungspositionen konzentrieren sich auf die individuellen Stärken und die persönliche Entwicklung. Sie folgen dem Prinzip »Training on the job« und unterstützen die Teilnehmerinnen dabei, ihre Ziele zu erreichen. Dabei werden konkrete Karriereziele festgelegt und die erforderlichen Schritte für die Umsetzung geplant.

Das Human Resource Management hat die zentrale Aufgabe, die Voraussetzungen für einen höheren Frauenanteil in Top-Management-Positionen zu schaffen. Der Human Resources Manager muss visionär und missionarisch auftreten, damit die Erkenntnis verankert wird, dass zukünftig Arbeitskräfte fehlen werden und ein Wettlauf mit der Zeit bevorsteht. Denn nur wer versteht, dass das Finden und Entwickeln von Talenten die zentrale Herausforderung in unserer Wissensgesellschaft sein wird und auch entsprechend handelt, wird sich in Zukunft durch einen Wettbewerbsvorteil behaupten konnen. Wer sich dem demografischen Wandel nicht stellt und nicht wahrnehmen möchte, dass nach einer Prognose-Studie bis 2015 fast 3 Millionen Arbeitskräfte fehlen werden[198], wird in Zukunft nicht mehr wettbewerbsfähig sein.

Jene Unternehmen, die bereits heute auf eine Frauenquote von 20 Prozent in ihrer Führungsetage blicken können, haben diese Ergebnis nicht mit Macht forciert, sondern durch ein ausgereiftes Human Resource Management erreicht, und dabei die in Abbildung 25 dargestellten Themenschwerpunkte miteinander vernetzt.

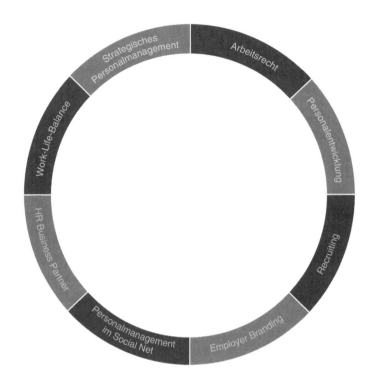

Abbildung 25: Themenschwerpunkte Human Resource Management

Innerbetrieblich klar formulierte Zielsetzungen in der Personalentwicklung erreichen nachhaltig mehr als verordnete Frauenquoten, die das Klima und die Kultur gefährden können. Die ThyssenKrupp AG beispielsweise weiß, dass sie längst – auch in der männlich dominierten Ingenieurswelt – auf Frauen nicht mehr verzichten kann. Prof. Dr. Ekkehard D. Schulz, ehemaliger Vorstandsvorsitzender der ThyssenKrupp AG bestätigt: »Frauen bringen Deutschland voran: Sie haben exzellente Abschlüsse, sind erfolgsorientiert und kreativ. Höchste Zeit, solche Impulse auch in der männlich dominierten Ingenieurswelt zu setzen.«[199] Er vertritt u. a. die These, dass Investitionen in Bildung und Ausbildung nicht nur der Politik überlassen werden können, sondern in der unternehmerischen Verantwortung liegen, und dass die Begeisterung für Technik schon bei Kindern geweckt und gezielt gefördert werden muss. Schulz sieht in den Ingenieuren den Motor des Fortschritts, weil sie insbesondere in den Zukunftsfeldern Mobilität, Ressourceneffizienz und Klimawandel entscheidend zur Lösung der Probleme der Menschheit beitragen. In seinem Buch »55 Gründe Ingenieur zu werden« weist er darauf hin, dass Deutschland die Voraussetzungen dafür schaffen muss, Fachkräfte zu gewinnen und dauerhaft zu halten, und damit sind alle gemeint: Wirtschaft, Wissenschaft, Politik, Schule und Eltern. Er vertritt die These, dass die Zukunft der Technik weiblich ist und setzt sich für Frauenförderung ein.[200]

Eine erfolgreiche Implementierung der ganzheitlichen Instrumente und Maßnahmen mit dem Ziel, mehr Frauen ins Top-Management zu befördern, ist ohne ein kontinuierliches Personalcontrolling nicht Erfolg versprechend. Ein laufender Soll-Ist-Vergleich dokumentiert die bereits erreichten Zwischenziele. Dem Personalcontrolling kommt eine wesentliche Aufgabe dabei zu, das Human Resource Management zu unterstützen und das Management mit regelmäßigen Informationen und Meilensteinen zu versorgen. Folgende Kennzahlen sollten – neben den operativen und strategischen Unternehmenskennzahlen über Rendite, Kapitalstruktur und Liquidität sowie Aktivitätskennzahlen – zukünftig Standard eines jeden Management-Reportings sein:

➤ Anteil Frauen und Männer im Unternehmen, getrennt nach den verschiedenen Bereichen
➤ Anzahl der weiblichen Führungskräfte auf allen Hierarchieebenen

Die Dokumentation der Aktivitäten und Prozesse zur Erreichung der gesetzten Ziele ist nicht nur kurzfristig, sondern auch langfristig auszulegen. Der Erfahrungsaustausch und ein jährliches Benchmarking mit anderen vergleichbaren Unternehmen liefern wesentliche Kenntnisse über die gesamtwirtschaftliche Entwicklung des Potenzials von Frauen in Führungspositionen.

Erfolgsprinzipien

Alle erfolgreichen Unternehmen werden nach denselben Prinzipien geführt. Management ist weit mehr, als sich selbst und andere wirksam zu machen und im turbulenten Tagesgeschäft unter schwierigen Bedingungen die richtigen Entscheidungen zu treffen. Die Wirksamkeit eines Top-Managers geht weit über die Organisation hinaus – Qualität und Effektivität von guten Managern beeinflussen die Funktion unserer Gesellschaft. Wirksames Management hat Einfluss auf die Leistung unserer Volkswirtschaft und verlangt moralisch und ethisch verantwortliches Handeln. Bisher sind es nur einzelne Frauen, die ihre berufliche Laufbahn strategisch planen und das stereotype Frauenbild hinter sich lassen, die sich Ziele stecken und traditionelle Denkmuster überwinden. Aber wo es Vorbilder gibt, wird es auch Nachahmer geben. Erfolg ist im Leben nicht nur das Resultat harter Arbeite, exakter Planung oder der ehrgeizigen Realisierung individueller Ziele. In einem tieferen Sinn umfasst Erfolg viel mehr: Lebensfreude, erfüllende Beziehungen, kreative Freiheit, Wohlbefinden, Gesundheit und emotionale und seelische Stabilität. Und ohne die entsprechende geistige Einstellung werden weder Erfolg noch Lebensglück erreicht werden. Nachhaltig erfolgreich sind nur diejenigen, die ihre Lebensaufgabe und ihre persönliche Balance gefunden haben und wissen, wann sie ihre Leistungs- und Belastungsgrenze überschreiten. Negativer Stress und eine permanente Dauerbelastung, die über die persönlichen Leistungsgrenzen hinausgeht, schwächen die Leistungsfähigkeit und wirken sich nachteilig auf das physische und psychische Wohlbefinden aus. Die nachstehenden Erfolgsprinzipien habe ich auf meinem beruflichen Lebensweg für mich definiert. Sie zeigen den Weg ins Top-Management auf und führen zu Lebenszufriedenheit statt zu kontinuierlicher Überlastung. Das Festhalten an diesen Grundsätzen hat mir dabei geholfen, auch in schwierigen Situationen durchzuhalten, wenn so mancher Selbstzweifel aufgekommen ist.

Erfolgsprinzipien

1. Verlassen Sie Ihre Komfortzone.

2. Stecken Sie sich klare Ziele und verfolgen Sie diese konsequent.

3. Planen Sie Ihren beruflichen Werdegang strategisch und stellen Sie einen persönlichen Karriereplan auf.

4. Beatworten Sie sich ehrlich die Frage, ob Sie bereit sind, den Preis für eine Management-Position zu bezahlen.

5. Verlassen Sie sich nicht auf die anderen, sondern auf sich selbst.

6. Machen Sie sich unabhängig.

7. Bewahren Sie sich Ihre Persönlichkeit und Einzigartigkeit.

8. Glauben Sie an die Kraft der Überzeugung.

9. Seien Sie ehrgeizig und hartnäckig und suchen Sie immer wieder neue Herausforderungen.

10. Setzen Sie sich durch, auch gegen den Widerstand der anderen.

11. Suchen Sie sich einen guten Mentor und vertrauenswürdigen Coach.

12. Verbünden Sie sich und investieren Sie ausreichend Zeit in ein effektives Netzwerk.

13. Zeigen Sie Fingerspitzengefühl und Diplomatie.

14. Stellen Sie sich selbst nicht immer infrage.

15. Betonen und vermarkten Sie Ihre Einzigartigkeit.

16. Seien Sie Vorbild für andere Frauen, denn wo es Vorbilder gibt, gibt es auch Nachahmer.

17. Geben Sie niemals Ihre Authentizität und Identität auf.

18. Finden Sie Ihre persönliche Balance im Leben.

19. Verlieren Sie niemals das Ziel aus den Augen.

20. Ergreifen Sie die Chancen, die Ihnen das Leben bietet.

Das Leben (der) des Anderen
(Pietro Gallone)

Ganz gleich, welches Lebensmodell ein Paar lebt: Das Leben konfrontiert uns täglich mit Anforderungen und seinen ganz normalen Zumutungen. Einige davon sind klein und nichtig, andere aber so gewaltig, dass es auf sie keine einfachen und endgültigen Antworten gibt. Sie können auch unsere Gefühle füreinander völlig überlagern. Deshalb kann eine Partnerschaft unmöglich nur auf Zuneigung und Liebe gründen. Um dem Alltag zu begegnen und ihn bestehen zu können, braucht es ein anderes, handfesteres Rüstzeug, und als erstes fallen mir dazu immer gegenseitiger Respekt und Loyalität ein. In seinem Roman »Nachtzug nach Lissabon« beschreibt Pascal Mercier eine Unterhaltung, in der es um Liebe und Loyalität geht. Sie läuft darauf hinaus, dass gegenüber einem anderen Menschen empfundene Loyalität aus den unterschiedlichsten Gemeinsamkeiten, nicht aber aus Liebe entstehen kann. Denn die Loyalität ist kein Gefühl sondern »ein Wille, ein Entschluss, eine Parteinahme der Seele.«[201]

Wer den Entschluss gefasst hat, für seinen Partner Partei zu ergreifen und diesen Entschluss nicht von momentanen, rationalen Überlegungen und auch nicht von Gefühlen abhängig macht, die unter dem Druck des Alltags in den Hintergrund treten können, wird auch in den schwierigen Zeiten einer Partnerschaft dem anderen ein Gefährte sein können. Meine Frau und ich sichern uns gegenseitig diese Loyalität zu und haben sie im Lauf der Zeit oft vom anderen gespürt. Sie ist ein wichtiger Bestandteil unseres gemeinsamen Fundaments. Wer also die folgenden Zeilen liest, muss wissen, dass ich, der Ehemann der Autorin des vorliegenden Buchs, keine Objektivität in Anspruch nehme. Im Gegenteil: Meine Parteinahme ist eindeutig, und ich liebe diese Frau.

In unserem Haus hängt eine großformatige Fotografie, die meine Frau und mich zeigt. Sie wurde in einem Treppenhaus aufgenommen und wir steigen, hintereinander gehend, eine Wendeltreppe hinauf. Der Fotograf hat das Bild bearbeitet: Der Anfang und das Ende der Treppe sind nicht erkennbar. Der Himmel im Hintergrund erweckt den Eindruck, sie stehe im Freien und führe in eine nicht bestimmbare Höhe. Meine Frau geht vor mir die Treppe hinauf und schaut sich dabei zu mir um. Wir lächeln einander zu und ich folge ihr. Ihr Lächeln ist sehr offen und wirkt irgendwie stark. Meines ist dagegen etwas zurückhaltender.

Ich beschreibe dieses Bild, weil es einen Eindruck vermittelt, wie Freunde, Bekannte, sicher aber uns zunächst fremde Menschen, denen wir gemeinsam begegnen, uns wohl als Paar wahrnehmen. Wenn wir gemeinsam in einer Runde erscheinen, zieht meine Frau in der Regel die Aufmerksamkeit auf sich, sie ist sozusagen der Star und ich bin im Hintergrund. Ich kommuniziere gern mit Menschen, gehe aber mit einer Portion Vorsicht auf fremde Menschen zu, lasse erst einmal einen gewissen Abstand bestehen. Das mag mit meiner Persönlichkeit zu tun haben oder damit, dass ich in einer konservativen Branche arbeite, in der Beziehungen meist erst über längere Zeit entstehen und forsches Auftreten mitunter skeptisch beäugt wird. Vielleicht möchte ich meinem Gegenüber erst einmal Zeit und Raum geben, vielleicht möchte ich auch mich selbst sichern und nicht sofort öffnen. Wenn meine Frau zuhört, ist sie äußerst aufmerksam, und wenn sie spricht, strahlt sie eine große Energie aus. Auch wenn sie nichts sagt, erzählt sie allein durch ihre Ausstrahlung eine Geschichte. Es ist auch die Geschichte einer starken, selbstbewussten und erfolgreichen Frau, und nicht immer ist Anerkennung die Reaktion der Umgebung. Ich kann häufig feststellen, dass die energiegeladene Präsenz und das offene Selbstbewusstsein meiner Frau von der Umgebung ganz anders wahrgenommen werden, als es bei einem Mann der Fall wäre. Einem Mann werden diese Merkmale ohne Skepsis zugestanden, und womöglich werden sie von einem Mann auch als Ausdruck und Beleg seiner Stärke und seines Erfolgs erwartet. Eine selbstbewusste Frau stößt dagegen oft auf Argwohn, und auch ich habe anfänglich, als wir uns kennenlernten, meiner Frau gegenüber ähnlich empfunden.

Bei unserer ersten Begegnung war ich sofort von meiner heutigen Frau fasziniert, und dennoch kann ich nicht verhehlen, dass mich ihre starke Erscheinung auch irritierte. Damals hatte sie schon beeindruckende Etappen ihrer Karriere hinter sich, und obwohl sie noch sehr jung war, wirkte sie auf mich schon zielbewusster und siegesgewisser – nicht nur als die allermeisten anderen Menschen, sondern auch als ich selbst. Dabei kam sie ohne das prahlerische Element aus, das bei vielen männlichen Gesprächspartnern umso mehr vorhanden ist. Ihre Selbstsicherheit hatte eher einen unbeschwerten, fast fröhlichen Ausdruck, war aber nicht weniger deutlich.

Den Begriff Charisma assoziieren die meisten Menschen heute mit charismatischen Führungspersönlichkeiten, Politikern oder Managern, denen wir zugestehen, dass sie sich vorbildhaft verhalten, dass sie Visionen vermitteln und ihre Umgebung zu besonderen Leistungen oder sogar Opfern motivieren können. Die ursprüngliche Bedeutung des aus dem Griechischen stammenden Wortes ist die »Gnadengabe« und bezeichnet die dem Menschen von Gott geschenkten (nichtmateriellen) Güter.[202] An dieser letzten Definition gefällt mir, dass die besondere Gabe als Geschenk verstanden wird, und ich verbinde damit, dass sie sorgsam und verantwortungsvoll zu verwenden ist. Menschen, die über diese Gabe und ein gesundes Selbstbewusstsein verfügen, können Besonderes erreichen. In meinen Augen verfügt meine Frau über eine charismatische Ausstrahlung. Was sie aber vor allem auszeichnet, ist, dass sie sich niemals allein auf ihre Ausstrahlung oder generell ihre kommunikativen Fähigkeiten verlässt, sondern alle Aufgaben zuallererst mit der ihr eigenen Leidenschaft und mit Fleiß und Disziplin angeht.

Einige markante Wesenszüge sind bei uns beiden nicht so einseitig oder eindeutig verteilt, wie es einer althergebrachten Rollenverteilung entsprechen würde. Wenn meine Frau und ich gemeinsame Bekanntschaften machen, ist sie meist die aktivere Kommunikatorin und zieht damit die Aufmerksamkeit bereits auf sich. Spätestens wenn die typischen Smalltalk-Themen Beruf, Branche und Position im Unternehmen zur Sprache kommen, haben unsere Gesprächspartner sich einen Eindruck über uns als Paar gemacht: Die Frau ist offensichtlich präsenter als ihr Mann. Ihre Berufsbezeichnung drückt mehr Status aus als seine und Werbebranche ist sowieso viel mehr sexy als irgendetwas mit - was war es noch? - ja richtig, etwas mit Industrie. Nebenbei bemerkt ist dieser Eindruck sachlich betrachtet durchaus nicht falsch. Gemessen an denkbaren, objektiven Maßstäben ist meine Frau in ihrem Beruf erfolgreicher als ich es in meinem bin. Diese Konstellation ist bei berufstätigen Paaren nicht die Regel, und bei Paaren, in welchen die Männer über ein Jahresnettoeinkommen von mehr als 20.000 Euro verfügen, liegt der Anteil der Frauen, die mehr als 60 Prozent zum Familieneinkommen beitragen, bei gerade einmal 0,7 Prozent[203] [204]. Selbstverständlich gibt es viele Paare, die sich ganz bewusst und aus guten und mir verständlichen Gründen für ein traditionelles Lebensmodell entscheiden. Dennoch ist die genannte Zahl zumindest ein Indikator dafür, welch seltsamer Fall wir beide zumindest für einige Menschen sein mögen.

Bemerkenswert finde ich auch Untersuchungen, die aufzeigen, dass die Intelligenz einer Frau im Beuteschema des Mannes eine sehr untergeordnete Rolle spielt. Äußerlichkeiten, wie volle Lippen und glatte Haut, sind wichtiger und verdrängen die Intelligenz auf den zehnten Rang der Kriterienliste der Männer. Deshalb ist es für erfolgreiche Frauen eher schwer, einen männlichen Partner zu finden. Einige ihrer Eigenschaften, mitunter jene, denen sie ihren Erfolg zu verdanken haben, wie Intelligenz und Durchsetzungsvermögen, sind bei der Partnersuche einfach nicht förderlich.[205] Männer ziehen Frauen vor, die nett, verständnisvoll, gesund und attraktiv sind. Ich kenne kaum einen Mann, der diese Zusammenhänge bestätigen würde. Die genannten Zahlen sprechen allerdings eine eindeutige Sprache.

Als ich meine Frau kennenlernte, befanden wir uns auf vergleichbaren Ebenen der Karriereleiter. Meine Frau ist aber acht Jahre jünger als ich, und ich hatte recht bald das Gefühl, dass sie mich überholen würde. Unsere beruflichen Wege sind unterschiedlich verlaufen und sicherlich hat meine Frau mehr Energie, Ehrgeiz und Zeit aufgewendet, um ihre persönliche Karriere voranzutreiben. Was mich betrifft, blicke ich auf eine erfolgreiche berufliche Entwicklung zurück. Lebenserfolg definiere ich persönlich aber nicht ausschließlich als das Resultat harter

Arbeit oder mit der Realisierung ehrgeiziger Karriereziele. Meine Definition für Erfolg und Zufriedenheit hat mich dazu gebracht, die Arbeit in einem mir auch menschlich sehr nahen Umfeld mehr zu schätzen als den einen oder anderen zusätzlich möglichen Karrieresprung. Wichtig ist mir auch das Gefühl, Zeit zu haben. Zeit für meine zahlreichen berufsfremden Interessen und vor allem für eine erfüllende Beziehung mit meiner Frau. Letzteres wäre nicht möglich, wenn wir beide die gleiche Zeit für unsere Karriere aufwendeten.

Unsere Stärken liegen in unterschiedlichen Bereichen. Meine Frau ist dabei in einigen, für eine Karriere entscheidenden Disziplinen, exzellent. Sie hat auf ihrem Weg persönliche Einschränkungen in Kauf genommen und Vertrautes losgelassen, um neue Chancen zu ergreifen. Und mit Fleiß, bemerkenswerter Zähigkeit, einer bewussten Karriereplanung und dem Mut, Chancen wahrzunehmen, hat sie es sehr weit gebracht. Mir ist ein Neidgefühl in diesem Zusammenhang völlig fremd und ich bin sehr stolz auf meine Frau – und dieses Gefühl bezieht sich bei weitem nicht nur auf ihre beruflichen Leistungen. Uns eint unter anderem unsere Herkunft aus sogenannten einfachen, aber ehrbaren Verhältnissen. Wir haben aus den einfachen, positiven Werten, die uns mitgegeben wurden, viel Gutes schöpfen können – auch die Fähigkeit, sich über Erreichtes freuen und Dankbarkeit empfinden zu können.

Seitdem wir ein Paar sind, sind wir beide berufstätig, und als gute Doppelverdiener sind wir von dem Druck, den viele alleinige Familienernährer, vor allem Männer, mehr oder weniger verspüren, nicht betroffen. Nun hat beruflicher Erfolg viele angenehme Seiten. Er verschafft uns Selbstbestätigung, gesellschaftliche Anerkennung und in vielen Fällen ein höheres Einkommen. Langfristig steigen die Chancen für eine bessere finanzielle Absicherung und einen höheren Lebensstandard. Auch kann Konsum in einem gewissen Rahmen durchaus befriedigend sein. Aber auch diese Medaille hat zwei Seiten und wir zahlen für die schöne Seite einen Preis. Dieser wird in einer, vor allem mit fortschreitendem Lebensalter, immer knapper werdenden Ressource bezahlt: der Zeit. Es ist nichts Schlechtes daran, große Teile seiner Lebenszeit in eine befriedigende Arbeit zu investieren. Arbeit allein aber macht Menschen auf Dauer nicht glücklich und all das, was Arbeit uns nicht geben kann, erwarten wir von dem anderen Teil unseres Lebens, dem privaten Leben und zu großen Teilen auch von unserem Lebenspartner.

Bislang nimmt die Arbeit im täglichen Leben meiner Frau einen größeren Raum ein als in meinem. Das teilweise extreme berufliche Engagement meiner Frau beeinflusst unser gemeinsames Leben enorm. Für mich bedeutet dies in erster Linie einen großen Verzicht. Ich verzichte auf gemeinsame Zeit und gemeinsame Erlebnisse mit dem für mich wichtigsten Menschen. Es bedeutet zudem, dass die traditionelle Rollenverteilung auch in unserem privaten Bereich wenig zutrifft, was ich aber für mich als Gewinn empfinde.

Ich versuche, bei meiner persönlichen Bilanz das Gesamte zu sehen und zu werten, und resümiere, dass meine Frau und ich ein erfülltes Leben führen, in dem uns viel Glück beschieden ist. Die Einschnitte, die ebenfalls zu unserem und zu meinem Leben gehören, akzeptiere ich in diesem Zusammenhang gern. In den Tagen, in denen ich diese Zeilen schreibe, übernimmt meine Frau als European Finance Director für BBDO Europe eine neue Aufgabe. Wir haben diesen Schritt gemeinsam überlegt und entschieden, und ich werde ihr weiter ein Gefährte sein und sie auf ihrem Weg unterstützen.

Die Lebensentwürfe der Menschen sind unterschiedlich und zutiefst persönlich. Als Paar auch individuelle Prioritäten und Entwicklungen zuzulassen, stellt Anforderungen an beide Partner. Meine Frau und ich haben unser Lebensmodell auf dem gemeinsamen Lebensweg immer wieder tariert und damit unsere Beziehung letztendlich sehr bereichert. Auf der Fotografie, die ich eingangs beschrieb, geht meine Frau vor mir die Treppe hinauf und schaut sich dabei zu mir um. Wir lächeln einander zu und ich folge ihr. Ihr Lächeln ist sehr offen und wirkt irgendwie stark. Meines ist dagegen etwas zurückhaltender. Meine Hand ruht im Hinaufgehen bei meiner Frau, aber das Entscheidende ist, dass sich unsere Blicke begegnen und darin das Lächeln des Anderen liegt.

Nachwort

Frauen sind als Studentinnen erfolgreicher, sie verbessern die Bilanzen und prägen einen Management-Stil, der als moderner und zeitgemäßer gilt. Warum ist die Frauenquote in Top-Management-Positionen trotzdem so gering und in manchen Branchen sogar rückläufig? Die Not der Wirtschaft, Frauen ins Top-Management zu befördern, ist unübersehbar. In den unterschiedlichsten Bereichen wurde die Existenz von Geschlechterunterschieden in diesem Buch deutlich. Ich sehe darin keine Gefahr, sondern den Schlüssel zum Erfolg, denn ein differenziertes Verständnis der Unterschiede zwischen Mann und Frau vereint die besten Kräfte miteinander und führt Unternehmen zum Fortschritt.

Von der englischen Frauenrechtlerin Emmeline Pankhurst stammt das Zitat: »Frauen sind erst dann erfolgreich, wenn niemand mehr überrascht ist, dass sie erfolgreich sind.«[206] Wann werden wir nicht mehr überrascht sein, wenn eine Frau in den Vorstand eines DAX-Konzerns berufen wird? Die Arbeit an dem Buch hat mir deutlich gemacht, dass es noch lange keine Selbstverständlichkeit sein wird und noch viel Pionierarbeit notwendig ist, um das von der Regierungskommission Deutscher Corporate Governance Kodex (DCGK) vorgegebene Ziel zu erreichen. Denn alle noch so rationalen Argumente allein bewirken nichts. Nur wenn das Thema Frauenforderung in der obersten Unternehmensspitze verankert ist und auch mit Priorität verfolgt wird, werden gesetzte Ziele erreicht werden und wir zukünftig vielen Frauen auf Vorstandsebene begegnen. Die ökonomische Vernunft und Notwendigkeit wurde in diesem Buch hinreichend erläutert. Wer das nicht begreift, wird scheitern.

Der Präsident der Vereinigten Staaten von Amerika ist einer der mächtigsten Männer der Welt. Der amtierende Präsident, Barack

Obama, weiß, warum er es ganz nach oben geschafft hat: »The surest path to success is to surround yourself with brilliant women.«[207]

Ob die Herren in Deutschen Vorständen es ebenso sehen? Die Botschaft der EU-Kommissarin Viviane Reding ist deutlich: Wenn bis 2020 kein deutlicher Anstieg des Frauenanteils im Management auf mindestens 40 Prozent der Aufsichtsratsmandate erkennbar ist, wird eine Quote unumgänglich (bis 2015 sollen 30 Prozent erreicht sein). Sie droht mit einer gesetzlichen Regelung, wenn nicht schon bis Ende 2011 erste konkrete Fortschritte erreicht wurden. Dieser Androhung entsprach der DCGK mit seiner Weisung, dass Aufsichtsräte in Deutschland nicht nur internationaler, sondern auch weiblicher sein müssen. Alle börsennotierten Aktiengesellschaften haben gemäß § 161 Aktiengesetz (AktG) diesem Kodex zu folgen oder zu erklären, warum dieser Empfehlung nicht entsprochen wurde. Da gemäß Absatz 2 § 161 AktG diese Erklärung dauerhaft öffentlich zugänglich zu machen ist, kann eine Nichtbefolgung dem Image des Unternehmens nachhaltigen Schaden zufügen. Ab 2011 müssen börsennotierte Aktiengesellschaften in ihrem Corporate-Governance-Bericht schriftlich begründen, warum sie nur wenige oder keine Frauen in ihr Aufsichtsratsgremium berufen haben. Auf die Begründungen dürfen wir gespannt sein, denn vernünftige, rationale Gründe gibt es dafür keine, ganz im Gegenteil – das wurde in diesem Buch hinreichend dargelegt. Aber vielleicht führen die marktwirtschaftlichen Prinzipien letztendlich eher zu einer Selbstverpflichtung der Wirtschaft als staatliche Verordnungen. Dann muss auch nicht mehr darüber diskutiert werden, ob der DCGK verfassungsgemäß ist, weil der Staat nicht die personelle Besetzung von Gremien privater Gesellschaften vorzuschreiben hat.[208] Die volks- und betriebswirtschaftliche Notwendigkeit kann nicht mehr ignoriert werden. Der Faktor Frau ist zum ökonomischen Faktor avanciert. Voraussetzung ist jedoch ein Kulturwandel in Vorständen und Aufsichtsräten.

Qualifizierte Führungskräfte sind ein wesentlicher Bestandteil jeder Unternehmensstrategie. Wer Talente will, kann nicht auf 50 Prozent der Bevölkerung verzichten. Es liegt nicht nur an den Unternehmen, die Voraussetzungen für die Vereinbarkeit von Beruf und

Familie zu schaffen. Gefragt sind – neben der Wirtschaft – auch Politik, Bildung, Erziehung und die Medien, die das Bild unserer Gesellschaft wesentlich prägen. Eine veränderte Arbeitswelt muss die entsprechenden Rahmenbedingungen schaffen, und dazu gehören neben vereinfachten gesetzlichen Regelungen Ganztagsschulen und flächendeckende Kinderbetreuung.

Gemischte Führungsgremien von Frauen und Männern sind signifikant erfolgreicher, also kann nur das der Weg in die Zukunft sein, denn diejenigen, die ihre Ressourcen nicht effizient einsetzen, werden mittelfristig vom Markt verdrängt werden. Da Stereotype unser Selbstbild prägen, brauchen wir Vorbilder von mächtigen Frauen im Top-Management. Forscher der Universität Massachusetts[209] in Amherst haben herausgefunden, dass eine Chefin ihre Mitarbeiterinnen – bei entsprechender Kompetenz und Ausstrahlung – dahingehend beeinflussen könnte, dass sie sich selbst eine Führungsposition zutrauen und auch darauf vertrauen, dass das »Konzept Frau und Führung« besser miteinander vereinbar ist. Und wo es Vorbilder gibt, gibt es auch Nachahmer. Da bereits Bilder von Frauen in Führungspositionen Vorurteile abbauen und damit ein neues Selbstbild prägen, sollten Frauen stärker in der Unternehmenskommunikation berücksichtigt werden.[210]

Bei der Diskussion um mehr Frauen im Top-Management geht es nicht nur um die Frage, ob Männer oder Frauen für die Unternehmensführung besser geeignet sind. Es ist vielmehr eine Gesellschaftsdiagnose. Was brauchen wir? Welche Werte finden wir in unserer Gesellschaft wieder? Welche Ziele verfolgen wir? Welche Eigenschaften bringen uns weiter? Eigensinn oder Ehrgeiz? Mut oder Tapferkeit? Bescheidenheit oder Selbstbewusstsein? Wer sind unsere Vorbilder? Es sind die Menschen, die man nicht nur wegen ihres Werkes, sondern wegen ihrer Persönlichkeit verehrt. Wahre Größe braucht nur drei Eigenschaften: Anstand, Haltung und ein Ziel, für das der Einsatz und der Mut sich lohnen.

Danksagung

»Für das Können gibt es nur einen Beweis, das Tun.« Dieses Zitat von Marie von Ebner-Eschenbach[211] begleitet mich seit Beginn meiner beruflichen Laufbahn. Ich hatte die Chance, meinen Weg gehen zu können. Ohne die Menschen, die mir ihr Vertrauen geschenkt und mich haben wirken lassen, wäre mein Weg in dieser Form nicht möglich gewesen.

Die Idee zu diesem Buch entstand während eines Fernsehinterviews zum Weltfrauentag 2010. Am 27. August 1910 wurde auf Anregung der deutschen Politikerin und Frauenrechtlerin Clara Zetkin ein internationaler Frauentag eingeführt, und noch 100 Jahre später brauchen wir diesen Tag offensichtlich, um auf die Benachteiligung von Frauen aufmerksam zu machen. Mit der Arbeit an diesem Buch – bei der ich wunderbar meine persönlichen Erfahrungen einbringen konnte – habe ich mich intensiv mit der Frage auseinandergesetzt, warum es auch im 21. Jahrhundert nicht selbstverständlich ist, dass Frauen mit ihren hervorragenden Qualifikationen nach denselben Kriterien beurteilt werden wie ihre männlichen Kollegen und warum die Quote von Frauen in Management-Positionen trotz aller Bemühungen von Politik und Wirtschaft in Deutschland zu den niedrigsten in ganz Europa gehört. Brauchen wir eine frauen- und familienfreundlichere Kultur? Und kann man die Arbeitswelt – im Zeitalter modernster Technologien – so organisieren, dass erfolgreich sein nicht automatisch bedeutet, bis 23 Uhr abends im Büro anwesend sein zu müssen? Diesen Fragen bin ich aus den verschiedensten Perspektiven auf den Grund gegangen.

In meinen vielen Gesprächen mit Frauen in Führungspositionen habe ich die unterschiedlichsten Lebensmodelle von Frauen kennengelernt: Frauen, die ihre Familie versorgen, Frauen die Karriere machen und Frauen, die beides, Familie und Karriere, unter einen Hut bekommen. Besonders diesen Frauen bringe ich meinen größten Respekt entgegen, denn ich weiß, wie viel Zeit, Energie und Lebensqualität man in die Karriere investieren muss, wenn man eine Position im Top-Management Position anstrebt. Eine Frau, die es geschafft hat, Familie und Karriere zu vereinbaren, und die ich nicht nur deshalb sehr bewundere, ist Margret Dreyer. Sie ist Abteilungsdirektorin Marken- und Produktkommunikation der Postbank AG und hat in den vergangenen Jahren bei der Postbank den Imagewandel von der Spar- und Girobank zu Deutschlands führender Privatkundenbank wesentlich mitgestaltet. Vielen Dank, liebe Frau Dreyer, dass Sie uns im Kapitel »Führungsfrauen sind auch tolle Mütter« Einblick in dieses Thema geben und damit nicht nur all den Frauen Mut machen, die – trotz einer Position im Top-Management – auf eine Familie nicht verzichten möchten, sondern auch beweisen, dass mit Familie eine großartige Karriere möglich ist.

Bei der Recherche zu diesem Buch hat mir Christina Engelmann besonders geholfen. Sie zählt zu jenen jungen Frauen, die im Studium erfolgreicher sind als ihre männlichen Studienkollegen, obwohl sie neben dem Studium arbeitet, um ihre wissenschaftlichen Erkenntnisse in der Praxis anzuwenden. Ich bin davon überzeugt, dass wir noch viel von ihr hören werden, denn sie wird die Karriereleiter bis ganz nach oben erklimmen. Vielen Dank an Carolin Sper, die sich des Themas mit großem Interesse angenommen hat und eine große Stütze bei der Recherche war. Bei der Entwicklung des Buchtitels kam die überzeugende Idee von Aline von Rüden. Danke für Deine Gedanken – und ich bin davon überzeugt: YES YOU CAN. Für die grafische Umsetzung der Abbildungen möchte ich mich bei der jungen und talentierten Stephanie Meyer bedanken. Die Gestaltung des Buchcovers stammt von der begabten Designerin Maria Kiseleva.

Mein besonderer Dank geht an Christian Jund und Evelyn Boos vom Redline Verlag im FinanzBuch Verlag, die sofort von der Idee des Buches überzeugt waren und mich zur Umsetzung dieser Idee angespornt haben. Vor allem Evelyn Boos hat mich im Entstehungsprozess tatkräftig unterstützt.

Bedanken möchte ich mich auch bei meinen Kolleginnen und Kollegen, die mir so manches Mal den Rücken frei gehalten haben. Besonderer Dank gilt meiner Familie und meinen Freunden. Sie haben im Verlauf meiner beruflichen Karriere und in der Zeit, in der mein zweites Buch entstanden ist, immer wieder viel Verständnis und Geduld aufbringen müssen. Dafür gebührt ihnen meine volle Aufmerksamkeit und Zuwendung in den gemeinsamen Momenten.

Hinter jedem erfolgreichen Mann steckt eine starke Frau. Das Gleiche gilt auch umgekehrt: Hinter jeder erfolgreichen Frau steckt ein starker Mann. Ohne das grenzenlose Verständnis meines Mannes, Pietro Gallone, und seine unendlichen Geduld wäre mein Erfolg in dieser Ausprägung nicht möglich gewesen. Er hat uneingeschränkt an mich geglaubt, auch wenn mich selbst gelegentlich der eine oder andere Selbstzweifel beschlich. Denn es war nicht immer einfach, sich als Frau zu behaupten und – in einer Männerwelt – durchzusetzen. In seinem Kapitel »Das Leben (der) des Anderen« gibt er Einblick darüber, welche Herausforderungen von einem Partner zu meistern sind, der an der Seite einer ehrgeizigen Frau lebt, die ihre Karriere konsequent verfolgt.

Es hat mir viel Freude bereitet, dieses Buch zu schreiben, denn ich bin auf viele neue Erkenntnisse gestoßen und habe dabei viel über mich selbst gelernt. In unzähligen Gesprächen habe ich die Inhalte dieses Buches mit Frauen in Top-Management-Positionen diskutiert, und dabei wurde eines deutlich: Das Thema elektrisiert, polarisiert – und wird unsere Zukunft maßgeblich beeinflussen!

Über die Autorin

Marianne Heiß, geboren 1972, ist European Finance Director der BBDO. Als Chief Financial Officer hat sie den Erfolgskurs der BBDO in Deutschland in den Jahren 2006 bis 2011 entscheidend mitgeprägt. Führungsverantwortung hat sie bereits in jungen Jahren übernommen. Mit 21 Jahren war sie die jüngste Betriebsbüroleiterin der Dorint AG. Mit 24 übernahm sie die Leitung des Finanz- und Rechnungswesens der SELLBYTEL, und damit begann ihr erfolgreicher Weg bei BBDO. Während des Studiums der Betriebswirtschaft mit den Schwerpunkten Unternehmensrechnung und Revision sowie Management, Organisations- und Personalberatung arbeitete sie als Finance Director bei PKP BBDO Wien. Ihre Diplomarbeit zum Thema Steuerungsinstrumente und -maßnahmen zur Fixkostensenkung wurde von einer österreichischen Wirtschaftsfachjury mit dem ersten Preis ausgezeichnet. Ihr erstes Buch, »Strategisches Kostenmanagement in der Praxis«, erschien 2004 bei Gabler. Darüber hinaus hat sie zahlreiche Aufsätze zu Wirtschafts- und Führungsthemen veröffentlicht.

Der Lebenslauf der Autorin zeigt eine Arbeitsweise, die von hoher Disziplin geprägt ist. Ihr Fokus liegt in der Entwicklung und Entfaltung der persönlichen Ressourcen. Dabei lässt sie sich von der Überzeugung leiten, dass die eigene Willenskraft alle anderen Motivationen überwiegt, alles wirksame Handeln aber zugleich von ethischen und moralischen Grundsätzen geprägt sein muss.

Marianne Heiß hat ihr Potenzial erkannt, ihre Chancen genutzt und ihre Ideen mit grenzenlosem Engagement durchgesetzt. Mit diesem Buch möchte sie ihr Wissen und ihre Erfahrungen weitergeben und gleichzeitig bewusst machen, welche Chancen in Wirtschaft und Gesellschaft ungenutzt bleiben, wenn das immense Potenzial der Frauen nicht ausgeschöpft wird.

Anmerkungen

1. Bis 1976 brauchte die Frau die Zustimmung des Mannes, wenn sie einem Beruf nachgehen wollte. Er hätte ein gesetzliches Vetorecht gehabt, wenn die Pflichten des Haushalts und der Kindererziehung durch die Arbeit gelitten hätten. 1977 trat die Reform des Ehe- und Familienrechtes in Kraft. Ab diesem Zeitpunkt durfte eine Frau ohne Einverständnis ihres Mannes arbeiten gehen. Im Haushalt waren beide gleichberechtigt. Quelle: Das Parlament (Zeitschrift), Nr. 18, 30.04.2007, http://www.bundestag.de/dasparlament/2007/18/Kehrseite/14749963.html

2. 2008 verdienten Frauen im Schnitt 23 Prozent weniger als ihre männlichen Kollegen. Quelle: Statistisches Bundesamt, Pressemitteilung Nr. 428 vom 12.11.2009 - Gender Pay Gap

3. Quelle: Wochenbericht DIW Nr. 4/2010

4. Quelle: Wochenbericht des DIW Berlin, Nr. 3/2011

5. Quelle: Welt Online, 20.12.2008, www.welt.de/wirtschaft/article2910162/Der-Mann-der-die-Welt-in die Knie-zwang und Die Zeit, Nr. 31, 23.07.2009

6. Ebd.

7. Gowers, Andrew: »Der Mann, der die Welt in die Knie zwang«, in: Welt online, 20.12.2008, www.welt.de, Stand 16.02.2011

8. Scherer, Michael: »The New Sheriffs Of Wall Street – The woman charged with cleaning up the mess«, in: Time vom 24.05.2010.

9. Quelle: 2010 Catalyst Census: Fortune 500 Women Board Directors, Catalyst, 2010

Anmerkungen

10. 2008 zählte Deutschland 82.002.400 Einwohner, davon waren 41.818.100 weiblich. Quelle: Statistisches Bundesamt

11. Erwerbstätige 2008: 40.216.000 Erwerbstätige 2009: 40.171.000 Quelle: Statistisches Bundesamt VGR nach dem Inländerkonzept 18.08.2010

12. Quelle: 12. koordinierte Vorausberechnung des Statistischen Bundesamtes vom 18.11.2009

13. Quelle: Amt für Veröffentlichungen der Europäischen Union: »Mitteilung der Kommission an das europäische Parlament, den Rat, den europäischen Wirtschafts- und Sozialausschuss und den Ausschuss der Regionen: Strategie für die Gleichstellung von Frauen und Männern 2010–2015« © Europäische Union, http://eur-lex.europa.eu/

14. Rede von US-Präsident Barack Obama anlässlich des Clinton Global Initiative Annual Meeting, New York, 23.09.2010. Quelle: White House Release (eigene Übersetzung)

15. Quelle: »Zukunftsvermögen Bildung«, McKinsey-Studie im Auftrag der Robert Bosch Stiftung, Oktober 2008

16. Quelle: »2010 BCG Global Report on Consumers Sentiment – A new world order of consumption«, Boston Consulting Group, 2010, S. 39

17. Zitat von Uwe Seeler im WDR zum Anlass seines 70. Geburtstages am 05.11.2006

18. Vgl. Drucker, 2007, S. 101

19. Quelle: »Women Matter 4«, Mc Kinsey, 2010; untersucht wurden alle börsennotierten Großunternehmen in Europa

20. Prozentualer Anteil der Sektoren am BIP 2009: Produzierendes Gewerbe 22,2 %, Handel, Gastgewerbe und Verkehr 17,5 %, Finanzierung, Vermietung und Unternehmensdienstleister 31,3 %, Öffentliche und private Dienstleister 24,1 % Baugewerbe 4,3 %, Quelle: Statistisches Bundesamt, Deutsche Wirtschaft, 2. Quartal 2010

21. Der Deutsche Nachhaltigkeitspreis wurde 2010 zum dritten Mal vergeben. Die Auszeichnung prämiert Unternehmen, die vorbildlich wirtschaftlichen Erfolg mit sozialer Verantwortung und Schonung der Umwelt verbinden. Ehrenpreise zeichnen Persönlichkeiten aus, die national oder international in herausragender Weise den Gedanken einer zukunftsfähigen Gesellschaft fördern. Quelle: http://www.deutschernachhaltigkeitspreis.de/333-0-Startseite-2010.html, Stand Februar 2011

22. Quelle: Prognos: »Arbeitslandschaft 2030. Steuert Deutschland auf einen generellen Fachkräftemangel zu?«, Auftraggeber vbw – Vereinigung der bayerischen Wirtschaft e.V., 2008

23. Quelle: 12. koordinierte Vorausberechnung des Statistischen Bundesamtes vom 18.11.2009

24. Quelle: Bundesministerium für Arbeit und Soziales: Der Demograf, Szenario 1: Sinken der Geburtenziffer, Anstieg der Lebenserwartung und gleich bleibende Zuwanderung, www.der-demograf.de/index.php?id=102, Stand 04.03.2011

25. Schirrmacher, 2004, S. 9

26. Quelle: DIW Berlin; Statistisches Bundesamt

27. Reinhardt, Susie: »Die Zukunft ist weiblich«, in: Psychologie heute, Heft 7, Juli 2010, S. 29 ff.

28. »Ich bin keine Quotenfrau und war Quoten gegenüber auch immer skeptisch. [...] Aber wenn bis Ende 2011 nichts geschieht, müssen wir über gesetzliche Schritte nachdenken «, Justizkommissarin Viviane Reding im F.A.Z.-Interview vom 22.07.2010, Quelle: http://www.faz.net/-01duv6

29. Die norwegische Regierung hat endgültig die zwangsweise Einführung einer Quote von mindestens 40 Prozent Frauen in Aufsichtsräten von Aktiengesellschaften ab 01.01.2006 beschlossen. Quelle: »Das norwegische Experiment – eine Frauenquote für Aufsichtsräte«, Storvik und Teigen, Juni 2010

30. Schick, Afra: »Stark wie Pippi – Schwedens Frauen profitieren von einer vorbildlichen Gesetzeslage.«, in: Die Zeit, Nr. 36, 02.09.2010, S. 73.

31. Vgl. von der Leyen, Ursula zitiert in: »Ich werde ungeduldig«, in: manager magazin, 41. Jahrgang, Heft 2/2011, S. 92

32. Beyer, Susanne und Voigt, Claudia: »Die Machtfrage«, in: Der Spiegel, Nr. 5, 31.01.2011, S. 64 ff.

33. Boston Consulting Group: »Creating People Advantage 2010 – How Companies Can Adapt Their HR Practices for Volatile Times«, Boston Consulting Group (BCG) in Kooperation mit der World Federation of People Management Associations (WFPMA), 2010

34. Holst, Elke/Wiemer, Anita: »Zur Unterrepräsentanz von Frauen in Spitzengremien der Wirtschaft«, Discussion Paper 1001 des DIW Berlins, Mai 2010

35. Odgers Berndtson: »Deutschlands Chefinnen – Wie Frauen es an die Unternehmensspitze schaffen«, Studie, März 2010

36. Thatcher, Margaret: »Yes I am an iron lady, after all it wasn't a bad thing to be an iron duke, yes if that's how they wish to interpret my defence of values and freedoms fundamental to our way of life.«, Speech to Finchley Conservatives, 31.01.1976

37. United Nations: »2009 World Survey on the Role of Women in Development. Women's Control over Economic Resources and Access to Financial Resources, including Microfinance«, New York, 2009

38. Gary Stanley Becker erhielt 1992 für die Ausdehnung mikroökonomischer Analysen auf weite Bereiche menschlichen Verhaltens den Nobelpreis für Wirtschaftswissenschaften. In »The Economics of Discrimination« (The University of Chicago Press, 1971) und »Social Economics« (Harvard University Press, 2001) beleuchtet er den Einfluss von Rollenbildern auf wirtschaftliche Entscheidungen.

39. Quelle: Zaleznik, Abraham: »Managers and Leaders Are They Different?«, Harvard Business Review, Reprint R0401G, 82 (1), S. 74–81

40. Bund, Kerstin/Storn, Arne: »Mit ihr geht's besser«, in: Die Zeit Nr. 32, 05.08.2010, S. 17

41. Quelle: Eurostat: »Gender pay gap in unadjusted form«, Nace rev. 2, Metadata last certified 22.03.2010

42. Quelle: »Female Power«, in: The Economist, 30.12.2009 Quelle: http://www.economist.com/node/15174418

43. Unternehmen lassen sich ihre Nachhaltigkeit zertifizieren: United Nations Global Compact als Pakt zwischen UNO und weltweiten Unternehmen, um die Globalisierung sozialer und ökologischer zu gestalten. Zertifizierung durch CSR-Standards wie SA8000 (Sozial-Standards) und ISO14001 (Ökologie-Standards).

44. Bevölkerung 2008 mit Hochschulabschluss: 9.266.000, davon Frauen: 3.823.000 Sprich: Auf die Gesamtbevölkerung bezogen haben weniger Frauen einen Abschluss. Quelle: Bildungsstand der Bevölkerung 2009, Statistisches Bundesamt. Aber: 2008 waren die unter 26-jährigen Universitätsstudenten zu 47,7 Prozent männlich und zu 52,3 Prozent weiblich. Quelle: Frauen und Männer in verschiedenen Lebensphasen, Statistisches Bundesamt

45. Quelle: Bundesministerium für Familie, Senioren, Frauen und Jugend: »Frauen in Führungspositionen – Barrieren und Brücken«, Heidelberg, März 2010, beauftragtes und durchführendes Institut: Sinus Sociovision GmbH, Heidelberg, Projektleitung und Autor (Sinus): Dr. Carsten Wippermann

46. Quelle: www.gleichstellen.de, Stand 05.03.2011

47. Quelle: »Führungsmotivation im Geschlechtervergleich«, Helmut Schmidt Universität Hamburg, Bundesministerium für Bildung und Forschung, ESF

48. »Kulturkampf um die Frauenquote«, in: Handelsblatt, Nr. 25, 04./05.02.2011, S. 6

49. Freisinger, Gisela Maria/Schwarzer, Ursula: »Wie frauenfeindlich sind deutsche Konzerne?«, in: manager magazin, 41. Jahrgang, Heft 3/2011, S. 100

50. Grammer, Karl zitiert in: »Einsame Spitze – Warum finden erfolgreiche Frauen so selten ebenbürtige Männer?«, in: Süddeutsche Zeitung Magazin, Heft 13/2009, 27.03.2009, S. 12

51. »Einsame Spitze – Warum finden erfolgreiche Frauen so selten ebenbürtige Männer?«, in: Süddeutsche Zeitung Magazin, Heft 13/200, 27.03.2009, S. 12

52. Quelle: »Frauen und Männer in verschiedenen Lebensphasen«, Statistisches Bundesamt 2010

53. Die PISA-Studien der OECD (Organisation für wirtschaftliche Zusammenarbeit und Entwicklung) sind internationale Schuluntersuchungen, die seit 2000 im dreijährigen Turnus durchgeführt werden. PISA steht für Programm for International Student Assessment (Programm zur internationalen Schülerbewertung).

54. 62 % der unter 30-Jährigen mit Universitätsabschluss und 50 % der unter 30-Jährigen mit FH-Abschluss sind weiblich. Quelle: »Bildungsstand der Bevölkerung 2010«, Statistisches Bundesamt 2010, S. 45

55. Wikipedia zählt zu den meistgenutzten Websites der Welt und umfasst mehr als 18 Mio. Artikel in 260 Sprachen. Quelle: eu.wikipedia.org/wiki/wikipedia, Stand 10.4.2011. In einem Vergleichstest schnitt das Online-Lexikon 2007 besser ab als der Brockhaus. Quelle: http://www.stern.de/digital/online/stern-test-wikipedia-schlaegt-brockhaus-604423.html, Stand 05.03.2011

56. Quelle: Rickens, Christian: »Chaos kann effizient sein«, Interview von Christian Rickens mit Jimmy Wales, in: manager magazin, 9/2010, S.48–50

57. Ebd.

58. Reuben, Ernesto/Rey-Biel, Pedro/Sapienza, Paola/Zingales, Luigi: »The Emergence of Male Leadership in Competitive Environments«, IZA discussion paper no. 5300, Quelle: http://ftp.iza.org/dp5300.pdf, Stand 06.03.2011

59. Quelle: »Wer sucht wen? Partnerpräferenzen und Partnerideale«, Studie des Lehrstuhls für Sozialpsychologie der Universität Wuppertal, Professor Dr. Manfred Hassebrauck, 2009

60. Quelle: »Women Matter 4«, Mc Kinsey, 2010; untersucht wurden alle börsennotierten Großunternehmen in Europa

61. Quelle: »Phönix Report«, Accenture 2010; für die Studie hat das Beratungshaus 1.100 Führungskräfte aus 358 europäischen Unternehmen befragt. Sekundärquelle: Die Zeit, Nr. 36, 02.09.2010

62. Beyer, Susanne/Voigt, Claudia: »Die Machtfrage«, in: Der Spiegel, Nr. 5, 31.01.2011, S. 61

63. Quelle: »Women Matter 1: Woman Matter – Gender diversity, a corporate performance driver«, McKinsey, 2007, http://www.mckinsey.at/html/publikationane/woman_matter/2007/woman_matter_01.asp, Stand 12.03.2011

64. Quelle: Bundesministerium für Familie, Senioren, Frauen und Jugend: »Frauen in Führungspositionen – Barrieren und Brücken«, Heidelberg, März 2010, beauftragtes und durchführendes Institut: Sinus Sociovision GmbH, Heidelberg, Projektleitung und Autor (Sinus): Dr. Carsten Wippermann

65. Quelle: Zusammengefasst übernommen aus: Bundesministerium für Familie, Senioren, Frauen und Jugend: »Frauen in Führungspositionen – Barrieren und Brücken«, Heidelberg, März 2010, beauftragtes und durchführendes Institut: Sinus Sociovision GmbH, Heidelberg, Projektleitung und Autor (Sinus): Dr. Carsten Wippermann

66. Groll, Tina: »Die Männer sind die Hüter der gläsernen Decke«, in: Zeit online, http://www.zeit.de/karriere/2009-09/interview-carsten-wippermann, Stand 24.01.2011

67. Watanabe, Ryo/Ischinger, Barbara (2009): »Equally prepared for life? How 15-year-old boys and girls perform in school«, OECD 2009

68. Quelle: Statistisches Bundesamt, Im Blickpunkt: Jugend und Familie in Europa, 2009

69. Trenkamp, Oliver: »Mädchen fürchten Mathe, Jungs schwächeln beim Lesen«, in: Spiegel online, http://www.spiegel.de, Stand 16.01.2011

70. Vgl. Babcock/Laschever, 2003

71. Quelle: Ariely, Dan/Gneezy, Uri/Niederle, Muriel/Rustichini, Aldo: »Performance in Competitive Environments: Gender Differences«, in: Quarterly Journal of Economics, August 2003, 118(3), S. 1049–1074

72. Resilienz kommt aus dem Lateinischen von resilire und steht für zurückspringen, abprallen.

73. Vgl. Drucker, Peter F.: »Die Kunst, sich selbst zu managen«, in: Harvard Business Manager, Edition 1/2010, S. 16

74. Deutscher Soziologe und Nationalökonom, * 21. April 1964; † 14. Juni 1920

75. Vgl. French/Ravens in Cartwright/Zander, 1960, S. 607–623

76. Vgl. Kelman in Jost/Major, 2001, S. 54–73

77. Vgl. Malik in Drucker, 2007, S. 25–39

78. Vgl. Mulder, 1997, S. 92 f.

79. Quelle: Rappaport, Julian: »In Praise of Paradox: A Social Policy of Empowerment Over Prevention«, in: American Journal of Community Psychology, Vol. 9, No. 1, 1981, S. 21

80. Lässt William Shakespeare (* 26. April 1564; † 23. April 1616) den geistvollen Jacques in seiner Komödie »Wie es euch gefällt« sagen.

81. Vgl. Goffmann, 2003

82. Vgl. Weißhaupt, 1997, S. 38 ff

83. Clance, P.R. Imes, S.A.: »The Impostor Phenomenon in High Achieving Women: Dynamics and Therapeutic Interventions«, in: Psychotherapy: Theory Research and Practice, 1978, No. 15, S. 241–247

84. William James (* 11. Januar 1842; † 26. August 1910) war von 1876 bis 1907 Professor für Psychologie und Philosophie an der Harvard University.

85. Vgl. Schäffer, Annette: »Das war ein Fehler! Na und?«, in: Psychologie heute, Heft 3, 38. Jahrgang, März 2011, S. 23

86. Quelle: Interview in Die Zeit, Nr. 33, 02.09.2010, geführt durch Judith Scholter

87. Publizist und Filmkritiker, * 7. Juni 1891; † 4. September 1973

88. Die Studie der Wirtschaftswoche und des Bundesverbands Deutscher Unternehmensberater BDU e.V. wurde im August 2006 unter Mitwirkung von 500 Beratungsfirmen durchgeführt. Die Ergebnisse wurden am 18.09.2006 in der Wirtschaftswoche als Schwerpunktthema »Karrierekiller« veröffentlicht. Quelle: Bundesverband Deutscher Unternehmensberater BDU e.V.

89. Vgl. Arden, 2007, S. 18

90. Vgl. Mehrabian, 1981

91. Quelle: L. Rueckert/N. Naybar: »Gender differences in empathy: The role of the right hemisphere«, in: Brain and Cognition, No. 67, 2008, S. 162–167

92. Vgl. Heitmeyer, 1997

93. Vgl. Goleman, 1995, S. 107

94. Vgl. Weber, Hannelore, Westmeyer, Hans in: Kritische Analyse eines populären Konstrukts, Salvoey, Peter, Mayer, John D., 1990, S. 189, Literaturkritik.de Nr. 2, 03.03.1999, 1. Jahrgang

95. Vgl. Bradberry, Travis/Greaves, Jean: »Herzlose Chefs?«, in: Harvard Business Manager, März 2006, S. 15

96. Vgl. Pinker, 2008, S. 195

97. Vgl. Goleman, 1995, S. 108

98. Ebd., S. 107

99. Vgl. Drucker, Peter, F.: »Die Kunst, sich selbst zu managen«, in: Harvard Business Manager, Edition 1/2010, S. 14 ff

100. Ebd., S. 16 f

101. Ebd., S. 17 ff

102. Vgl. Overmann, 2004

103. Vgl. Stüfe, 2007, S. 13

104. Ebd., S. 25

105. Vgl. Pinker, 2008, S. 131 ff

106. Vgl. Baron-Cohen in Pinker, 2008, S. 139

107. Altruismus: Gegenteil von Egoismus; Selbstlosigkeit, durch Rücksichtnahme auf andere gekennzeichnete Denk- und Handlungsweise

108. Quelle: Prof. Ruut Veenhoven/Erasmus Universität Rotterdam, Niederländische Organisation für Gesundheitsforschung und Entwicklung, http://www.zonmw.nl/, Stand 2006

109. Lebenserwartung Männer: 77,33 Jahre, Lebenserwartung Frauen: 82,53 Jahre, Quelle Statistisches Bundesamt: »Durchschnittliche und fernere Lebenserwartung bei Neugeborenen«, Stand 09/2007

110. Vgl. Pinker, 2008, S. 55

111. Hewlett, Sylvia Ann: »Extreme Jobs: The Dangerous Allure of the 70-Hour Workweek«, Harvard Business Review, Dezember 2006, S. 49-58

112. Vgl. »Frauen in Führungspositionen«, Analysen und Empfehlungen des Arbeitskreises der Wissenschaftlerinnen der Max-Planck-Gesellschaft, 1998/2001, in: Stüfe, 2007, S. 51

113. Quelle: Drucker, Peter F.: »The Post-Capitalist Executive: An Interview with Peter F. Drucker by T. George Harris«, in: Harvard Business Review, Vol. 71, 5-7/1993, S. 114

114. Hauschildt, J./Grape/Schindler: »Typologien von Unternehmenskrisen im Wandel«, in: Die Betriebswirtschaft, 1/2006, S. 7–25

115. Johann Wolfgang von Goethe, * 28. August 1749; † 22. März 1832

116. Malik, 2007, S. 21 ff

117. Ebd., S. 33

118. Quelle: Bundesministerium für Familie, Senioren, Frauen und Jugend: »Frauen in Führungspositionen – Barrieren und Brücken«, Heidelberg, März 2010, beauftragtes und durchführendes Institut: Sinus Sociovision GmbH, Heidelberg, Projektleitung und Autor (Sinus): Dr. Carsten Wippermann, S. 59

119. * 26. Juni 1916; † 10. September 1988

120. Vgl. Watzlawick, 2010

121. Lotter, Wolf: »Beziehungen für Erwachsene«, in: brand eins, Heft 7, Juli 2010, S. 86

122. Henn, Monika: »Frauen können alles – außer Karriere«, in: manager magazin, 18.09.2009, www.manager-magazin.de/harvard/0,2828,637168,00.html, Stand 17.02.2011, Quelle: »Women Matter 4«, Mc Kinsey, 2010

123. Quelle: »2010 BCG Global Report on Consumers Sentiment – A new world order of consumption«, Boston Consulting Group, 2010, S. 39

124. Quelle: Bundesministerium für Familie, Senioren, Frauen und Jugend: »Frauen in Führungspositionen – Barrieren und Brücken«, Heidelberg, März 2010, beauftragtes und durchführendes Institut: Sinus Sociovision GmbH, Heidelberg, Projektleitung und Autor (Sinus): Dr. Carsten Wippermann

125. Oliver Wendell Holmes sen., amerikanischer Mediziner und Schriftsteller, * 1809; † 1894

126. Malik, 2011, S. 52

127. Goethe, 1982, S. 476

128. Cialdini, 2010, S. 258

129. Stüfe, 2007, S. 33

130. Clos, Claudia: »Führung ist (auch) weiblich«, in: Gehirn & Geist, 4/2011, S. 30 ff

131. Vgl. Drucker, 2007, S. 19 f

132. Vgl. Drucker, Peter F.: »Das Geheimnis effizienter Führung«, in: Harvard Business Manager, Edition 1/2010, S. 7

133. Quelle: L. Rueckert/Naybar: »Gender differences in empathy: The role of the right hemisphere«, in: Brain and Cognition, No. 67, 2008, S. 162–167

134. Malik, 2001, S. 114

135. Ebd., S. 155

136. Hank, Rainer/Meck, Georg: »Wir wollen nicht, dass Schlendrian einkehrt.«, in: Frankfurter Allgemeine Sonntagszeitung, Nr. 29, 25.07.2010, S. 27

137. Heifetz, Ronald A./Linsky, Marty: »Wie Topmanager Krisen überleben«, in: Harvard Business Manager, 6/2002, S. 22

138. Quelle: »Karrierekiller Doppelbelastung«, Bertelsmann Stiftung/TNS Emnid, 2010

139. Quelle: Statistisches Bundesamt, Geburten in Deutschland, 2007

140. Quelle: Statistisches Bundesamt, Mikrozensus 2008, Neue Daten zur Kinderlosigkeit in Deutschland, S. 27/28

141. Quelle: Frankfurter Allgemeine Sontagszeitung vom 12.09.2010, das Statistische Bundesamt zitierend

142. Quelle: Statistisches Bundesamt, Statistisches Jahrbuch, 2010

143. Quelle: Statistisches Bundesamt, Land und Leute, 2009

144. Quelle: Universum Communications: Arbeitgeber-Ranking 2010, auf: http://www.wiwo.de/management-erfolg/frauen-moegen-keine-investmentbanken-429160/

145. Quelle: infas Institut für angewandte Sozialwissenschaft GmbH: Tabellenband der Studie »Frauen auf dem Sprung. Brigitte-Studie im Krisenjahr« im Auftrag der Zeitschrift Brigitte und in Zusammenarbeit mit dem Wissenschaftszentrum Berlin für Sozialforschung (WZB), 2009

146. Quelle: Bundesministerium für Familie, Senioren, Frauen und Jugend: Frauen in Führungspositionen, 2010

147. Ebd.

148. Ebd.

149. Quelle: infas Institut für angewandte Sozialwissenschaft GmbH: Tabellenband der Studie »Frauen auf dem Sprung. Brigitte-Studie im Krisenjahr« im Auftrag der Zeitschrift Brigitte und in Zusammenarbeit mit dem Wissenschaftszentrum Berlin für Sozialforschung (WZB), 2009

150. Quelle: Statistisches Bundesamt: Frauen und Männern in verschiedenen Lebensphasen, 2010

151. Quelle: BBDO-Recherche

Anmerkungen

152. Quelle: D-Statis, Jugend und Familie in Europa, S. 49

153. Quelle: Statista 2010, Bundesministerium für Bildung und Forschung

154. Quelle: Bundesministerium für Familie, Senioren, Frauen und Jugend

155. Quelle: Ebd.

156. Vgl. Drucker, 2007, S. 130

157. Ebd., S. 138

158. Vgl. Schulz von Thun, 1998, S. 57-241

159. Vgl. Tannen, 1991

160. Graddol, David/Swann, J.: »Gender voices«, Oxford 1989. Schmidt, Claudia: »Typisch weiblich – typisch männlich. Geschlechterspezifische Kommunikationsverhalten in student. Kleingruppen«, Tübingen: Niemeyer 1988

161. Vgl. Drucker, Peter, F.: »Wissen – die Trumpfkarte der entwickelten Länder«, in: Harvard Business Manager, Edition 1/2010, S. 36

162. Orth, Ronald/Finke, Ina/Voigt, Stefan, Fraunhofer Institut Produktionsanlagen und Konstruktionstechnik (IPK): ProWis-Projektstudie Nr. 2, Berlin, Magdeburg, 2008

163. Vgl. Watzlawick, 2000

164. gefühlsbetont

165. erkenntnismäßig

166. Vgl. Watzlawick, 2000

167. Vgl. Rosenstiel, 2000, S. 292

168. Vgl. Friedel-Howe in Rosenstiel, 2000

169. Vgl. Dion, 1985, S. 293–347

170. Meckel, 2007, S. 118

171. Student, Dietmar: »Streng vertraulich! – Netzwerke«, in: manager magazin, 41. Jahrgang, Heft 2/2011, S. 27

172. Quelle: »Über Frauenbande gespielt«, in: Financial Times Deutschland, 27.11.2009, S. 15

173. Quelle: »Frauen in Führungspositionen«, Forsa-Studie im Auftrag der Generation CEO, 05/2007

174. Ibarra, Herminia: »Paving an Alternate Route: Gender Differences in Network Strategies for Career Development«, in: Social Psychology Quarterly, 60 (1)/1997, S. 91-102.

175. Endres, Helene: »Mentoring ist kein Kaffeekränzchen«, in: manager magazin, http://www.manager-magazin.de/unternehmen/karriere/0,2828,735131,00.html, Stand 16.03.2011

176. Brost, Marc/Heuser, Uwe Jean: »Nennen wir es Pflichtgefühl«, in: Die Zeit, Nr. 4, 20.01.2011, S. 30

177. Stüfe, 2007, S. 59

178. Ebd., S. 51

179. * 13. Juni 1939; † 7. November 2006, deutscher Psychologe und einer der führenden Gerontologen, leitete von 1980 bis 2004 den Forschungsbereich Entwicklungspsychologie am Max-Planck-Instituts für Bildungsforschung in Berlin

180. Baltes, Paul/Staudinger, Ursula: »Weisheit als Gegenstand psychologischer Forschung«, in: Psychologische Rundschau, 47, S. 57–77

181. Csikszentmihalyi, 2008, S. 293

182. Ebd., S. 292

183. Heifetz, Ronald A./Linsky, Marty: »Wie Topmanager Krisen überleben«, in: Harvard Business Manager, 6/2002, S. 28

184. Ebd., S. 31

185. Schaaf, Julia: »Der kleine Haken der Emanzipation.«, in: Frankfurter Allgemeine Sonntagszeitung, Nr. 45, 14.11.2010, S. 61

186. Beyer, Susanne: »Leben im Stand-by-Modus.«, in: Der Spiegel, 19.07.2010, S. 60

187. * 20.07.1304; † 18.07.1374, italienischer Dichter und Mitbegründer des Humanismus

188. Huber, Andreas: »Was treibt uns an?«, in: Psychologie heute, Heft 3, 28. Jahrgang, März 2001, S. 23

189. Ebd., S. 21

190. Csikszentmihalyi, 2008, S. 107

191. Quelle: Statistisches Bundesamt: Pressemitteilung Nr. 427 vom 11.11.2009

192. Quelle: Amt für Veröffentlichungen der Europäischen Union: »Mitteilung der Kommission an das europäische Parlament, den Rat, den europäischen Wirtschafts- und Sozialausschuss und den Ausschuss der Regionen: Strategie für die Gleichstellung von Frauen und Männern 2010–2015« © Europäische Union, http://eur-lex.europa.eu/, S. 3

193. Quelle: Bundesministerium für Familie, Senioren, Frauen und Jugend: »Frauen in Führungspositionen – Barrieren und Brücken«, Heidelberg, März 2010, beauftragtes und durchführendes Institut: Sinus Sociovision GmbH, Heidelberg, Projektleitung und Autor (Sinus): Dr. Carsten Wippermann, S. 58

194. Diekmann, Michael, in: Financial Times Deutschland, Quelle: http://www.fdt.de/unternehmen/versicherungen/:debatte-ueber-frauenquote-allianz-verspricht-teilzeitmodelle-fuers-spiten-management/60016704.html, Stand 25.02.2011

195. Höfer, Max A.: »Doch keine bessere Welt?«, in: Psychologie heute, Heft 3, 38. Jahrgang, März 2011, S. 40

196. Köppel, Petra: »Diversity Management in Deutschland: Ein Benchmark unter den DAX 30-Unternehmen«, Synergy Consult, September 2010

197. Hartmann, Michael zitiert nach Boldebuck, Catrin/Schneyink, Doris: »Karriere? Das tue ich mir nicht an!«, in: stern, Nr. 40/2010, 30.09.2010, S. 62

198. Quelle: Prognose-Studie: »Arbeitslandschaft 2030. Steuert Deutschland auf einen generellen Fachkräftemangel zu?«, Auftraggeber vbw – Vereinigung der bayerischen Wirtschaft e.V., 2008

199. Schulz, Ekkehard, in: Thorberg, Heiner/Generation CEO (Hrsg.): »Eine Frage der Vernunft«, Hamburg: brand eins Wissen, 2010

200. Vgl. Schulz, 2010

201. Mercier, 2004, S. 257

202. Quelle: http://de.wikipedia.org/wiki/Charisma, Stand 30.03.2011

203. Brehmer, Wolfram/Dr. Klenner, Christina/Prof. Dr. Klammer, Ute: »Wenn Frauen das Geld verdienen – eine empirische Annäherung an das Phänomen der Familienernährerin«, Wirtschafts- und Sozialwissenschaftliches Institut der Hans-Böckler Stiftung SOEP 2007, Düsseldorf, WSI-Diskussionspapier Nr. 170, Juli 2010

204. »Verdienste und Arbeitskosten 2008«, Statistisches Bundesamt, Begleitmaterial zur Pressekonferenz am 13.05.2009 in Berlin

205. Grammer, Karl zitiert in: »Einsame Spitze – Warum finden erfolgreiche Frauen so selten ebenbürtige Männer?«, in: Süddeutsche Zeitung Magazin, Heft 13/2009, 27.03.2009, S. 12

206. Emmeline Pankhurst (* 14. Juli 1858; † 14. Juni 1928) gründete 1903 die Women's Social and Political Union (WSPU), aus der bald der berüchtigte militante Flügel der englischen Frauenbewegung werden sollte, der sie und ihre beiden Töchter Christabel und Sylvia weltberühmt machte.

207. Quelle: Remarks by the president at the 2010 Fortune 500 Most Powerful Women Summit, Mellon Auditorium, Washington DC, 05.10.2010, White House Release

208. Noack, Ulrich: in: »Widerstand gegen den Corporate Governance Kodex«, in: FAZ.net, http://www.faz.net, Stand 11.10.2010

209. Dasgupta, Nilanjana/Asgari, Shaki: »Seeing is Believing – Exposure to Counterstereotypic Woman Leaders and its Effect on the Malleability of Automatic Gender Stereotyping«, in: Journal of Experimental Social Psychology 40, 2004, S. 642–658

210. Clos, Claudia: »Führung ist (auch) weiblich«, in: Gehirn und Geist, 4/2011, S. 32

211. Österreichische Schriftstellerin, * 13. September 1830; † 12. März 1916, gilt mit ihren psychologischen Erzählungen als eine der bedeutendsten deutschsprachigen Erzählerinnen des 19. Jhs. und erhielt 1900 den ersten weiblichen Ehrendoktor der Universität Wien.

Abbildungsverzeichnis

Abbildung 1: Bevölkerungsentwicklung von 1950 bis 2050

Abbildung 2: Altersaufbau in Deutschland in der Entwicklung

Abbildung 3: Auswirkungen der demografischen Zäsuren

Abbildung 4: Anteil an Frauen in Führungspositionen nach Alter in Deutschland

Abbildung 5: Ziele zur Förderung der Frauen in Führungspositionen

Abbildung 6: Wo Frauen oben sind – Anteil in Prozent an weiblichen Vorständen und Aufsichtsräten in börsennotierten Unternehmen

Abbildung 7: Wirtschaftsleistungen von Unternehmen mit Frauenquote

Abbildung 8: Die gläserne Decke

Abbildung 9: Die dreifache Sicherung der glasernen Decke

Abbildung 10: Geschlechterverteilung in ausgewählten Studienfachrichtungen

Abbildung 11: Merkmale männlich und weiblich geprägter Unternehmenskultur

Abbildung 12: Selbstmarketing-Kommunikationsinstrumente

Abbildung 13: Wirkung der Image-Grundtypen

Abbildung 14: Elemente emotionaler Intelligenz

Abbildung 15: Anteil Fach- und Managementaufgaben

Abbildung 16: Einstellungs- und Verhaltensmerkmale einer Führungsperson

Abbildung 17: Mitarbeiterfragebogen zur Messung des Führungsverhaltens

Abbildung 18: Information und Kommunikation bei Veränderungsmaßnahmen

Abbildung 19: Referenzmodell Wissensmanagement des Fraunhofer IPK

Abbildung 20: Einflussfaktoren auf die Wirkung der Kommunikation

Abbildung 21: »Vier-Ohren-Modell« nach Friedemann Schulz von Thun

Abbildung 22: Die sieben kommunikativen Todsünden

Abbildung 23: Flow: Im Spannungsfeld zwischen Anforderungen und Fähigkeiten

Abbildung 24: Portfolio an Instrumenten und Maßnahmen zur Erhöhung des Frauenanteils im Top-Management

Abbildung 25: Themenschwerpunkte Human Resource Management

Literaturverzeichnis

Accenture: »Phönix Report«, 2010, Sekundärquelle: Die Zeit, Nr. 36, vom 02.09.2010

Amt für Veröffentlichungen der Europäischen Union (2010): »Mitteilung der Kommission an das europäische Parlament, den Rat, den europäischen Wirtschafts- und Sozialausschuss und den Ausschuss der Regionen: Strategie für die Gleichstellung von Frauen und Männern 2010–2015« © Europäische Union, http://eur-lex.europa.eu/

Arden, Paul: »Es kommt nicht darauf an, wer du bist, sondern wer du sein willst«, Berlin: Phaidon 2007

Ariely, Dan/Gneezy, Uri/Niederle, Muriel/Rustichini, Aldo: »Performance in Competitive Environments: Gender Differences«, in: Quarterly Journal of Economics, 118(3), August 2003

Babcock, Linda/Laschever, Sara: »Woman Don't Ask: Negotiation and the Gender Divide«, Bantam, 2003

Baltes, Paul/Staudinger, Ursula: »Weisheit als Gegenstand psychologischer Forschung«, in: Psychologische Rundschau, 47/1996

Baron-Cohen, Simon: »The Essential Difference: The Truth about the Male and Female Brain«, New York: Basic Books, 2003

Beyer, Susanne/Voigt, Claudia: »Die Machtfrage«, in: Der Spiegel, Nr. 5, vom 31.01.2011

Beyer, Susanne: »Leben im Stand-by-Modus«, in: Der Spiegel, Nr. 29, vom 19.07.2010

Boston Consulting Group: »2010 BCG Global Report on Consumers Sentiment – A new world order of consumption«, 2010

Boston Consulting Group: »Creating People Advantage 2010 – How Companies Can Adapt Their HR Practices for Volatile Times«, Boston Consulting Group (BCG) in Kooperation mit der World Federation of People Management Associations (WFPMA), 2010

Bradberry, Travis/Greaves, Jean: »Herzlose Chefs?«, in: Harvard Business Manager, März 2006

Brehmer, Wolfram/Dr. Klenner, Christina/Prof. Dr. Klammer, Ute: »Wenn Frauen das Geld verdienen – eine empirische Annäherung an das Phänomen der ‚Familienernährerin'«, Wirtschafts- und Sozialwissenschaftliches Institut der Hans-Böckler-Stiftung, SOEP 2007, Düsseldorf, WSI-Diskussionspapier Nr. 170, Juli 2010

Brost, Marc/Heuser, Uwe Jean: » Nennen wir es Pflichtgefühl«, in: Die Zeit, Nr. 4, vom 20.01.2011

Bund, Kerstin/Storn, Arne: »Mit ihr geht's besser«, in: Die Zeit, Nr. 32, vom 05.08.2010

Bundesministerium für Arbeit und Soziales: »Der Demograf«, Szenario 1: Sinken der Geburtenziffer, Anstieg der Lebenserwartung und gleich bleibende Zuwanderung, www.der-demograf.de/index.php?id=102, Stand 04.03.2011

Catalyst: »2010 Catalyst Census: Fortune 500 Women Board Directors«, Catalyst, 2010

Cialdini, Robert B.: »Die Psychologie des Überzeugens«, 6. Auflage, Berlin: Hans Huber, 2010

Clance, P.R./ Imes, S.A.: »The Impostor Phenomenon in High Achieving Women: Dynamics and Therapeutic Interventions«, in: Psychotherapy: Theory Research and Practice, 15/1978

Clos, Claudia: »Führung ist (auch) weiblich«, in: Gehirn & Geist, 4/2011

Csikszentmihalyi, Mihaly: »Flow – Das Geheimnis des Glücks«, 14. Auflage, Stuttgart: Klett-Cotta, 2008

Dasgupta, Nilanjana/Asgari, Shaki: »Seeing is Believing – Exposure to Counterstereotypic Woman Leaders and its Effect on the

Malleability of Automatic Gender Stereotyping«, in: Journal of Experimental Social Psychology, No. 40/2004

Diekmann, Michael: »Allianz verspricht Teilzeitmodelle fürs Spitzen-Management«, in: Financial Times Deutschland, http://www.fdt.de/unternehmen/versicherungen/:debatte-ueber-frauenquote-allianz-verspricht-teilzeitmodelle-fuers-spiten-management/60016704.html, Stand 25.02.2011

Dion, Kenneth L.: »Sex, gender and groups: Selected issues«, in: O'Leary,V. E./Kesler-Unger, R./Strudler-Wallstron, D. (Hrsg.): »Woman, gender and social psychology«, Hillsdale, N.J.: Lawrence Erlbaum, 1985

Drucker, Peter F.: »The Post-Capitalist Executive: An Interview with Peter F. Drucker« by T. George Harris, in: Harvard Business Review, Vol. 71, 5-7/1993

Drucker, Peter F.: »Die Kunst, sich selbst zu managen«, in: Harvard Business Manager, 1/2010

Drucker, Peter F.: »Was ist Management? Das Beste aus 50 Jahren«. 5. Auflage, München: Econ, 2007

Elprana, G./Gatzka, M./Stiehl, S./Felfe, J: »Führungsmotivation im Geschlechtervergleich«, Helmut Schmidt Universität Hamburg, Bundesministerium für Bildung und Forschung, ESF, 2011

Endres, Helene: »Mentoring ist kein Kaffeekränzchen«, in: manager magazin, http://www.manager-magazin.de/unternehmen/karriere/0,2828,735131,00.html, Stand 16.03.2011

Europäische Kommission, Brüssel: Mitteilung der Kommission an das Europäische Parlament, den Rat, den Europäischen Wirtschafts- und Sozialausschuss und den Ausschuss der Regionen: Strategie für die Gleichstellung von Frauen und Männern 2010–2015, SEK(2010) 1079 und SEK(2010) 1080, vom 21.09.2010

Eurostat: »Gender pay gap in unadjusted form«, Nace rev. 2, Metadata last certified 22.03.2010

Fend, Ruth: »Über Frauenbande gespielt«, in: Financial Times Deutschland, vom 27.11.2009

Forsa: »Frauen in Führungspositionen«, Forsa-Studie im Auftrag der Generation CEO, 05/2007

Freisinger, Gisela Maria/Schwarzer, Ursula: »Wie frauenfeindlich sind deutsche Konzerne?«, in: manager magazin, 41. Jahrgang, Heft 3/2011

French, J.P.R. Jr./Ravens, B.: »The bases of social power«, in: Cartwright, D./Zander, A. (Eds.): »Group dynamics«, New York: Harper and Row, 1960

Goethe, Johann Wolfgang von: »Wilhelm Meisters Wanderjahre«, Frankfurt: Insel, 1982

Goffman, Erving: »Wir alle spielen Theater. Die Selbstdarstellung im Alltag.«, München: Piper, 2003

Goleman, Daniel: »Emotionale Intelligenz«, München, Wien: Carl Hanser, 1995

Gowers, Andrew: »Der Mann, der die Welt in die Knie zwang«, in: Welt online, http://www.welt.de, Stand 16.02.2011

Graddol, David/Swann, J.: »Gender voices«, Oxford: Blackwell Publishers, 1989

Grammer, Karl, zitiert in: »Einsame Spitze – Warum finden erfolgreiche Frauen so selten ebenbürtige Männer?«, in: Süddeutsche Zeitung Magazin, Heft 13/2009, vom 27.03.2009

Groll, Tina: »Die Männer sind die Hüter der gläsernen Decke«, in: Zeit Online, http://www.zeit.de/karriere/2009-09/interview-carste-wippermann, Stand 24.01.2011

Haas, Michaela:»Einsame Spitze – Warum finden erfolgreiche Frauen so selten ebenbürtige Männer?«, in: Süddeutsche Zeitung Magazin, Heft 13/2009, vom 27.03.2009

Hank Rainer/Meck Georg: »Wir wollen nicht, dass Schlendrian einkehrt«, in: Frankfurter Allgemeine Sonntagszeitung, Nr. 29, vom 25.07.2010

Harlander, Norbert/Heidack, Clemens/Köpfler, Friedrich/Müller, Klaus-Dieter: »Personalwirtschaft«, 3. Auflage, Landsberg/Lech: Moderne Industrie, 1994

Hartmann, Michael, zitiert nach Boldebuck, Catrin/Schneyink, Doris: »Karriere? Das tue ich mir nicht an!« in: Stern, Nr. 40/2010, vom 30.09.2010

Hassebrauck, Manfred: »Wer sucht wen? Partnerpräferenzen und Partnerideale«, Studie des Lehrstuhls für Sozialpsychologie der Universität Wuppertal von Professor Dr. Manfred Hassebrauck, 2009

Hauschildt, J./Grape, C./Schindler, M.: »Typologien von Unternehmenskrisen im Wandel«, in: Die Betriebswirtschaft, 1/2006

Heifetz, Ronald A./Linsky, Marty: »Wie Topmanager Krisen überleben«, in: Harvard Business Manager, 6/2002

Heitmeyer, Wilhelm: »Einleitung. Auf dem Weg in eines desintegrierte Gesellschaft«, in: Wilhelm Heitmeyer (Hrsg.): »Was treibt die Gesellschaft auseinander? Bundesrepublik Deutschland: Auf dem Weg von der Konsens- zur Konfliktgesellschaft«, Bd. 1, Frankfurt/M.: Suhrkamp, 1997

Henn, Monika: »Frauen können alles – außer Karriere«, in: manager magazin, www.manager-magazin.de/harvard/0,2828,637168,00.html, Stand 17.02.2011

Hewlett, Sylvia Ann: »Extreme Jobs: The Dangerous Allure of the 70-Hour Workweek«, Harvard Business Review, Dezember 2006

Höfer, Max A.: »Doch keine bessere Welt?«, in: Psychologie heute, 38. Jahrgang, Heft 3, März 2011

Holst, Elke/Schimeta, Julia: »29 von 906: Weiterhin kaum Frauen in Top-Gremien großer Unternehmen«, Wochenbericht des DIW Berlin, Nr. 3/2011

Holst, Elke/Wiemer, Anita: »Zur Unterrepräsentanz von Frauen in Spitzengremien der Wirtschaft«, Discussion Paper 1001 des DIW Berlins, Mai 2010

Huber, Andreas: »Was treibt uns an?«, in: Psychologie heute, 28. Jahrgang, Heft 3, März 2001

Ibarra, H.: »Paving an Alternate Route: Gender Differences in Network Strategies for Career Development«, in: Social Psychology Quarterly, 60 (1), 1997

Infas Institut für angewandte Sozialwissenschaft GmbH: Tabellenband der Studie »Frauen auf dem Sprung. Brigitte-Studie im Krisenjahr« im Auftrag der Zeitschrift Brigitte und in Zusammenarbeit mit dem Wissenschaftszentrum Berlin für Sozialforschung (WZB), 2009

Kelman, H. C.: »Reflections on the social and psychological processes of legitimization and delegitimization«, in: Jost, J. T./Major, B.: (Eds.): »The psychology of legitimacy: Emerging perspectives on ideology, justice, and intergroup relations«, Cambridge: Cambridge University Press, 2001

Köppel, Petra: »Diversity Management in Deutschland: Ein Benchmark unter den DAX 30-Unternehmen«, Synergy Consult, September 2010

Kotthoff, Helga (Hrsg.): »Das Gelächter der Geschlechter. Humor und Macht in Gesprächen von Frauen und Männern«, Konstanz: UVK, 1996

Lotter, Wolf: »Beziehungen für Erwachsene«, in: brand eins, Heft 7, Juli 2010

Malik, Fredmund: »Führen. Leisten. Leben. Wirksames Management für eine neue Zeit«, 9. Auflage, Stuttgart, München: Deutsche Verlags-Anstalt, 2001

Malik, Fredmund: »Konservatismus und effektives Management: Wege aus der Orientierungskrise«, in Drucker, Peter F./Paschek, Peter (Hrsg.): »Kardinaltugenden effektiver Führung«, München: Redline, 2007

Malik, Fredmund: »Management – Das A und O des Handwerks«, Frankfurt: Campus, 2007

Malik, Fredmund: »Strategie. Navigieren in der Komplexität der neuen Welt«, Frankfurt: Campus, 2011

McKinsey: »Women Matter 1: Woman Matter – Gender diversity, a corporate performance driver«, Mc Kinsey, 2007

McKinsey: »Women Matter 4«, Mc Kinsey, 2010

McKinsey: »Zukunftsvermögen Bildung«, McKinsey-Studie im Auftrag der Robert Bosch Stiftung, Oktober 2008

Meckel, Miriam: »Das Glück der Unerreichbarkeit«, Hamburg: Murmann, 2007

Mehrabian, Albert: »Silent Messages. Implicit communication of emotions and attitudes«, Belmont, Calif.: Wadsworth, 1981

Mercier, Pascal: »Nachtzug nach Lissabon«, München: Carl Hanser, 2004

Mulder, Mauk: »The daily power game«, Leiden/NL: Martinus Nijhoff Social Sciences Division, 1977

Noack, Ulrich: in: »Widerstand gegen den Corporate Governance Kodex«, in: FAZ.net, http://www.faz.net, Stand 11.10.2010

Obama, Barack: Remarks by the President and the First Lady at the Clinton Global Initiative Annual Meeting, New York, 23.09.2010, White House Release

Odgers Berndtson: »Deutschlands Chefinnen – Wie Frauen es an die Unternehmensspitze schaffen«, Studie, März 2010

Orth, Ronald/Finke, Ina/Voigt, Stefan, Fraunhofer Institut Produktionsanlagen und Konstruktionstechnik (IPK): ProWis-Projektstudie Nr. 2, Berlin, Magdeburg, 2008

Overmann, Manfred: »Frühes Fremdsprachenlernen lohnt sich: Neurobiologische Forschungen zur Mehrsprachigkeit«, in: Französisch heute 35/2, 2004

Pinker, Susan: »Begabte Mädchen, schwierige Jungs – Der wahre Unterschied zwischen Männern und Frauen«, München: Pantheon, 2008

Prange, Sven: »Kulturkampf um die Frauenquote«, in: Handelsblatt, Nr. 25, vom 04./05.02.2011

Prognos: »Arbeitslandschaft 2030. Steuert Deutschland auf einen generellen Fachkräftemangel zu?«, Auftraggeber vbw – Vereinigung der bayerischen Wirtschaft e.V., 2008

Rappaport, Julian: »In Praise of Paradox: A Social Policy of Empowerment Over Prevention«, in: American Journal of Community Psychology, Vol. 9, No. 1, 1981

Reinhardt, Susie: »Die Zukunft ist weiblich«, in: Psychologie heute, Heft 7, Juli 2010

Retter, Hein: »Der Mythos Watzlawick und die Folgen. Über Kommunikation und Nichtkommunikation im Alltag, Anmerkungen zum ‚Mythos Watzlawick'«, in: Pädagogische Rundschau, 54. Jahrgang, Heft 5, Berlin, 2000

Reuben, Ernesto/Rey-Biel, Pedro/Sapienza, Paola/Zingales, Luigi: »The Emergence of Male Leadership in Competitive Environments«, IZA discussion paper no. 5300, http://ftp.iza.org/dp5300.pdf, Stand 06.03.2011

Rickens, Christian: »Chaos kann effizient sein«, Interview mit Jimmy Wales, in: manager magazin, 9/2010

Rosenstiel, Lutz von: »Grundlagen der Organisationspsychologie«, 4. Auflage, Stuttgart: Schäffer-Poeschel, 2000

Rueckert, L./Naybar, N.: »Gender differences in empathy: The role of the right hemisphere«, in: Brain and Cognition, No. 67, 2008

Schaaf, Julia: »Der kleine Haken der Emanzipation«, in: Frankfurter Allgemeine Sonntagszeitung, Nr. 45, vom 14.11.2010

Schäffer, Annette: »Das war ein Fehler! Na und?«, in: Psychologie heute, 38. Jahrgang, Heft 3, März 2011

Scherer, Michael: »The New Sheriffs of Wall Street – The woman charged with cleaning up the mess«, in: Time, vom 24.05.2010

Schick, Afra: »Stark wie Pippi – Schwedens Frauen profitieren von einer vorbildlichen Gesetzeslage.«, in: Die Zeit, Nr. 36, vom 02.09.2010

Schirrmacher, Frank: »Das Methusalem-Komplott«, München: Karl Blessing, 2004

Schmidt, Claudia: »Typisch weiblich – typisch männlich. Geschlechterspezifische Kommunikationsverhalten in student. Kleingruppen«, Tübingen: Niemeyer 1988

Scholter, Judith: »Kein Platz da«, Interview mit Tiemo Kracht, in: Die Zeit, Nr. 36, vom 02.09.2010

Schulz von Thun, Friedemann: »Miteinander Reden. 2. Stile, Werte und Persönlichkeitsentwicklung«, Hamburg, Reinbek: rororo, 1998

Schulz, Ekkehard D.: »55 Gründe, Ingenieur zu werden«, Hamburg: Murmann, 2010

Sinus Sociovision GmbH: »Frauen in Führungspositionen – Barrieren und Brücken«, Heidelberg, Projektleitung und Autor (Sinus): Dr. Carsten Wippermann, Herausgeber: Bundesministerium für Familie, Senioren, Frauen und Jugend, Berlin, www.bmfsfj.de, Stand März 2011

Statistisches Bundesamt: »Frauen und Männer in verschiedenen Lebensphasen«, Veröffentlichung 2010

Statistisches Bundesamt: »Im Blickpunkt: Jugend und Familie in Europa«, Veröffentlichung 2009

Statistisches Bundesamt: »Verdienste und Arbeitskosten 2008«, Statistisches Bundesamt, Begleitmaterial zur Pressekonferenz am 13.05.2009 in Berlin

Statistisches Bundesamt: Pressemitteilung Nr. 427, vom 11.11.2009

Storvik, Agooth /Teigen, Mari: »Das norwegische Experiment - eine Frauenquote für Aufsichtsräte«, herausgegeben von der Friedrich-Ebert-Stiftung, Juni 2010

Student, Dietmar: »Streng vertraulich! – Netzwerke«, in: manager magazin, 41. Jahrgang, Heft 2/2011

Stüfe, Karin: »Frauen sind anders. Identifikation weiblicher Erfolgstypen auf Basis einer empirischen Untersuchung«, München, Mehring: Rainer Hampp, 2007

Tannen, Deborah: »Du kannst mich einfach nicht verstehen. Warum Männer und Frauen aneinander vorbeireden«, Hamburg: Kabel 1991

The Economist: »Female Power«, http://www.economist.com/node/15174418, Stand: 12.04.2011

TNS Emnid: »Karrierekiller Doppelbelastung«, Studie im Auftrag der Bertelsmann Stiftung, 2010

Trenkamp, Oliver: »Mädchen fürchten Mathe, Jungs schwächeln beim Lesen«, in: Spiegel online, http://www.spiegel.de, Stand 16.01.2011

United Nations: »2009 World Survey on the Role of Women in Development. Women's Control over Economic Resources and Access to Financial Resources, including Microfinance«, New York, 2009

Universum Communications: Arbeitgeber-Ranking 2010, veröffentlicht auf dem Portal der Wirtschaftswoche, http://www.wiwo.de/management-erfolg/frauen-moegen-keine-investment-banken-429160/, Stand: 10.04.2011

Watanabe, Ryo/Ischinger, Barbara: »Equally prepared for life? How 15-year-old boys and girls perform in school«, OECD, 2009

Watzlawick, Paul: »Anleitung zum Unglücklichsein«, 9. Auflage, München: Piper, 2010

Watzlawick, Paul: »Menschliche Kommunikation, Formen, Störungen, Paradoxien« 10. Auflage, Bern (u. a.): Huber, 2000

Weber, Hannelore/Westmeyer, Hans: »Kritische Analyse eines populären Konstrukts«, Salvoey, Peter, Mayer, John D., 1990, S. 189, Literaturkritik.de Nr. 2, 03.03.1999, 1. Jahrgang

Weißhaupt, M.: »Impression-Management«, in: »Einstellungsinterviews: Effekte verschiedener Selbstdarstellungstaktiken auf die Wahrnehmung und Beurteilung von Personen«, Tübingen 1997

Wikipedia: http://de.wikipedia.org/wiki/Charisma, Stand 30.03.2011

Zaleznik, A.: »Managers and Leaders Are They Different?«, Harvard Business Review, Reprint R0401G, 82 (1), 2004